プリント形式のリアル過去問で本番の臨場感！

長崎県

海星中学校

2025年春受験用

解答集

本書は，実物をなるべくそのままに，プリント形式で年度ごとに収録しています。
問題用紙を教科別に分けて使うことができるので，本番さながらの演習ができます。

■ 収録内容

・解答集（この冊子です）

書籍ＩＤ番号，この問題集の使い方，最新年度実物データ，リアル過去問の活用，
解答例と解説，ご使用にあたってのお願い・ご注意，お問い合わせ

・2024（令和６）年度 ～ 2022（令和４）年度　学力検査問題

JN131890

○は収録あり	年度	'24	'23	'22			
■ 問題(奨学生Ⅰ・Ⅱ，一般Ⅰ)		○	○	○			
■ 解答用紙		○	○	○			
■ 配点							

算数に解説があります

注）問題文非掲載：2024年度一般Ⅰ国語の二，2022年度奨学生Ⅰ総合学力試験の1と奨学生Ⅱ国語の一

問題文などの非掲載につきまして

著作権上の都合により，本書に収録している過去入試問題の本文や図表の一部を掲載しておりません。ご不便をおかけし，誠に申し訳ございません。

本文の一部を掲載できなかったことによる国語の演習不足を補うため，論説文および小説文の演習問題のダウンロード付録があります。弊社ウェブサイトから書籍ＩＤ番号を入力してご利用ください。

なお，問題の量，形式，難易度などの傾向が，実際の入試問題と一致しない場合があります。

教英出版

■　書籍ＩＤ番号

入試に役立つダウンロード付録や学校情報などを随時更新して掲載しています。
教英出版ウェブサイトの「ご購入者様のページ」画面で，書籍ＩＤ番号を入力してご利用ください。

書籍ＩＤ番号　105442

（有効期限：2025年9月30日まで）

【入試に役立つダウンロード付録】
「要点のまとめ(国語／算数)」
「課題作文演習」ほか

■　この問題集の使い方

年度ごとにプリント形式で収録しています。針を外して教科ごとに分けて使用します。①片側，②中央のどちらかでとじてありますので，下図を参考に，問題用紙と解答用紙に分けて準備をしましょう（解答用紙がない場合もあります）。

針を外すときは，けがをしないように十分注意してください。また，針を外すと紛失しやすくなりますので気をつけましょう。

① 片側でとじてあるもの　　② 中央でとじてあるもの

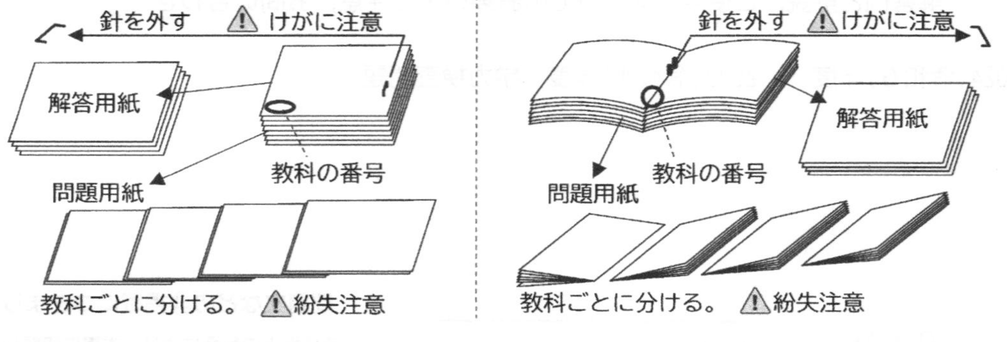

※教科数が上図と異なる場合があります。
解答用紙がない場合や，問題と一体になっている場合があります。
教科の番号は，教科ごとに分けるときの参考にしてください。

■　最新年度 実物データ

実物をなるべくそのままに編集していますが，収録の都合上，実際の試験問題とは異なる場合があります。実物のサイズ，様式は右表で確認してください。

問題用紙	Ｂ５冊子(二つ折り)
解答用紙	Ｂ４片面プリント

リアル過去問の活用

～リアル過去問なら入試本番で力を発揮することができる～

本番を体験しよう！

問題用紙の形式（縦向き / 横向き），問題の配置や余白など，実物に近い紙面構成なので本番の臨場感が味わえます。まずはパラパラとめくって眺めてみてください。「これが志望校の入試問題なんだ！」と思えば入試に向けて気持ちが高まることでしょう。

入試を知ろう！

同じ教科の過去数年分の問題紙面を並べて，見比べてみましょう。

① 問題の量

毎年同じ大問数か，年によって違うのか，また全体の問題量はどのくらいか知っておきましょう。どのくらいのスピードで解けば時間内に終わるのか，大問ひとつにかけられる時間を計算してみましょう。

② 出題分野

よく出題されている分野とそうでない分野を見つけましょう。同じような問題が過去にも出題されていることに気がつくはずです。

③ 出題順序

得意な分野が毎年同じ大問番号で出題されていると分かれば，本番で取りこぼさないように先回りして解答することができるでしょう。

④ 解答方法

記述式か選択式か（マークシートか），見ておきましょう。記述式なら，単位まで書く必要があるかどうか，文字数はどのくらいかなど，細かいところまでチェックしておきましょう。計算過程を書く必要があるかどうかも重要です。

⑤ 問題の難易度

必ず正解したい基本問題，条件や指示の読み間違いといったケアレスミスに気をつけたい問題，後回しにしたほうがいい問題などをチェックしておきましょう。

問題を解こう！

志望校の入試傾向をつかんだら，問題を何度も解いていきましょう。ほかにも問題文の独特な言いまわしや，その学校独自の答え方を発見できることもあるでしょう。オリンピックや環境問題など，話題になった出来事を毎年出題する学校だと分かれば，日頃のニュースの見かたも変わってきます。

こうして志望校の入試傾向を知り対策を立てることこそが，過去問を解く最大の理由なのです。

実力を知ろう！

過去問を解くにあたって，得点はそれほど重要ではありません。大切なのは，志望校の過去問演習を通して，苦手な教科，苦手な分野を知ることです。苦手な教科，分野が分かったら，教科書や参考書に戻って重点的に学習する時間をつくりましょう。今の自分の実力を知れば，入試本番までの勉強の道すじが見えてきます。

試験に慣れよう！

入試では時間配分も重要です。本番で時間が足りなくなってあわてないように，リアル過去問で実戦演習をして，時間配分や出題パターンに慣れておきましょう。教科ごとに気持ちを切り替える練習もしておきましょう。

心を整えよう！

入試は誰でも緊張するものです。入試前日になったら，演習をやり尽くしたリアル過去問の表紙を眺めてみましょう。問題の内容を見る必要はもうありません。どんな形式だったかな？受験番号や氏名はどこに書くのかな？…ほんの少し見ておくだけでも，志望校の入試に向けて心の準備が整うことでしょう。

そして入試本番では，見慣れた問題紙面が緊張した心を落ち着かせてくれるはずです。

※まれに入試形式を変更する学校もありますが，条件はほかの受験生も同じです。心を整えてあせらずに問題に取りかかりましょう。

海星中学校《長崎県》【奨学生】【一般】

《奨学生Ⅰ　総合学力試験》

1 問題1．C　問題2．イ．流通経費をおさえることができる／地域の消費者のニーズに合わせて効率的に生産ができる などから1つ　ウ．輸送にかかる時間が短くなるので，新鮮な食材を入手できる／生産工程がわかりやすく，安心感が得られる などから1つ　問題3．水産資源を増やすことができること。／季節や天候によって出荷量が変化しにくく，価格が安定すること。などから1つ　問題4．プランクトンがいっせいに呼吸することで，水中の酸素が少なくなり，魚や貝が酸素不足になるから。

2 問題1．三角柱　問題2．直方体〔別解〕(正)四角柱　問題3．24.5　問題4．目の不自由な人が他の飲料とまちがえないように，牛乳のパックであることを示す　問題5．B　問題6．C

3 問題1．石油を原料とするガソリンなどの燃料代　問題2．地球温暖化の原因になる二酸化炭素を大量に排出することになる　問題3．風力／太陽光／地熱 などから1つ　問題4．発生した電流の一部が音や熱に変わったから。　問題5．電流の大きさ　問題6．ハンドルを回す手ごたえが軽く

4 問題1．選ばれたことです　問題2．出してくれました　問題3．ウ．が　エ．に　問題4．あまり多くはなかった　問題5．貸してくださった　問題6．誤…設　正…説　問題7．自信がないことでも、周りの人と協力すればうまくいく

5 問題1．A．APRIL　B．apple　問題2．ア．他の3単語は季節だけれど，APRIL だけは月　イ．他の3単語は色だけれど，apple だけはくだもの　問題3．120　問題4．エ．1927　オ．7291（エ，オは順不同）

《奨学生Ⅰ　作文》

問題一．ルールは、強制力のある、集団の秩序を保つための仕組みであり、マナーは、周りに気を配り、お互いが気持ちよく過ごすための態度や行動である。

問題二．〈作文のポイント〉

・最初に自分の主張、立場を明確に決め、その内容に沿って書いていく。

・わかりやすい表現を心がける。自信のない表現や漢字は使わない。

さらにくわしい作文の書き方・作文例はこちら！→https://kyoei-syuppan.net/mobile/files/sakupo.html

《奨学生Ⅱ　国語》

一　問1．A．観察　B．きぼ　C．専門　D．倍　E．いごこち　問2．1．エ　2．ウ　3．ア
問3．科学記者としてさらに重要なお作法　問4．⑴結果的に誤った記事を出すことを防げるから。　⑵イ
問5．イルカが打ち上げられることと地震との間に、因果関係はない　問6．ア
問7．⑴東日本大震災が起きる前に、海岸に大量のイルカが打ち上げられる　⑵B　⑶D

二　問1．A．おさ　B．高貴　C．てんもん　D．せけん　E．本腰　問2．Ⅰ．イ　Ⅱ．ウ
問3．X．ウ　Y．オ　問4．ア　問5．利明から兄がよくここへ習いにきたと聞いたが、兄はちっともそんなことを言わずに出ていったから。　問6．エ　問7．ア　問8．算法をしっかりまなんだ師匠となり、ほんとうの算法をおおぜいの人におしえること。　問9．イ

三　問1．①○　②ウ　③○　④ア　⑤エ
問2．［ⅰ／ⅱ］　①［心／オ］　②［進／カ］　③［身／ウ］　④［信／ア］　⑤［針／エ］
問3．①争→走　②制→成　③郡→群　④非→批　⑤優→有

《奨学生Ⅱ　算数》

1　⑴(ⅰ)46　(ⅱ)31.4　(ⅲ)$\frac{1}{2}$　⑵175　⑶33

2　⑴6.5　⑵③　⑶11　⑷6　⑸8時45分

3　⑴8400　⑵26.8

4　⑴17　⑵48

5　⑴64　⑵10，19　⑶8，13

6　⑴60　⑵8分20秒後　⑶2時間20分後

《奨学生Ⅱ　理科》

1　問1．ア　問2．ア　問3．ア，ウ　問4．10往復の時間をはかり，その時間を10でわる。　問5．イ
問6．ウ

2　問1．ウ　問2．ア．はく動　イ．赤血球　問3．7776　問4．ア　問5．ア

3　問1．1．水蒸気　2．水　問2．沸とう石　問3．ウ　問4．3.6倍　問5．ウ　問6．①ア　②エ

4　問1．上流で降った雨により，川の水が増え，流れが速くなるおそれがあるから。
問2．記号…ア　理由…天気は西から東に変わることが多いから。　問3．記号…A　断面…イ　問4．地層
問5．火山灰　問6．角ばっている　問7．西／ほとんど雲がない

《奨学生Ⅱ　社会》

1　問1．イスラム教　問2．アラビア語　問3．独立当初の州の数　問4．3億人　問5．春節
問6．ペキン　問7．ウ

2　問1．高松市　問2．イ　問3．ア　問4．黒潮〔別解〕日本海流　問5．神奈川県　問6．エ
問7．リアス海岸　問8．エ　問9．イ　問10．②　問11．①

3　問1．三内丸山遺跡／是川石器時代遺跡　などから1つ　問2．渡来人　問3．カ　問4．正倉院
問5．エ　問6．承久の乱　問7．イ　問8．ウ　問9．イ　問10．誤りの記号…イ
正しい語句…伊藤博文　誤りの記号…エ　正しい語句…衆議院　問11．関東大震災　問12．鎌倉

《一般Ⅰ　国語》

一　問1．a．あいつ　b．ばんぜん　c．緑　d．交信　e．容易　問2．Ⅰ．ウ　Ⅱ．ア　問3．[C]
問4．獰猛で恐ろしい動物　問5．イ　問6．羊毛を得るために飼っているヒツジをオオカミが襲い始めたから。　問7．イ　問8．X．父親と母親〔別解〕家族が群れ　Y．群れの中での行動　問9．エ

二　問1．A．う　B．植物　C．飾　D．規則　E．しだい　問2．a．ウ　b．ア　c．イ　d．エ
問3．ウ　問4．すいかを丸ごと買っても　問5．1．なんだって切り方で、全然味が違うもの　2．包丁を研ぐ　問6．イ　問7．ウ　問8．洗いカゴには湯飲みがひとつ、ぽつんとあった。　問9．ウ

三　問1．①間接　②後退　③敗北　④加害　⑤人工　問2．①成功　②原因　③招待　④技術　⑤覚悟
問3．①オ　②ウ　③イ　④エ　⑤ア　問4．①A．空　B．開　②A．覚　B．冷　③A．泊　B．止
④A．付　B．着　⑤A．早　B．速

《一般Ⅰ　算数》

1　(1)(i)132　(ii)11　(iii)$\frac{2}{5}$　(2)13　(3)40

2　(1)8　(2)$\frac{1}{2}$　(3)①，③，④　(4)78.5　(5)600

3　(1)600　(2)9.5　(3)10

4　(1)7　(2)31

5　(1)3：2　(2)7000

6　(1)8　(2)156　(3)66

2 問題１　底面が三角形の角柱なので，三角柱である。

問題２　底面が正方形の角柱なので四角柱または正四角柱だが，底面が長方形（または正方形）の四角柱は直方体とよばれることが多い。

問題３　図２のイの立体の体積は７×７×19.5＝955.5（㎤）で，この容器全体の体積は1053.5㎤だから，アの立体の体積は1053.5－955.5＝98（㎤）である。アの三角柱の高さは７㎝なので，アの底面の三角形の面積は98÷７＝14（㎤）である。アの底面は右図のようになっていて，底辺７㎝，面積14㎠なので，三角形の高さは14×２÷７＝４（㎝）である。イの高さは19.5㎝なので，タグをふくめた容器の高さは，19.5＋４＋１＝24.5（㎝）である。

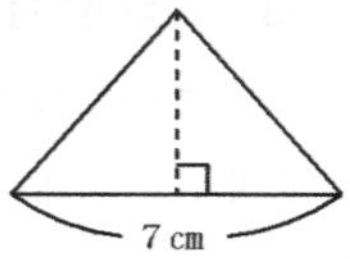

問題５　Ａを組み立てると，容器の上の部分が三角柱にならないので誤り。Ｃは，三角柱の部分の底面の三角形の短い辺の長さが，三角柱の側面の長方形の短い辺の長さよりも長いので，組み立てるとすき間ができてしまうから，誤り。Ｄは，三角柱の部分の側面がひとつ足りないので，誤り。Ｂは，組み立てることができる。

5 問題３　マイクの行きの速さと帰りの速さの比は150：100＝３：２だから，行きにかかった時間と帰りにかかった時間の比は，この逆比の２：３となる。行きにかかった時間を②とすると，帰りにかかった時間は③なので，往復で②＋③＝⑤かかったことになる。ジョンは行きに⑤÷２＝$\textcircled{\frac{5}{2}}$かかるので，マイクとジョンの行きでかかる時間の比は②：$\textcircled{\frac{5}{2}}$＝４：５である。よって，マイクとジョンの行きの速さの比はこの逆比の５：４だから，ジョンの歩くスピードは，$150\times\frac{4}{5}=120$より，毎分120ｍである。

問題４　右のように記号をおく。ヒットの数が最も多い④に注目し，２ヒットの内容で場合を分けて考える。

	? ? ? ?	
①	9 7 2 1	3ブロー　1ヒット
②	9 2 1 7	3ブロー　1ヒット
③	9 1 7 2	4ブロー
④	7 9 2 1	2ブロー　2ヒット

④で７と９がヒットの場合，答えは7912だが，③に合わない。以下同様に考える。

７と２がヒットの場合　→　答え7129　→　③に合わない。

７と１がヒットの場合　→　答え7291　→　①～③に合う。

９と２がヒットの場合　→　答え1927　→　①～③に合う。

９と１がヒットの場合　→　答え2971　→　③に合わない。

２と１がヒットの場合　→　答え9721　→　③に合わない。

よって，エとオは1927と7291である。

1 (1)(ⅰ) 与式＝(2025－１)÷44＝2024÷44＝**46**

(ⅱ) 与式＝3.14×7.55＋2.45×(2.24＋0.9)＝3.14×7.55＋2.45×3.14＝3.14×(7.55＋2.45)＝3.14×10＝**31.4**

(ⅲ) 与式＝$\frac{30}{90}+\frac{10}{90}+\frac{3}{90}+\frac{2}{90}=\frac{45}{90}=\mathbf{\frac{1}{2}}$

(2) 20％増量すると元の量の 100＋20＝120(％)，つまり$\frac{120}{100}$＝1.2(倍)になるから，元の量は，210÷1.2＝**175**(g)

(3) **【解き方】リクさんとお父さんの年れいの差は，何年後でも変わることはなく 42－12＝30(才)である。**

リクさんとお父さんの年れいの比が３：５になるとき，この比の数の５－３＝２が 30 才にあたるので，リクさんの年れいは 30×$\frac{3}{2}$＝45(才)である。したがって，45－12＝**33**(年後)である。

2 (1) 与式より，(10－□)×$\frac{3}{4}$÷$1\frac{1}{8}$＋$\frac{7}{6}$＝$\frac{7}{2}$　(10－□)×$\frac{3}{4}$×$\frac{8}{9}$＝$\frac{21}{6}$－$\frac{7}{6}$　(10－□)×$\frac{2}{3}$＝$\frac{7}{3}$

10－□＝$\frac{7}{3}$÷$\frac{2}{3}$　10－□＝$\frac{7}{2}$　□＝10－$\frac{7}{2}$＝**6.5**

(2) 右の図のように記号をおく。展開図においてア，イ，ウの３面はまっすぐ並び，エ，オ，カの３面も同様である。そのような展開図は，**③**だけである。

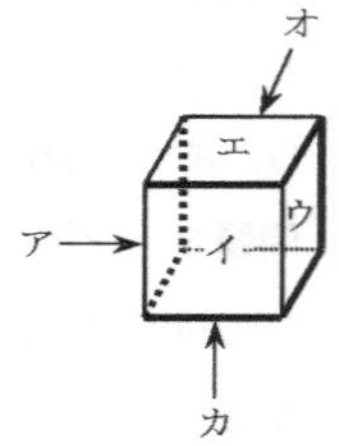

(3) **【解き方】与えられた面積から，辺の長さの比を考える。**

右の図のように記号をおく。ＡとＢは縦の長さが等しいので，イ：ウはＡとＢの面積比に等しく，18：９＝２：１である。したがって，Ｃ：Ｄ＝イ：ウ＝２：１だから，

Ｃ＝３×$\frac{2}{1}$＝６(cm²)である。正方形の面積は，18＋９＋６＋３＝36(cm²)だから，

36＝６×６より，正方形の１辺の長さは６cmである。イ＝６×$\frac{2}{2+1}$＝４(cm)だから，

ア＝６÷４＝1.5(cm)なので，Ｃの周りの長さは，(ア＋イ)×２＝(４＋1.5)×２＝**11**(cm)

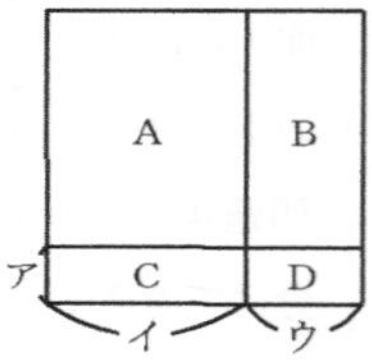

(4) **【解き方】イ＋オ＋ク＝９とキ＋ク＋ケ＝23 に注目する。**

１～９の数から異なる３つをとり出した和を考えると，和が 23 になる３つの数の組み合わせは(６，８，９)のみなので，キ，ク，ケには６，８，９のいずれかが入る。イ＋オ＋ク＝９より，クに８，９が入ることはできないので，クに入るのは**６**である。

(5) **【解き方】同じ道のりを進むときにかかる時間の比は，速さの逆比に等しいことを利用する。**

分速 70ｍのときと分速 80ｍのときにかかる時間の比は，70：80＝７：８の逆比の８：７である。この比の数の８－７＝１が，時間の差の 17－13＝４(分)にあたるから，分速 70ｍで行くと４×$\frac{8}{1}$＝32(分)かかる。

よって，始業時刻は，８時＋32 分＋13 分＝**８時 45 分**である。

3 (1) **【解き方】図の水そうに入っている水の部分を，底面が台形で，高さが 20 cmの四角柱と考える。**

台形の面積は{(上底)＋(下底)}×(高さ)÷２で求められるので，(５＋16)×40÷２×20＝**8400**(cm³)である。

(2) (1)より，水の体積は 8400 cm³，図２の円柱の底面積は 10×10×3.14＝314(cm²)なので，図２の水そうに図１の水をすべて入れたときの水面の高さは，8400÷314＝26.75…→**26.8**(cm)である。

4 (1) サイコロが２→３→６と出たときに動いたボールの数は，右の図の通りである。Ａの袋からは，２個出ていき，３個入ってきて，６個出て行ったので，最初に袋の中に入っていたボールの数は，12＋６－３＋２＝**17**(個)である。

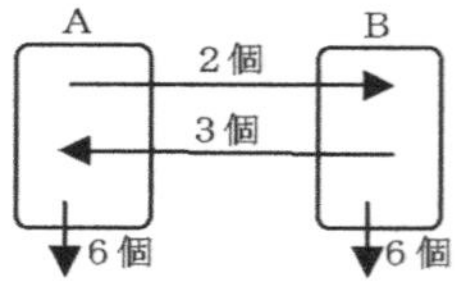

(2) **【解き方】５，６が出ない限り，ボールの合計の個数は変化しない。**

サイコロが１→１→６→３→４と出たとき，ボールの合計の個数は６×２＝12(個)減った。よって，最初に２つの袋に入っていたボールは全部で 36＋12＝**48**(個)である。この場合，最初に２つの袋に 48÷２＝24(個)ずつ入っ

ていて，ボールを移動させる過程でどちらかのボールが足りなくなることはないから，条件にあう。

5 (1)　**【解き方】第１グループには 2024 が１つ，第２グループには 2024 が２つ…という規則で並んでいる。**

第８グループには，2024 が８つ並んでいる。２，０，２，４をすべて足すと８なので，第８グループにある数をすべて足すと，８×８＝**64** になる。

(2)　**【解き方】「2024」という数字には，「２」が２つ入っている。**

100 個目の「２」は，100÷２＝50 より，50 個目の 2024 の２番目の「２」である。50 個目の 2024 がどのグループにあるかを探すと，１＋２＋３＋４＋５＋６＋７＋８＋９＝45，45＋10＝55 より，第９グループの９個目の 2024 より後ろにあり，第 10 グループの 50－45＝５(個目)の 2024 である。「2024」には４つの数字が使われているので，50 個目の 2024 の「４」は第 10 グループの４×５＝20(番目)の数字である。

よって，100 個目の「２」は，第 10 グループの 20－１＝**19**(番目)の数字である。

(3)　**【解き方】２，０，２，４をすべて足すと８になるので，250÷８＝31 余り２より，第１グループの最初から数を足し続けて 250 になるのは，32 個目の 2024 の１番目の「２」を足したところである。**

31 個目の 2024 がどのグループにあるかを探すと，１＋２＋３＋４＋５＋６＋７＝28，28＋８＝36 より，第７グループの７個目の 2024 より後ろにあり，第８グループの 31－28＝３(個目)の 2024 である。よって，32 個目の 2024 の１番目の「２」は，第**8**グループの４×３＋１＝**13**(番目)の数である。

6 (1)　**【解き方】50 分間で入場した人数は，最初の 1200 人と，50 分間に行列に新たに並んだ人数の合計である。**

50 分間で入場した人数は，1200＋36×50＝3000(人)である。よって，１分間に入場ゲートを通過した人数は，3000÷50＝**60**(人)である。

(2)　**【解き方】入場ゲートが３か所になると，行列の人数は１分間に 60×３－36＝144(人)ずつ減る。**

1200 人並んでいるので，1200÷144＝$8\frac{1}{3}$(分)，つまり，８分($\frac{1}{3}$×60)秒後＝**8** 分 **20** 秒後に行列がなくなる。

(3)　**【解き方】ホールが収容人数に達したあとも，１分間に 36 人の割合で人が入ってこようとし続けることに注意する。時間をおって，ホールの中の人数と行列の人数を調べていく。**

1200 人の行列がなくなってからホールが収容人数に達するまでは，行列ができることはない。

ホールが収容人数に達してから 10 分後までは，１分ごとに 24 人ずつ退場し，36 人ずつ並んで 24 人ずつ入場するので，ホールの中の人数は変わらず，行列は 36－24＝12(人)ずつ増える。ホールが収容人数に達した 10 分後には，ホールの中に 4800 人いて，行列が 12×10＝120(人)できている。

退場ゲートを２か所にすると，１分間に 24×２＝48(人)ずつ退場し，行列が 36 人ずつ増えて 48 人ずつ入場する。ホールの中の人数は変わらず，行列は 48－36＝12(人)ずつ減る。したがって，さらに 120÷12＝10(分後)に再び行列がなくなる。ホールが収容人数に達してから 10＋10＝20(分後)にホールの中には 4800 人いて，このあとホールの中の人数は減っていく。収容人数の 10－７＝３(割)は 4800×0.3＝1440(人)だから，1440 人減るときを求める。ホールが収容人数に達してから 20 分後からは，１分間に 48 人ずつ退場し，行列が 36 人ずつ増えて 36 人ずつ入場する。ホールの中の人数は 48－36＝12(人)ずつ減り，行列はできない。したがって，さらに 1440÷12＝120(分後)→２時間後までに 1440 人が退場する。よって，求める時間は 20 分＋２時間＝**2** 時間 **20** 分後である。

1 (1)(ⅱ) 与式＝2＋3×3＝2＋9＝11

(ⅲ) 与式＝$\frac{4+15-11}{20}=\frac{8}{20}=\mathbf{\frac{2}{5}}$

(2) **【解き方】9でも12でも割り切れる数は，9と12の公倍数である。公倍数は最小公倍数の倍数だから，9と12の最小公倍数で割り切れる数の個数を求める。**

9と12の最小公倍数は36である。1～500までの整数で，36で割り切れる整数は，500÷36＝13余り32より，**13**個ある。

(3) 2割＝0.2より，200人の2割の人数は，200×0.2＝**40**(人)である。

2 (1) **【解き方】一の位の数だけを考えればいいので，2を何回かかけあわせていくとき，計算結果の一の位だけに2をかけることをくり返し，一の位の数の変化を調べる。**

一の位の数は，2→2×2＝4→4×2＝8→8×2＝16→6×2＝12→…，と変化するので，2，4，8，6という4つの数がくり返される。15回かけると，15÷4＝3余り3より，2，4，8，6がちょうど3回くり返されたあとの3番目の数になるので，一の位の数は**8**になっている。

(2) 妹が食べた残りはもとのロールケーキの$1-\frac{1}{6}=\frac{5}{6}$である。姉が食べた残りはこのうちの$1-\frac{2}{5}=\frac{3}{5}$だから，もとのロールケーキの$\frac{5}{6}\times\frac{3}{5}=\mathbf{\frac{1}{2}}$である。

(3) **【解き方】180°回転するとぴったりもとの図形と重なる図形が，点対称な図形である。点対称な図形は，対応する点を結んだ直線がすべて，直線の真ん中の点(対称の中心)で交わる。**

5つの図形のうち，①(ひし形)と③(長方形)は，180°回転するとぴったりもとの図形と重なる点対称な図形である。④は，右の図のように対応する点を結ぶと1か所(対称の中心)で交わるので，点対称な図形とわかる。②と⑤は，180°回転してももとの図形に重ならない。したがって，点対称な図形は**①，③，④**である。

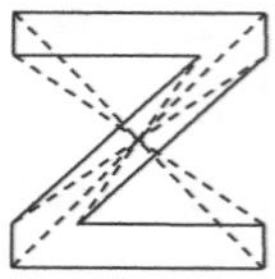

(4) 右の図で，㋐と㋑の面積は等しく，㋒と㋓の面積も等しい。

したがって，斜線の部分の面積を求めるには，半径5㎝の円1つ分の面積を求めればよい。斜線の部分の面積は5×5×3.14＝**78.5**(㎠)である。

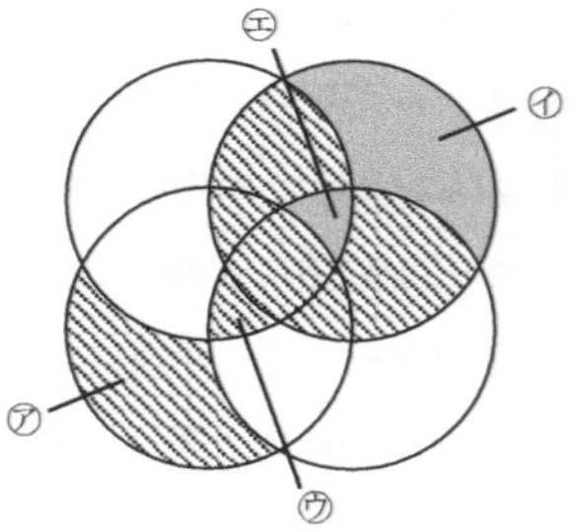

(5) 酢とサラダ油の割合が1：3なので，サラダ油とフレンチドレッシングの割合は3：(1＋3)＝3：4である。サラダ油を450mL使うので，フレンチドレッシングは$450\times\frac{4}{3}=$**600**(mL)作れる。

3 (1) **【解き方】上がった水の体積が沈めた石の体積である。**

底面が10㎝×20㎝の水そうで3㎝水面が上がったので，石の体積は10×20×3＝**600**(㎤)である。

(2) **【解き方】図2の四角柱の高さが5㎝で，図1の水面の高さが9㎝なので，四角柱は完全に水の中につかる。よって，(四角柱の体積)÷(水そうの底面積)だけ水面の高さが上がる。**

四角柱の体積は20×5＝100(㎤)，水そうの底面積は10×20＝200(㎠)だから，水面は100÷200＝0.5(㎝)上がる。したがって，水面の高さは9＋0.5＝**9.5**(㎝)となる。

(3) **【解き方】図3の四角柱の高さが15㎝で，図1の水面の高さが9㎝なので，四角柱を入れたあとの水が入る部分の底面積は，右の図の色つき部分である。**

水の体積は200×9＝1800(㎤)，図の色つき部分の面積は200－20＝180(㎠)なので，

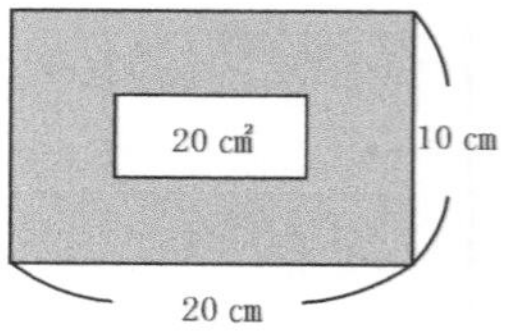

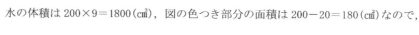

水面の高さは 1800÷180＝**10**(cm)になる。

4 (1) 表１のように全部で**7**通りある。

(2) **【解き方】和が６となる整数の組み合わせは表２のようになる。それぞれ何通りの式ができるか考える。**

ア，ク，コからはそれぞれ１通りの式ができる。

イは，式の中の２の位置が５通り考えられるので，５通りの式ができる。

表１

整数の組み合わせ	式
1，1，1，1	1＋1＋1＋1
1，1，2	1＋1＋2
	1＋2＋1
	2＋1＋1
1，3	1＋3
	3＋1
2，2	2＋2

表２

記号	整数の組み合わせ
ア	1，1，1，1，1，1
イ	1，1，1，1，2
ウ	1，1，1，3
エ	1，1，4
オ	1，5
カ	1，1，2，2
キ	1，2，3
ク	3，3
ケ	2，4
コ	2，2，2

同様に，ウ，エ，オ，ケからはそれぞれ４通り，３通り，２通り，２通りの式ができる。

カからは，１＋１＋２＋２，１＋２＋１＋２，２＋１＋１＋２，１＋２＋２＋１，２＋１＋２＋１，２＋２＋１＋１の６通りの式ができる。

キからは，１＋２＋３，１＋３＋２，２＋１＋３，２＋３＋１，３＋１＋２，３＋２＋１の６通りの式ができる。

よって，全部で，１×３＋５＋４＋３＋２＋２＋６＋６＝**31**(通り)

5 (1) **【解き方】同じ道のりを進むのにかかる時間の比は，速さの逆比に等しい。**

行きと帰りの速さの比が 200：300＝２：３だから，かかった時間の比は**３：２**である。

(2) **【解き方】同じ道のりを進むのにかかる時間の比は，速さの逆比に等しい。**

行きと帰りの速さの比が 350：250＝７：５だから，かかった時間の比は５：７である。したがって，行きでかかった時間は，$48\times\frac{5}{5+7}$＝20(分)である。行きの速さは分速 350mなので，家から学校までの距離は 350×20＝**7000**(m)である。

6 (1) **【解き方】１，２２，３３３，４４４４，…と，１が１個，２が２個，３が３個…という規則で並んでいる。**

最後の２は１＋２＝３(番目)，最後の３は１＋２＋３＝６(番目)，…というように求められる。30 番目に近い数を探すと，最後の７が１＋２＋３＋４＋５＋６＋７＝28(番目)とわかる。このあと８が８個並ぶので，30 番目は**８**である。

(2) (1)より，30 番目までの和は，１×１＋２×２＋３×３＋４×４＋５×５＋６×６＋７×７＋８＋８＝**156**

(3) (2)と同様に考えると，最後の８までの和は 156＋８×６＝204，最後の９までの和は 204＋９×９＝285，最後の 10 までの和は 285＋10×10＝385，最後の 11 までの和は 385＋11×11＝506 である。最後の 11 を除くと和は 500 より小さくなるので，数の和が初めて 500 以上になるのは最後の 11 まで並んだときだから，

１＋２＋３＋４＋５＋６＋７＋８＋９＋10＋11＝**66**(番目)まで並んだときである。

2023 解答例 令和5年度　海星中学校《長崎県》【奨学生】【一般】

《奨学生Ⅰ　総合学力試験》

1　問題1．アジア　問題2．新型コロナウイルスの影響　問題3．(例文)交通網の混乱，被災現場の復旧の遅れなどによって，移動手段がなくなるから。また，被災者の気持ちを考慮すると観光を楽しむ気持ちになれないから。

2　問題1．A．○　B．×　C．○　D．×　問題2．36　問題3．子供の数が減っていて，高齢者の数が増加しているね　問題4．企業を長崎に増やし，働く場を増やす。／企業が積極的に説明会を実施する。などから1つ

3　問題1．①108　②25550　③50　④1650　⑤50

4　問題1．牛乳　問題2．(例文)手に入りやすく馴染みのある食材で作ることができるから。　問題3．26.7

5　問題1．二　問題2．使い方／使用法／使い道 などから1つ　問題3．風呂敷を使ったことはありますか〔別解〕どんなエコグッズを使っていますか　問題4．②一つ目は〔別解〕まずは　③二つ目は〔別解〕次に　問題5．聞き手にわかりやすい言葉を使いながら，興味を持って聞いてもらえるようにすること。

6　問題1．粒が角ばっている／丸みをおびていない などから1つ　問題2．素早く方向転換でき，自由に動きやすくなる。　問題3．しっぽがないと倒れてしまうから。／しっぽでバランスをとっているから。などから1つ　問題4．オタマジャクシの時はえら呼吸で，カエルになると肺呼吸になる。　問題5．上空は酸素濃度が薄いから／空高く上がるほど酸素が薄くなるから などから1つ　問題6．魚→かえる→鳥

《奨学生Ⅰ　作文》

〈作文のポイント〉

・最初に自分の主張、立場を明確に決め、その内容に沿って書いていく。
・わかりやすい表現を心がける。自信のない表現や漢字は使わない。

さらにくわしい作文の書き方・作文例はこちら！→https://kyoei-syuppan.net/mobile/files/sakupo.html

《奨学生Ⅱ　国語》

一　問1．A．しょくもつ　B．子孫　C．快適　D．てんかい　E．喜　問2．1．イ　2．エ　3．ア　問3．ウ　問4．ちがう種の生物とのたえまない闘争と同じ種の仲間どうしとのたえまない競争の結果だから。　問5．ウ　問6．i．エ　ii．イ　問7．自然のロジックのなすがままになっている田畑の周辺。　問8．人間のロジックと自然のロジックがせめぎあっている　問9．C

二　問1．A．立派　B．居場所　C．しじょう　D．けはい　E．視線　問2．1．イ　2．イ　3．ウ　問3．矢　問4．利実がいいキーパーになったこと。　問5．自分をレギュラーから外した五十嵐を、許すことができない　問6．ウ　問7．ベンチ　問8．レギュラーになれないのに、部にいるのはいやだということ。　問9．ウ

三　問1．①イ　②○　③○　④ア　問2．i．①口　②断　③破　④給　ii．①ア　②オ　③イ　④カ　問3．①イ　②ウ　問4．[誤／正]　①[積／績]　②[底／低]　③[問／門]　④[名／明]　⑤[心／神]

《奨学生Ⅱ　算数》

1　(1)(i)1913　(ii)4　(iii)$\frac{160}{243}$　(2)48　(3)13.5　(4)②，④

2　(1)20　(2)7　(3)88　(4)3.14　(5)32

3　(1)12000　(2)2.51

4 ⑴ 6　⑵ 9

5 ⑴ 9　⑵34

6 ⑴ 3　⑵$15\frac{253}{315}$　⑶49

《奨学生Ⅱ　理科》

1 問1．てこ　問2．イ　問3．イ　問4．480　問5．90　問6．①ウ　②エ　③イ
問7．ショート回路になるから。

2 問1．52.5　問2．70　問3．50　問4．34　問5．100　問6．物質C　問7．水を蒸発させる。

3 問1．B→E→G→F　名称…消化管　問2．A，E，G　問3．⑴小腸　⑵ア　問4．ウ
問5．1．じん臓　2．尿

4 問1．A　問2．イ　問3．月が太陽と同じ方向にあるから。　問4．30　問5．大きさ　問6．イ
問7．オ　問8．①役わり…大きな土砂の流れを防ぐ。　名前…砂防ダム　②曲がって

《奨学生Ⅱ　社会》

1 問1．那覇…E　札幌…A　高松…D　問2．ウ　問3．ア　問4．沖ノ鳥島　問5．ウ，エ
問6．ウ　問7．ア

2 ［国名／説明文］ A．［サウジアラビア／イ］ B．［ロシア／ア］ C．［オーストラリア／ウ］
D．［アメリカ／オ］ E．［ブラジル／エ］

3 問1．ウ　問2．エ　問3．オ　問4．参勤交代　問5．大仙古墳〔別解〕仁徳陵古墳　問6．ア
問7．ア．ご恩　イ．奉公　問8．エ　問9．イ　問10．藤原道長　問11．〔Ⅰ〕国風文化　〔Ⅱ〕イ
問12．２番目…C　５番目…B

《一般Ⅰ　国語》

一 問一．a．こっか　b．階級　c．官位　d．習慣　問二．A．イ　B．エ　C．ア　問三．使わなければいけないから。(下線部は罰があたるでもよい)　問四．X．敬語を使う　Y．尊敬する　問五．エ
問六．相手が尊敬できるかどうか考えて言葉づかいを変えるべきだから。　問七．えらい人のすることを持ち上げる言葉　問八．ウ

二 問一．a．包　b．なら　c．雑草　d．ふ　e．まく　問二．X．エ　Y．イ　問三．A．ウ　B．ア
C．オ　D．イ　問四．ウ　問五．翼はひとりでも乗り越えていける強さがあるから。　問六．③イ　④ア
⑦エ　問七．生まれて初めて三か月も必死にあがいたことの結果。(下線部は一生懸命になったでもよい)
問八．とう置法　問九．そうや、伝えることが、生き残ったわしらの役割なんや　問十．ア　問十一．エ

三 問一．①小　②縦　③生　④短　⑤地　問二．①手段　②解散　③寒冷　④主観　⑤損失
問三．①二　②犬　③虫　④山　⑤馬　問四．①看板　②担当　③保存　④成果　⑤単純

《一般Ⅰ　算数》

1 ⑴(ⅰ)12　(ⅱ)105　(ⅲ)2　⑵12　⑶300　⑷3：4

2 ⑴2　⑵400　⑶20　⑷9　⑸64

3 17.7

4 ⑴50　⑵75　⑶25

5 ⑴6　⑵12

6 ⑴4　⑵17.5　⑶55

3 **問題１**　①約 144 ㎞の道のりを１時間 20 分＝$1\frac{20}{60}$時間＝$\frac{4}{3}$時間で走るのだから，144÷$\frac{4}{3}$＝108 より，時速 108 ㎞となる。

②新幹線の指定席の場合，往復の金額は３人分と小学生１人分で，(6050×３＋6050÷２)×２＝42350(円)となる。
高速バスの場合，往復の金額は３人分と小学生１人分で，(4800×３＋4800÷２)＝16800(円)となる。
よって，新幹線の指定席と高速バスの金額の差は，42350－16800＝25550(円)となる。

③新幹線と高速バスの片道にかかる時間の差は，２時間 10 分－１時間 20 分＝50 分となる。

④つるかめ算を使って求めることができる。20%値上がりしたあとの料金は元の料金の１＋0.2＝1.2(倍)，10%値上がりしたあとの料金は元の料金の１＋0.1＝1.1(倍)である。
値上がり前の料金 5990 円がすべて高速料金だと仮定すると，値上がり後の料金は，5990×1.1＝6589(円)となって，実際より 6754－6589＝165(円)低くなる。5990 円のうち 10 円を高速料金からガソリン代におきかえると，値上がり後の料金は 10×(1.2－1.1)＝１(円)高くなる。したがって，このおきかえを 165÷１＝165(回)行うと，値上がり後の料金が実際の料金と同じになる。よって，ガソリン代は，10×165＝1650(円)である。

⑤144 ㎞の道のりを時速 172.8 ㎞で走るのだから，144÷172.8×60＝$\frac{144}{172.8}$×60＝50(分)

4 **問題３**　10 等分したカステラの表面積の合計が１本のカステラの表面積の２倍になるのは，切断することでできた面の面積の合計が，１本のカステラの表面積と等しくなるときである。

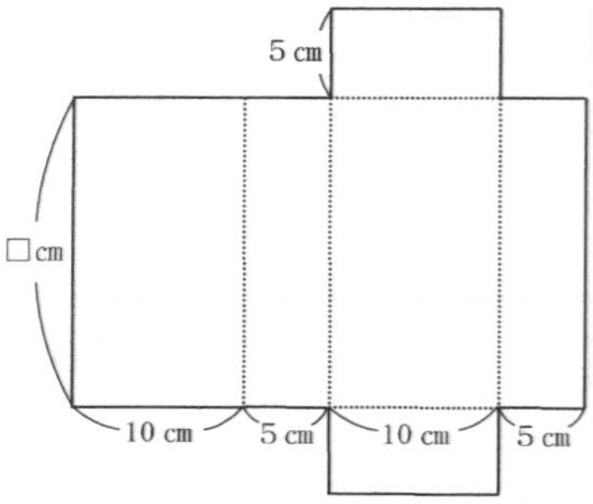

カステラを 10 等分するとき９回切るので，切断してできた面は全部で，
２×９＝18(面)であり，この面積の合計は，５×10×18＝900(㎠)
１本のカステラを各辺が５㎝，10 ㎝，□㎝の直方体として考えると，
展開図は右のようになる。よって，表面積について，
５×10×２＋□×(10＋５＋10＋５)＝900　　100＋□×30＝900
□×30＝900－100　　□×30＝800　　□＝800÷30＝26.66…
小数第２位を四捨五入して，□＝26.7 となる。

1 (1)(ⅰ)　与式＝2010－506＋409＝1913

(ⅱ)　与式＝$\frac{33}{4}-\frac{1}{4}-2\div\frac{1}{2}=\frac{32}{4}-2\times2=8-4=4$

(ⅲ)　与式＝$\frac{5}{9}\times\frac{4}{3}\times\frac{8}{9}=\frac{160}{243}$

(2)　最大公約数を求めるときは，右の筆算のように割り切れる数で次々に割っていき，割った数をすべてかけあわせればよい。よって，144 と 48 の最大公約数は，

2)144　48
2)72　24
2)36　12
2)18　6
3)9　3
　3　1

$2\times2\times2\times2\times3=48$

(3)　30m＝$\frac{30}{1000}$km＝$\frac{3}{100}$km，８秒＝$\frac{8}{60\times60}$時間＝$\frac{1}{450}$時間だから，$\frac{3}{100}\div\frac{1}{450}=13.5$ より，時速 13.5 km。

(4)　①9：14＝$\frac{9}{3}:\frac{14}{3}=3:\frac{14}{3}$　②33：77＝$\frac{33}{11}:\frac{77}{11}=3:7$　③0.7：0.3＝(0.7×10)：(0.3×10)＝7：3

④$\frac{1}{4}:\frac{7}{12}=(\frac{1}{4}\times12):(\frac{7}{12}\times12)=3:7$　よって，３：７の比になっているものは，②と④である。

2 (1)　与式より，$\{100-(100-□)\times\frac{1}{2}\}\times\frac{1}{3}=100-80$　$\{100-(100-□)\times\frac{1}{2}\}\times\frac{1}{3}=20$

$100-(100-□)\times\frac{1}{2}=20\div\frac{1}{3}$　$100-(100-□)\times\frac{1}{2}=60$　$(100-□)\times\frac{1}{2}=100-60$　$(100-□)\times\frac{1}{2}=40$

$100-□=40\div\frac{1}{2}$　$100-□=80$　$□=100-80=20$

(2)　**【解き方】食塩水の問題は，うでの長さを濃度《のうど》，おもりを食塩水の重さとしたてんびん図で考えて，うでの長さの比とおもりの重さの比がたがいに逆比になることを利用する。**

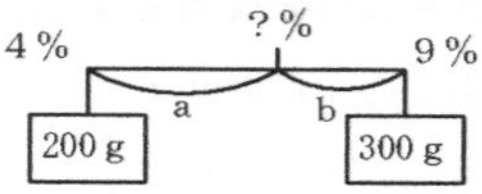

右のようなてんびん図がかける。a：bは，食塩水の量の比である200：300＝２：３の逆比に等しくなるので，a：b＝３：２となる。

これより，a：(a＋b)＝３：５となるから，a＝$(9-4)\times\frac{3}{5}=3$(％)

なので，求める濃さは，４＋３＝７(％)

(3)　**【解き方】右図のように補助線を引き，影のついた部分を２つの三角形に分けると，それぞれの三角形の底辺と高さがわかるので，２つの三角形の面積の和を求めればよい。**

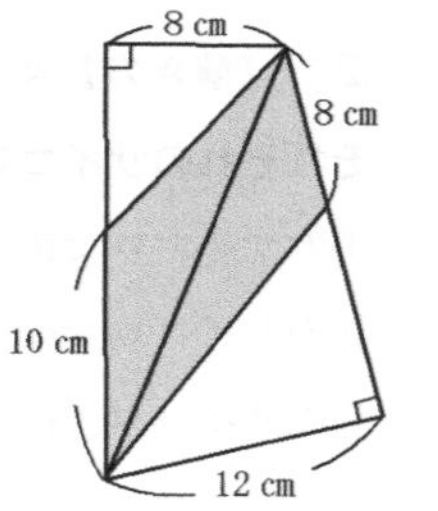

右図のように影のついた部分を２つの三角形に分けたとき，底辺が 10 cm，高さが８cmの三角形と，底辺が８cm，高さが 12 cmの三角形となる。

よって，影のついた部分の面積は，$\frac{1}{2}\times10\times8+\frac{1}{2}\times8\times12=40+48=88$(cm²)

(4)　**【解き方】右のように作図する。ＡＤとＢＣは平行だから，三角形ＯＡＢと三角形ＯＡＣの面積は等しい。よって，図の三角形①，②，③の面積について，①＋②＝①＋③となるので，②＝③となる。**

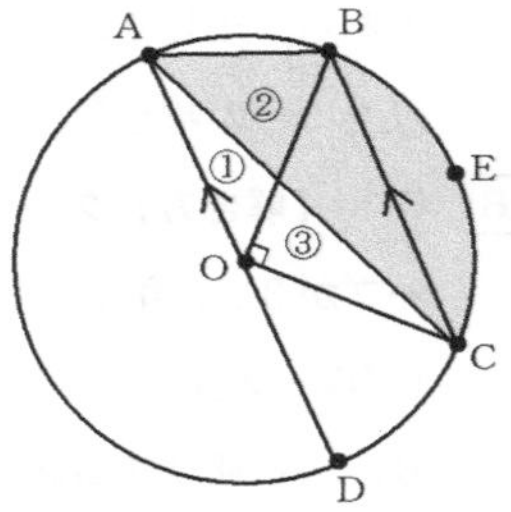

影のついた部分の面積はおうぎ形ＯＢＣの面積と等しい。曲線ＢＣの長さは円周全体の$\frac{2}{8}=\frac{1}{4}$の長さだから，おうぎ形ＯＢＣの面積は円の面積の$\frac{1}{4}$なので，求める面積は，$2\times2\times3.14\times\frac{1}{4}=3.14$(cm²)

(5)　**【解き方】男子の点数を全員 73 点，女子の点数を全員 78 点とし，合計点に注目してつるかめ算を利用する。**

80 人全員が男子だとすると，全体の合計は 73×80＝5840(点)となるから，実際より 75×80－5840＝160(点)低くなる。80 人のうち１人を男子から女子におきかえると，全体の合計は 78－73＝５(点)高くなるから，女子の人数は，160÷５＝32(人)

3 (1) 水そうに入っている水は12 cmの高さまで入っているから，体積は，25×40×12＝12000(cm³)

(2) **【解き方】水そうの底面積は，25×40＝1000(cm²)，円柱の底面積は，10×10×3.14＝314(cm²)だから，水が入っている部分の底面積は，1000－314＝686(cm²)となる。**

入っている水の体積は変わらないので，水面より下にある円柱の高さは，$12000\div686=\frac{6000}{343}=17\frac{169}{343}$(cm)となる。

よって，水面より上にある円柱の高さは，$20-17\frac{169}{343}=2\frac{174}{343}=2.507\cdots$より，2.51 cmである。

4 (1) **【解き方】仕事量の合計を15と10の最小公倍数の30とする。**

まっちゃんの1時間の仕事量は30÷15＝2，ひろっちの1時間の仕事量は30÷10＝3だから，2人合わせた1時間の仕事量は2＋3＝5となる。よって，2人で編集したときにかかる時間は，30÷5＝6(時間)

(2) **【解き方】まっちゃん，ひろっち，スグルッチの1時間あたりの仕事量をそれぞれま⃝，ひ⃝，ス⃝と表す。また，仕事量の合計を18，12，72の最小公倍数の72とする。**

1時間あたりの仕事量について，ま⃝＋ひ⃝＝72÷18＝4，ま⃝＋ス⃝＝72÷12＝6，ま⃝＝72÷72＝1となる。

よって，ひ⃝＝(ま⃝＋ひ⃝)－ま⃝＝4－1＝3，ス⃝＝(ま⃝＋ス⃝)－ま⃝＝6－1＝5となるから，ひ⃝＋ス⃝＝3＋5＝8と求められる。よって，ひろっちとスグルッチの2人で編集したときにかかる時間は，72÷8＝9(時間)となる。

5 (1) **【解き方】サイコロの裏と表の目の合計は7なので，1と6，2と5，3と4がそれぞれ裏表になる。写真のサイコロと同じものを使っているので，写真左側のサイコロを見ると，手前を1と見たとき，上が4，右が5より，下が3，左が2，奥が6だとわかる。写真右側のサイコロから2，3，6の目の穴の並び方も考えれば，このサイコロの展開図は右図のようになる。**

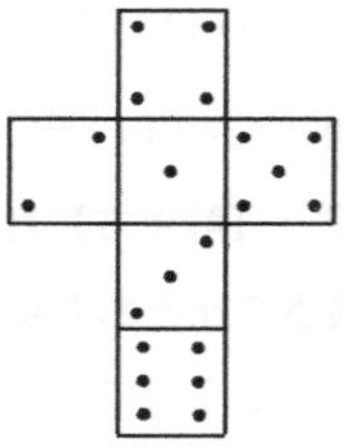

図1の左側のサイコロは手前が3，上が5なので，右(接している面)は6である。

右側のサイコロで接している面は4の裏側なので3だとわかる。

よって，接している面の目の合計は，6＋3＝9となる。

(2) **【解き方】4つのサイコロを右図のように①，②，③，④として，それぞれのサイコロで，どの面が接しているかを考える。**

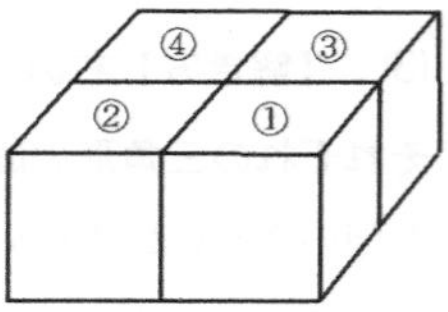

①のサイコロで接している面は，奥が4，左が6である。

②のサイコロで接している面は，奥が6，右が5である。

③のサイコロで接している面は，手前が1，左が2である。

④のサイコロで接している面は，上の面の2の目の穴の並びから，手前が4で右が6，または，手前が3で右が1である。接している面の目の合計が最大になるのは，手前が4で右が6の場合である。

以上の目の数を合計すると，(4＋6)＋(6＋5)＋(1＋2)＋(4＋6)＝34

6 (1) **【解き方】グループ内の分数の個数は，第1，2グループが1つ，第3，4グループが2つ，第5，6グループが3つ，第7，8グループが4つとなるので，第9グループは5つとなる。また，グループ内の分数の分母は，(グループ番号＋1)になるので，第9グループの分母は9＋1＝10である。グループ内の分数の分子は，2，4，6，…と連続する偶数になっている。**

第9グループ内の分数は，$\frac{2}{10}$，$\frac{4}{10}$，$\frac{6}{10}$，$\frac{8}{10}$，$\frac{10}{10}$の5つだから，その和は，$\frac{2+4+6+8+10}{10}=3$

(2) **【解き方】奇数グループと偶数グループの和を分けて考える。**

奇数グループでは，第1グループの和は，$\frac{2}{2}=1$，第3グループの和は，$\frac{2}{4}+\frac{4}{4}=\frac{3}{2}$，第5グループの和は，$\frac{2}{6}+\frac{4}{6}+\frac{6}{6}=2$，第7グループの和は，$\frac{2}{8}+\frac{4}{8}+\frac{6}{8}+\frac{8}{8}=\frac{5}{2}$，第9グループの和は3となる。したがって，奇数

グループの分数の和は，$1+\frac{3}{2}+2+\frac{5}{2}+3=10$ となる。

偶数グループでは，第２グループの和は$\frac{2}{3}$，第４グループの和は，$\frac{2}{5}+\frac{4}{5}=\frac{6}{5}$，第６グループの和は，

$\frac{2}{7}+\frac{4}{7}+\frac{6}{7}=\frac{12}{7}$，第８グループの和は，$\frac{2}{9}+\frac{4}{9}+\frac{6}{9}+\frac{8}{9}=\frac{20}{9}$となる。したがって，偶数グループの分数の和は，

$\frac{2}{3}+\frac{6}{5}+\frac{12}{7}+\frac{20}{9}=\frac{2\times105+6\times63+12\times45+20\times35}{315}=\frac{210+378+540+700}{315}=\frac{1828}{315}=5\frac{253}{315}$となる。

よって，第１グループから第９グループまでの分数の和は，$10+5\frac{253}{315}=15\frac{253}{315}$となる。

⑶　**【解き方】約分して１が出てくるのは，奇数グループの最後の分数だから，７回目の１が出てくるのは，７つ目の奇数グループ，つまり第13グループの最後の数である。**

⑴の解説より，グループ内の分数の個数は，第９，10グループが５つ，第11，12グループが６つ，第13，14グループが７つである。したがって，第13グループの最後までに出てくる分数は全部で，

$(1+2+3+4+5+6)\times2+7=49$(個)なので，約分したときに，７回目の１が出てくるのは前から49番目の分数である。

1 ⑴(ⅰ) 与式＝2112－2100＝12

(ⅱ) 与式＝289－184＝105

(ⅲ) 与式＝$\frac{4}{5}\times 15-\frac{2}{3}\times 15=12-10=2$

⑵ ４の倍数は４，８，12，…で，６の倍数は６，12，…だから，４と６の最小公倍数は，12である。

⑶ 10秒＝$\frac{10}{60}$分＝$\frac{1}{6}$分　50÷$\frac{1}{6}$＝300より，分速300mとなる。

⑷ 36と48の最大公約数12でそれぞれ割ればよいので，３：４となる。

2 ⑴ 与式より，35÷(９－２×□)＝７　９－２×□＝35÷７　９－２×□＝５　２×□＝９－５

２×□＝４　□＝４÷２＝２

⑵ **【解き方】２割引きは，元の値段の１－0.2＝0.8(倍)である。**

500×0.8＝400(円)

⑶ **【解き方】右図のように補助線(点線)を引き，それぞれの四角形を①，②，③とする。①と②の横の長さの和は60÷６＝10(cm)だから，③の横の長さは７＋10＝17(cm)である。**

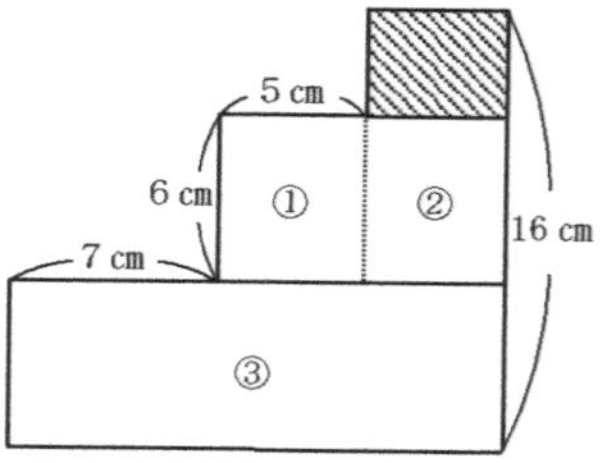

③の縦の長さは102÷17＝６(cm)である。

斜線《しゃせん》の四角形は，縦の長さが，16－(６＋６)＝４(cm)，横の長さが10－５＝５(cm)だから，面積は，４×５＝20(cm²)となる。

⑷ **【解き方】図１のように斜線の部分を移動させると，図２のように合同な直角二等辺三角形が２つできる。**

図１

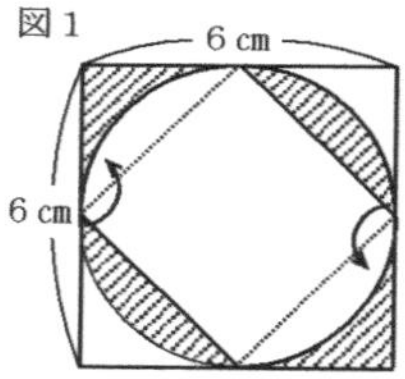

図２

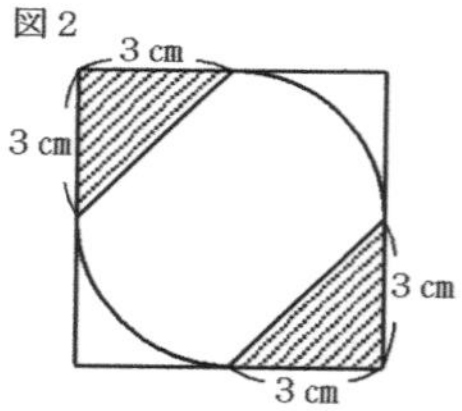

斜線の部分の面積は，図２の直角二等辺三角形２つの面積と等しいから，

(３×３÷２)×２＝９(cm²)となる。

⑸ **【解き方】図１のように記号をおき，点Ｂ，Ｄ，Ｅを通る平面で切断する。これによりできた図形のうち，立体ＡＢＤＥを矢印のように移動させると，図２のような立方体ができる。**

図１

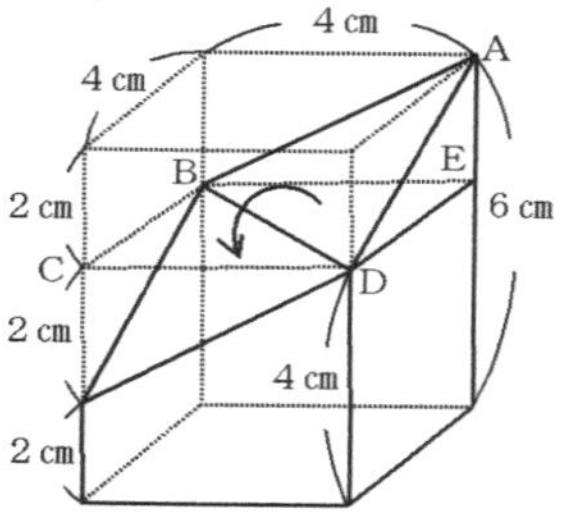

図２

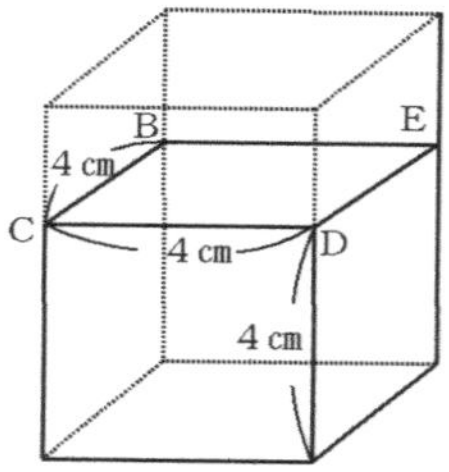

求める体積は，図２の立方体の体積と等しいから，４×４×４＝64(cm³)

3 **【解き方】図２の容器は底面積が10×10＝100(cm²)，図２の容器内の直方体は底面積が５×５＝25(cm²)だから，図２の容器の底面から８cmまでは，底面積が100－25＝75(cm²)の角柱の容積，底面から８cm以上では，底面積が100 cm²の角柱の容積として考えることができる。よって，底面から８cm以上の部分に入れた水の体積がわかれば，底面積で割ることにより，高さを求めることができる。**

図１の容器に水を入れたとき，水の体積は10×10×3.14×５＝1570(cm³)となる。また，図２の容器の底面から８cmまでに入る水の体積は，75×８＝600(cm³)となるので，残りの水の体積は1570－600＝970(cm³)である。

よって，残りの水を入れたときに増える高さは970÷100＝9.7(cm)だから，一番下からの水面の高さは，

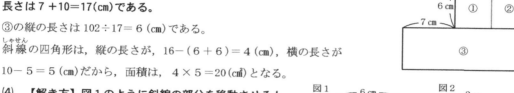

８＋9.７＝17.７(cm)となる。

$\boxed{4}$ (1)　水道Ａ，Ｂ合わせて毎分３＋５＝８(Ｌ)水を入れることができる。よって，400÷８＝50(分間)で満杯となる。

(2)　毎分４Ｌで排水できるから，300÷４＝75(分間)で水がなくなる。

(3)　**【解き方】100Ｌ入っている状態から水道Ａ，Ｂで合わせて50分間水を入れると，100＋(３＋５)×50＝500(Ｌ)入ることになり，容積の400Ｌよりも500－400＝100(Ｌ)多くなる。これが排水した量である。**

排水した時間は100÷４＝25(分間)であり，これが求める時間である。

$\boxed{5}$ (1)　**【解き方】左から１枚ずつ順にカードを選んでいくと考えればよい。**

並べ方は，左端が３通り，真ん中が左端のカードを除いた２通り，右端が左端と真ん中のカードを除いた１通りとなるので，全部で，３×２×１＝６(通り)

(2)　**【解き方】両端が偶数になるので，両端のカードの置き方は$\boxed{2}$と$\boxed{4}$，または，$\boxed{4}$と$\boxed{2}$の２通りとなる。この２通りに対して，残った３枚のカードの並べ方の数をかければよい。**

(1)よりカード３枚の並べ方は６通りなので，求める並べ方は，２×６＝12(通り)

$\boxed{6}$　**【解き方】第ｎグループにはｎ個の分数がふくまれていて，分母はすべてｎ，分子は１からｎまでの連続する整数になっている。また，ａからｂまで等間隔《とうかんかく》に並ぶx個の数の和は，$\{(a+b)\times x\}\div 2$で求められることを利用すると，速く計算ができる。**

(1)　**【解き方】第７グループには７つの分数があり，最初は$\frac{1}{7}$，最後は$\frac{7}{7}$である。**

求める和は，$\frac{1+2+3+4+5+6+7}{7}=\frac{\{(1+7)\times 7\}\div 2}{7}=4$

(2)　**【解き方】第１グループから各グループの和を求めると，$\frac{1}{1}=1$，$\frac{1+2}{2}=1.5$，$\frac{1+2+3}{3}=2$，$\frac{1+2+3+4}{4}=2.5\cdots$，となるから，0.5ずつ和が増えていくと考えられる。**

求める和は，１＋1.5＋２＋2.5＋３＋3.5＋４＝{(１＋４)×７}÷２＝17.5

(3)　**【解き方】約分して１となる数は各グループの最後の数なので，10回目の１は第10グループの最後の数の$\frac{10}{10}$である。**

第１グループの最初から第10グループの最後までにふくまれる分数は，

１＋２＋３＋４＋５＋６＋７＋８＋９＋10＝{(１＋10)×10}÷２＝55(個)となる。

よって，前から55番目に10回目の１が出てくる。

海星中学校《長崎県》【奨学生】【一般】

《奨学生Ⅰ　総合学力試験》

1 問題1．ヨーロッパ　問題2．女性の国会議員が少ない　問題3．ウ．アメリカ合衆国　エ．ロシア　オ．中華人民共和国　カ．インド　問題4．433

2 問題1．A組…2　B組…2　C組…3　問題2．50.6　問題3．ア．（小数第2位まで比べたら）記録の平均がよい　イ．もっとも速い記録を出している　ウ．記録が右肩上がり〔別解〕記録の範囲が3人の中で最小
問題4．12，56　問題5．ア．ゆみ　イ．さくら　ウ．あきこ

3 問題1．温室効果ガスを排出しない　問題2．47個　問題3．186　問題4．温度

4 問題1．ア．背　イ．耳　ウ．目　エ．顔　オ．爪　カ．口　問題2．エ　問題3．洪水防止
問題4．4，6，12　問題5．イ．5　ウ．7（イとウは順不同）　エ．4　オ．12（エとオは順不同）
問題6．（1，4）（3，4）　問題7．ア．（空気が温まるには，地面が日光を吸収して温度が上がり，その後地面が空気を温めるので）日光が一番強い時間帯より2時間遅れて，最も温度が高くなる（下線部は12時でもよい）
イ．日光が地面を温めることができない日の入りから，翌日の朝まで地面は徐々に冷えていくので，日の出前後が最も気温が低くなる

《奨学生Ⅰ　作文》

〈作文のポイント〉

・最初に自分の主張、立場を明確に決め、その内容に沿って書いていく。

・わかりやすい表現を心がける。自信のない表現や漢字は使わない。

さらにくわしい作文の書き方・作文例はこちら！→https://kyoei-syuppan.net/mobile/files/sakupo.html

《奨学生Ⅱ　国語》

一 問一．A．基準　B．財産　C．ほりゅう　D．想像　E．けしき　問二．りません。　問三．レストランで何を食べるか迷ったり、買い物で買う服に悩んだりしないから。
問四．プライベート…イ，ウ　仕事…ア，エ，オ　問五．買ってあげる〔別解〕買って帰ろう　問六．手が速いのではなく判断が速いということ。　問七．選ぶ訓練　問八．エ　問九．心地よいリズムで生きる
問十．ア

二 問一．A．約束　B．背後　C．けっこう　D．はんせい　問二．ウ　問三．1．イ　2．エ　3．ウ
問四．ア　問五．イ　問六．一人でたくさんのことを抱えこんでがんばりすぎる　問七．合唱の練習の時、リーダーなのにちゃんとやっていなかったこと。　問八．はっきり自分の意見が言えない性格を直したいという目標に向かって一歩踏み出せたような気持ち。　問九．ウ

三 問一．①相棒　②異議　③著名　④規律　問二．①誤り　②垂れる　③危ない　④染まる　問三．①足　②鼻　③目　問四．①権　②発　③優　④外

《奨学生Ⅱ　算数》

1　(1)(ⅰ)161　(ⅱ)13　(ⅲ)5　(2)120　(3)車B／45　(4)36

2　(1)□…2　△…10（□，△は順不同）　(2)57，60　(3)25　(4)9.42　(5)140

3　5.6

4　(1)160　(2)8750　(3)1，27，30

5　(1)3　(2)270

6　(1)7　(2)148　(3)274

《奨学生Ⅱ　理科》

1　Ⅰ．問1．ウ　問2．ア　問3．A．イ　B．ア　問4．ウ　Ⅱ．問5．S　問6．エ　問7．ア　問8．イ

2　Ⅰ．問1．西／東　問2．気象衛星　問3．(1)ア　(2)ウ　(3)イ　問4．雨　Ⅱ．問5．ウ→ア→イ　問6．ウ　問7．エ　問8．こよみ

3　問1．こまごめピペット　問2．二酸化炭素は気体のため炭酸水を蒸発させても何も残らない。　問3．ウ　問4．青色リトマス紙が赤色に変化した　問5．6　問6．水素　問7．粉末の方が触れる表面積が大きくなるから。　問8．エ

4　問1．ウ　問2．発芽しない　問3．①，②　問4．空気／温度　問5．B　問6．デンプン　問7．デンプンが発芽に使われたため　問8．イ　問9．エ

《奨学生Ⅱ　社会》

1　問1．利根　問2．信濃　問3．1　問4．え　問5．エ．G　オ．I　カ．K　キ．A　ク．E　問6．4　問7．お

2　(1)地球温暖化　(2)エ　(3)西　(4)オゾン　(5)アマゾン

3　問1．卑弥呼　問2．前方後円墳　問3．ウ　問4．ア　問5．(1)オ　(2)B　(3)D　問6．楽市楽座　問7．(1)エ　(2)(A)とうみ　(B)千歯こき　(C)3

4　[人物名／成し遂げたできごと]　①[ク／G]　②[ア／D]　③[イ／F]　④[キ／C]　⑤[オ／H]　⑥[カ／B]　⑦[エ／E]　⑧[ウ／A]

《一般Ⅰ　国語》

一　問一．A．万物　B．背景　C．こうき　D．しる　問二．1．エ　2．ア　問三．[3]　問四．お金という抽象的なもので交換が利く　問五．快楽　問六．1．生活の必要のための知　2．交通ルールを知らなければ自動車にひかれてしまうこと。／稲の生態や天候、土木などの知識がなければお米をつくることができないこと。　問七．ウ　問八．エ

二　問一．A．ころ　B．乱暴　C．はな　D．洗　E．折　問二．レネットの種　問三．放射能　問四．泣いていることを知られたくなかったから。　問五．ウ　問六．セリョージャにレネットの種を返す勇気。　問七．1．ア．村が埋められる　イ．危険をおかして　ウ．お守り　2．イ

三　問一．①ア．安　イ．案　②ア．識　イ．職　問二．①ア　②ウ　③ア　問三．1．①得　②体　③刀　2．①ウ　②オ　③イ　問四．①イ　②ア

《一般Ⅰ　算数》

1　⑴（ⅰ）13　（ⅱ）12　（ⅲ）$2\frac{2}{5}$　⑵21　⑶480　⑷64

2　⑴３　⑵10　⑶80　⑷17．16　⑸120

3　⑴224　⑵263．76　⑶5．6

4　⑴４　⑵48

5　⑴３　⑵27

6　⑴６　⑵76

２ **問題１**　クラス種目は男女２人ずつの４名で行う。男女別で考えるとA組の男子が16人で最も多いので，全員出場するには16÷２＝８(組)必要だとわかる。

８組を作るには各クラス，男子と女子をそれぞれ２×８＝16(人)，合わせて16×２＝32(人)分選手を用意しなければならないので，２回出場する人は，A組が32－30＝２(人)，B組が２人，C組が32－29＝３(人)いる。

問題２　問題１より，クラス種目に２回出場する人は全部で，２＋２＋３＝７(人)いる。

個人種目は，男子が16レース，女子が15レース行うので，男女で各クラス16＋15＝31(人)分選手が必要である。

よって，個人種目に２回出場する人は全部で，(31－30)＋(31－30)＋(31－29)＝４(人)いる。

男女別３人１組のチーム種目は，男子が16÷３＝５余り１より６組，女子が15÷３＝５組作るから，男女で各クラス３×(６＋５)＝33(人)分選手が必要である。

よって，チーム種目に２回出場する人は全部で，(33－30)＋(33－30)＋(33－29)＝10(人)いる。

リレーを出場する人は(４×２)×３＝24(人)いる。

したがって，学年は全部で30＋30＋29＝89(人)いて，４回出場する人は全部で７＋４＋10＋24＝45(人)いるから，求める割合は，$\frac{45}{89}$×100＝50.56…より，50.6％である。

問題３　13秒を仮の平均として，Bさん，Fさん，Hさんの平均値を計算すると，

Bさんが，13＋(0.8＋0.5＋0.4＋0.9＋0.7)÷５＝13.66(秒)

Fさんが，13＋(1.0＋０＋1.1＋0.3＋1.2)÷５＝13.72(秒)

Hさんが，13＋(0.9＋0.8＋0.7＋0.6＋0.5)÷５＝13.70(秒)

よって，小数第２位まで計算すると，Bさんの記録の平均が３人の中で一番よかったといえる。

記録の最小値は，Bさんが13.4秒，Fさんが13.0秒，Hさんが13.5秒だから，Fさんが３人の中で一番速い記録を出しているとわかる。

３人のうち，Hさんだけが記録が徐々によくなっている。また，記録の範囲は，Bさんが13.9－13.4＝0.5(秒)，Fさんが14.1－13.0＝1.1(秒)，Hさんが13.9－13.5＝0.4(秒)で，Hさんが最も小さい。

問題４　カーブの部分の直径を□mとして考える。

第１，第２走者が走る距離について，第１レーンの人が走るカーブの部分の合計は，直径が□mの円の円周に等しく，(□×3.14)mと表せる。このとき，第３レーンの人が走るカーブの部分の合計は，直径が□＋(１＋１)×２＝□＋４(m)の円の円周に等しく，(□＋４)×3.14＝□×3.14＋４×3.14＝□×3.14＋12.56(m)と表せる。

よって，第３レーンを走る人は，第１レーンを走る人より，12.56m＝12m56cm前方からスタートすることになる。

なお，問題の図のスタート位置やゴールの位置は必ずしも正確ではないので，文章から読み取れることを参考に答えを導くようにしよう。

問題５　あきこさんはバトンパスをもらうだけがよく，長い距離を走るので，あきこさんがウの第４走者である。

残るアとイについて，さくらさんはスタートができないから，イの第２走者である。残るアがゆみさんであり，第１走者は本部前ではバトンパスはしないので，ゆみさんの要望にもあう。

３ **問題２**　各段で積まれている立方体の個数を考えると，下から１段目が４×４＝16(個)，２段目が図ⅰのように13個，３段目が図ⅱのように10個，４段目が図ⅲのように８個だから，全部

図ⅰ　図ⅱ　図ⅲ

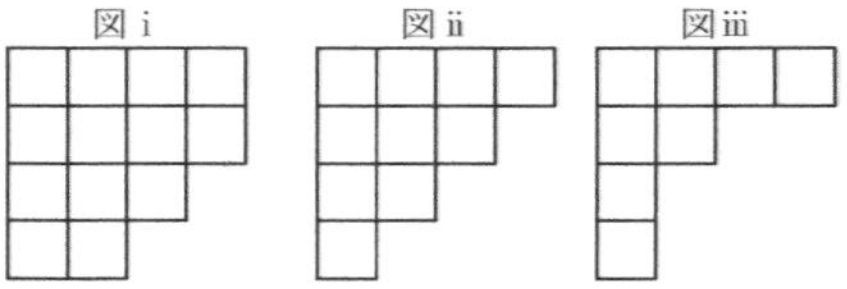

で 16＋13＋10＋８＝47(個)積まれている。

問題３　１辺１ｍの立方体の１つの面の面積は１×１＝１(㎡)だから，表面積は，１×６＝６(㎡)

よって，１辺１ｍの立方体 47 個の表面積の和は，６×47＝282(㎡)

また，図Ａを上下左右前後から見ると，すべて１辺が４ｍの正方形に見えるので，図Ａの表面積は，

(４×４)×６＝96(㎡)

したがって，重なっている面の面積の和は，282－96＝186(㎡)

4　**問題４**　２つのサイコロをⓐ，ⓑでわけると，２つの目の積は右表のようにまとめられる。そのうち，２つの目の積から組み合わせが決定できないのは，表の○印のように積が４，６，12 になるときである。

２個のサイコロの目の積

		ⓑ					
		1	2	3	4	5	6
ⓐ	1	1					
	2	2	④				
	3	3	⑥	9			
	4	④	8	⑫	16		
	5	5	10	15	20	25	
	6	⑥	⑫	18	24	30	36

問題５　Ａさんは４，６，12 の中のどれかを聞いた。Ａさんの『わかりません』を聞いてＢさんも分からなかったのは，積が４，６，12 になる組み合わせの中に，２つの目の和が同じ数になるものが２通りあるからである。

１×４＝４，２×３＝６，１＋４＝５，２＋３＝５より，２つの目の和がイ５のときは，Ｂさんは２つの目の組み合わせを決定できない。１×６＝６，３×４＝12，１＋６＝７，３＋４＝７より，２つの目の和がウ７のときは，Ｂさんの２つの目の組み合わせを決定できない。

Ｂさんが『分かりません。』と答えたことで，２つの数の和が５か７に決まるので，Ａさんが４と聞いた場合，１＋４＝５，１×４＝４より，２つの数が１と４だとわかる。Ａさんが６と聞いた場合，１＋６＝７，１×６＝６，２＋３＝５，２×３＝６より，２つの数が「１と６」か「２と３」のどちらかを決定できない。Ａさんが 12 と聞いた場合，３＋４＝７，３×４＝12 より，２つの数が３と４だとわかる。

以上より，Ａさんが聞いていた数がエ４またはオ12 の場合は，Ｂさんが『分かりません。』と答えたことでＡさんが分かる。

問題６　問題５の解説より，正解の組み合わせは，(１と４)，(３と４)である。

2022 算数解説 海星中学校《長崎県》【奨学生Ⅱ】
令和４年度

1 (1)(ⅰ)　与式＝23×(17－10)＝23×７＝161

(ⅱ)　与式＝(2016＋６)－2009＝2022－2009＝13

(ⅲ)　与式＝$\frac{7}{2}\div\frac{7}{4}\times\frac{5}{2}=\frac{7}{2}\times\frac{4}{7}\times\frac{5}{2}=5$

(2)　２つの数の最小公倍数を求めるときは，右の筆算のように割り切れる数で次々に割っていき，割った数と割られた結果残った数をすべてかけあわせればよい。よって，求める最小公倍数は，

3) 24　15
　　8　 5

３×８×５＝120

(3)　30Ｌで走る道のりは，Ａが 640×$\frac{30}{40}$＝480(km)，Ｂが 980×$\frac{30}{56}$＝525(km)だから，Ｂの方が 525－480＝45(km)多く走ることになる。

(4)　**【解き方】出力が 900÷400＝$\frac{9}{4}$(倍)になると，加熱時間が 20÷45＝$\frac{4}{9}$(倍)になるので，出力と加熱時間は反比例の関係にあるとわかる。**

500Ｗで加熱するときは，400Ｗのときと比べて，出力が 500÷400＝$\frac{5}{4}$(倍)なので，加熱時間は$\frac{4}{5}$倍になる。

よって，加熱する時間は 45×$\frac{4}{5}$＝36(秒)が適当である。

2 (1)　与式＝$\frac{3}{5}=\frac{6}{10}=\frac{5}{10}+\frac{1}{10}=\frac{1}{2}+\frac{1}{10}$　　よって，□と△にあてはまる数は，２と 10 である。

(2)　**【解き方】(合計点)＝(平均点)×(教科数)であることを利用する。**

国語，算数，理科の合計点は，67×３＝201(点)

社会を入れた４教科は，平均点が 64.5 点以上 65.5 点未満なので，合計点は 64.5×４＝258(点)以上 65.5×４＝262(点)未満である。

よって，社会の点数は，258－201＝57(点)以上，262－201＝61(点)未満，つまり，60 点以下である。

(3)　**【解き方】右のように長方形に記号をおく。ＡとＢを合わせた長方形と，ＣとＤを合わせた長方形は，横を６cm，７cmの辺とすると縦の長さが等しい。**

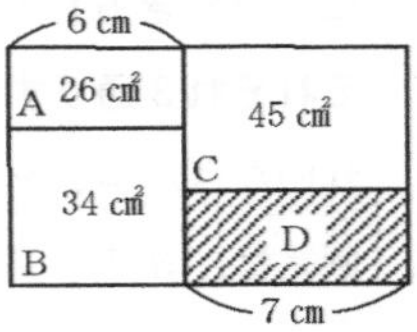

ＡとＢを合わせた長方形の縦の長さが(26＋34)÷６＝10(cm)だから，ＣとＤを合わせた長方形の面積は，10×７＝70(cm²)である。よって，色のついた部分の面積は，70－45＝25(cm²)

(4)　**【解き方】右のように作図し，矢印の向きに色のついた部分を移動させて面積を求める。**

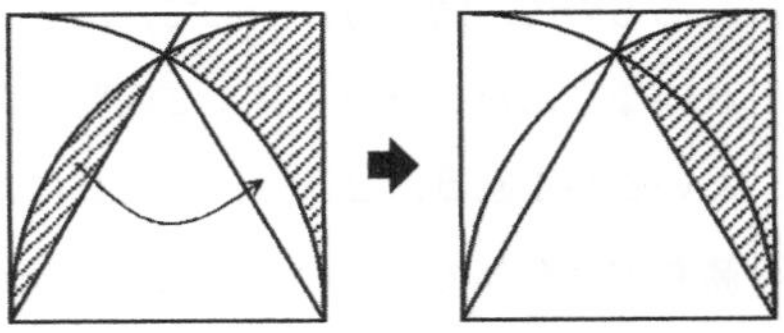

１辺が６cmの正三角形ができるので，求める面積は，半径が６cm，中心角が 90°－60°＝30°のおうぎ形の面積だから，

６×６×3.14×$\frac{30°}{360°}$＝9.42(cm²)

(5)　**【解き方】長針は 60 分で 360°進むので，１分ごとに 360°÷60＝６°進む。短針は 60 分で 360°÷12＝30°進むので，１分ごとに 30°÷60＝0.5°進む。したがって，１分ごとに長針は短針より６°－0.5°＝5.5°多く進む。**

時計が 12 時を表すとき，長針と短針はちょうど重なる。よって，12 時 40 分を表すときは，長針が短針より 5.5°×40＝220°多く進むから，角ア＝360°－220°＝140°

3　**【解き方】容器①と容器②の体積をそれぞれ求め，その差から，容器②の水が入っていない部分の高さを求める。**

容器①は，右図の面を底面としてみると，底面積が６×４＋(４＋４×３)×４÷２＝56(㎠)，高さが４㎝の柱体なので，体積は，56×４＝224(㎤)

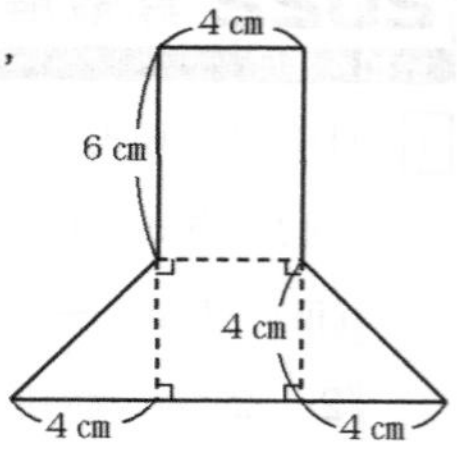

容器②は円柱を２つ合わせた立体なので，体積は，４×４×3.14×３＋３×３×3.14×４＝84×3.14＝263.76(㎤)

よって，容器①と容器②の体積の差は263.76－224＝39.76(㎤)だから，容器②の水が入っていない部分の高さは，39.76÷(３×３×3.14)＝1.40…より，1.4㎝である。

したがって，求める高さは，３＋４－1.4＝5.6(㎝)

4　(1)　**【解き方】速さの比は，同じ時間で進む道のりの比に等しいことを利用する。**

３人が出発してから25分後，つづきさんが190×25＝4750(m)進んだ位置でいしばしさんとつづきさんが出会い，その時ごとうさんは90×25＝2250(m)進んでいるので，つづきさんとごとうさんの間の道のりは4750－2250＝2500(m)である。ここから10分後，ごとうさんは90×10＝900(m)，いしばしさんは2500－900＝1600(m)進んで出会ったのだから，いしばしさんの進む速さは，毎分(1600÷10)m＝毎分160mである。

(2)　つづきさんといしばしさんは，出会うまでに合わせて池のまわり１周分進んでいる。

よって，求める長さはつづきさんといしばしさんが25分で進んだ道のりの和に等しく，(190＋160)×25＝8750(m)

(3)　**【解き方】つづきさんがごとうさんにはじめて追いつくのは，つづきさんがごとうさんよりも8750m(池のまわり１周分)多く進んだときである。**

つづきさんとごとうさんの速さの差は，毎分(190－90)m＝毎分100mだから，求める時間は，8750÷100＝87.5(分後)，つまり，１時間27分30秒後である。

5　(1)　(れいなさん，かずみさん)の手の出し方が，(グー，チョキ)(チョキ，パー)(パー，グー)の３通りある。

(2)　**【解き方】１回のジャンケンについて，あいこの手の出し方，れいなさんが負けるときの手の出し方は，それぞれ３通りずつある。れいなさんがジャンケンで勝った回数で場合分けをして考える。**

れいなさんがジャンケンで１回勝ったとき，残り２回はあいこである。

例えば，３回のジャンケンのうち，１回目に勝って，２，３回目にあいこだった場合は，１，２，３回目ともに手の出し方が３通りずつあるから，勝ち方は３×３×３＝27(通り)ある。２回目に勝つ場合と３回目に勝つ場合もあるので，勝ち方は全部で，27×３＝81(通り)ある。

れいなさんがジャンケンで２回勝ったとき，残り１回はあいこか負けである。

あいこが１回目，２回目，３回目にある場合と，負けが１回目，２回目，３回目にある場合があるから，勝ち方は全部で，(３×３×３)×６＝162(通り)ある。

れいなさんがジャンケンで３回勝ったとき，勝ち方は全部で，３×３×３＝27(通り)ある。

したがって，勝ち方は全部で，81＋162＋27＝270(通り)ある。

6　**【解き方】並べられた数字は，行目の数と列目の数のうち，大きい方の数字となる。**

よって，m＞nのときは(m，n)＝m，m＜nのときは(m，n)＝nとなる。

aからbまでの連続するc個の整数の和は，$\frac{(a+b)\times c}{2}$で求められることを利用すると，速く計算ができる。

(1)　５＜７だから，(５，７)＝７

(2)　(８，１)から(８，８)までの８つの数字は８，(８，９)から(８，15)までの数字は９，10，…，15だから，求める数は，８×８＋９＋10＋11＋12＋13＋14＋15＝64＋$\frac{(9+15)\times 7}{2}$＝64＋84＝148

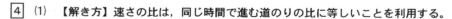

(3) 辺上にある数をまとめると，右表のようになる。よって，求める数は，

$4+5+\cdots+9+10\times8+11+12\times7+4+5+\cdots+11=$

$\dfrac{(4+9)\times6}{2}+80+11+84+\dfrac{(4+11)\times8}{2}=39+80+11+84+60=274$

		10	10	10	10	10	10	10	10	11	12
		9									12
		8									12
		7									12
		6									12
		5									12
		4	4	5	6	7	8	9	10	11	12

海星中学校《長崎県》【一般】

1 (1)(ｉ)　与式＝2022－2009＝13

（ⅱ）　与式＝12－６＋６＝６＋６＝12

（ⅲ）　与式＝$\frac{1}{2}\times\frac{4}{3}\times\frac{18}{5}=\frac{12}{5}=2\frac{2}{5}$

(2)　３の倍数は３，６，９，12，15，18，21，…，７の倍数は７，14，21，…だから，３と７の最小公倍数は，21である。

(3)　40Ｌで640㎞走るから，30Ｌで，$640\times\frac{30}{40}$＝480(㎞)走る。

(4)　**【解き方】(合計点)＝(平均点)×(教科数)であることを利用する。**

国語と算数の合計点は67×２＝134(点)だから，国語だけの得点が70点だったとき，算数の得点は，134－70＝64(点)

2 (1)　与式より，□×３－４＝10÷２　　□×３＝５＋４　　□＝９÷３＝３

(2)　**【解き方】出力が800÷400＝２(倍)になると，加熱時間が15÷30＝$\frac{1}{2}$(倍)になるので，出力と加熱時間は反比例の関係にあるとわかる。**

1200Wで加熱するときは，400Wのときと比べて，出力が1200÷400＝３(倍)なので，加熱時間は$\frac{1}{3}$倍になる。
よって，加熱する時間は30×$\frac{1}{3}$＝10(秒)が適当である。

(3)　右のように記号をおく。ａ＝96÷８＝12(㎝)，ｂ＝72÷12＝６(㎝)

ｃ＝60÷６＝10(㎝)

よって，求める面積は，８×10＝80(㎠)

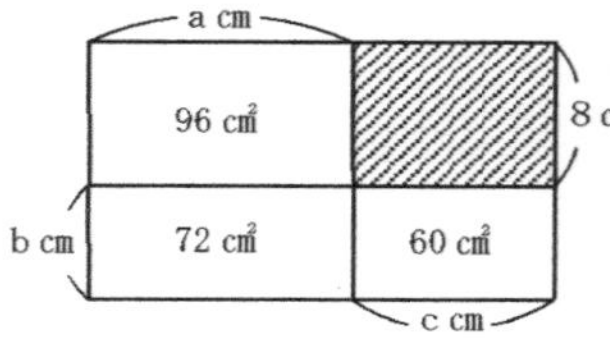

(4)　求める面積は，１辺が６㎝の正方形の面積から，半径が６㎝，中心角が90°－60°＝30°のおうぎ形２つ分の面積をひけばよいので，

$6\times6-6\times6\times3.14\times\frac{30°}{360°}\times2=36-18.84=17.16$(㎠)

(5)　求める角度は，360°×$\frac{4}{12}$＝120°

3 (1)　**【解き方】容器①は，右図の面を底面としてみると，高さが４㎝の柱体となる。**

底面積は６×４＋(４＋４×３)×４÷２＝56(㎠)だから，体積は，56×４＝224(㎤)

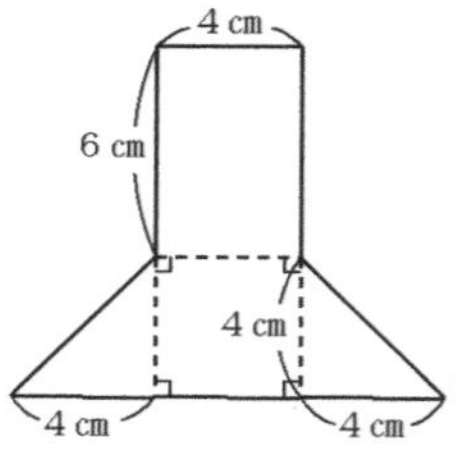

(2)　容器②は底面の半径が４㎝で高さが３㎝の円柱と，底面の半径が３㎝で高さが４㎝の円柱を合わせた立体なので，体積は，４×４×3.14×３＋３×３×3.14×４＝84×3.14＝263.76(㎤)

(3)　**【解き方】容器①と容器②の体積の差から，容器②の水が入っていない部分の高さを求める。**

容器①と容器②の体積の差は263.76－224＝39.76(㎤)だから，容器②の水が入っていない部分の高さは，39.76÷(３×３×3.14)＝1.40…より，1.4㎝である。したがって，求める高さは，３＋４－1.4＝5.6(㎝)

4 (1)　**【解き方】２人がはじめて出会うのは，２人が合わせて480ｍ(遊歩道１周分)進んだときである。**

２人の速さの和は毎分(65＋55)ｍ＝毎分120ｍだから，求める時間は，480÷120＝４(分後)である。

(2)　**【解き方】りんたろうさんがだいきさんにはじめて追いつくのは，りんたろうさんがだいきさんよりも480ｍ(遊歩道１周分)多く進んだときである。**

２人の速さの差は毎分(65－55)ｍ＝毎分10ｍだから，求める時間は，480÷10＝48(分後)である。

5 (1)　(れいなさん，かずみさん)の手の出し方が，(グー，チョキ)(チョキ，パー)(パー，グー)の３通りある。

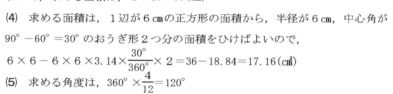

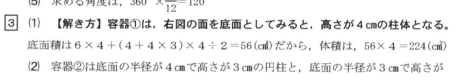

(2)　【解き方】１回のジャンケンについて，あいこの手の出し方は，ともにグー，チョキ，パーだった場合の３通りある。れいなさんがジャンケンで勝った回数で場合分けをして考える。

れいなさんがジャンケンで１回勝ったとき，残り１回はあいこである。１回目に勝って２回目にあいこのときの手の出し方は$3\times3=9$(通り)あり，１回目にあいこで２回目に勝った場合も手の出し方は同様に９通りあるので，全部で$9+9=18$(通り)ある。

れいなさんがジャンケンで２回勝ったとき，勝ち方は全部で$3\times3=9$(通り)ある。

したがって，勝ち方は全部で，$18+9=27$(通り)ある。

6　【解き方】並べられた数字は，行目の数と列目の数のうち，大きい方の数字となる。

よって，$m>n$のときは$(m,\ n)=m$，$m<n$のときは$(m,\ n)=n$となる。

(1)　$5<6$だから，$(5,\ 6)=6$

(2)　$(7,\ 1)$から$(7,\ 7)$までの７つの数は７であり，$(7,\ 8)=8$，$(7,\ 9)=9$，$(7,\ 10)=10$

だから，求める数は，$7\times7+8+9+10=76$

■ ご使用にあたってのお願い・ご注意

（1）問題文等の非掲載

著作権上の都合により，問題文や図表などの一部を掲載できない場合があります。

誠に申し訳ございませんが，ご了承くださいますようお願いいたします。

（2）過去問における時事性

過去問題集は，学習指導要領の改訂や社会状況の変化，新たな発見などにより，現在とは異なる表記や解説になっている場合があります。過去問の特性上，出題当時のままで出版していますので，あらかじめご了承ください。

（3）配点

学校等から配点が公表されている場合は，記載しています。公表されていない場合は，記載していません。

独自の予想配点は，出題者の意図と異なる場合があり，お客様が学習するうえで誤った判断をしてしまう恐れがあるため記載していません。

（4）無断複製等の禁止

購入された個人のお客様が，ご家庭でご自身またはご家族の学習のためにコピーをすることは可能ですが，それ以外の目的でコピー，スキャン，転載（ブログ，ＳＮＳなどでの公開を含みます）などをすることは法律により禁止されています。学校や学習塾などで，児童生徒のためにコピーをして使用することも法律により禁止されています。

ご不明な点や，違法な疑いのある行為を確認された場合は，弊社までご連絡ください。

（5）けがに注意

この問題集は針を外して使用します。針を外すときは，けがをしないように注意してください。また，表紙カバーや問題用紙の端で手指を傷つけないように十分注意してください。

（6）正誤

制作には万全を期しておりますが，万が一誤りなどがございましたら，弊社までご連絡ください。

なお，誤りが判明した場合は，弊社ウェブサイトの「ご購入者様のページ」に掲載しておりますので，そちらもご確認ください。

■ お問い合わせ

解答例，解説，印刷，製本など，問題集発行におけるすべての責任は弊社にあります。

ご不明な点がございましたら，弊社ウェブサイトの「お問い合わせ」フォームよりご連絡ください。迅速に対応いたしますが，営業日の都合で回答に数日を要する場合があります。

ご入力いただいたメールアドレス宛に自動返信メールをお送りしています。自動返信メールが届かない場合は，「よくある質問」の「メールの問い合わせに対し返信がありません。」の項目をご確認ください。

また弊社営業日（平日）は，午前９時から午後５時まで，電話でのお問い合わせも受け付けています。

2025 春

株式会社教英出版
〒422-8054　静岡県静岡市駿河区南安倍３丁目 12-28
TEL　054-288-2131　　FAX　054-288-2133
URL　https://kyoei-syuppan.net/
MAIL siteform@kyoei-syuppan.net

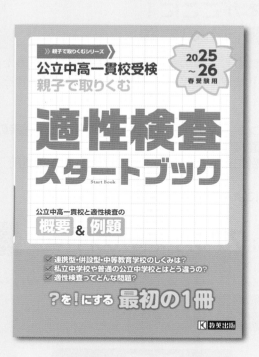

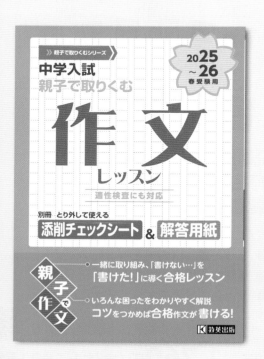

神奈川県

①［県立］相模原中等教育学校
①［県立］平塚中等教育学校
②［市立］南高等学校附属中学校
③［市立］横浜サイエンスフロンティア高等学校附属中学校
④［市立］川崎高等学校附属中学校
✿⑤聖光学院中学校
✿⑥浅野中学校
⑦洗足学園中学校
⑧法政大学第二中学校
⑨逗子開成中学校（１次）
⑩逗子開成中学校（2·3次）
⑪神奈川大学附属中学校（第1回）
⑫神奈川大学附属中学校（第2·3回）
⑬栄光学園中学校
⑭フェリス女学院中学校

新潟県

①［県立］村上中等教育学校
①［県立］柏崎翔洋中等教育学校
①［県立］燕中等教育学校
①［県立］津南中等教育学校
①［県立］直江津中等教育学校
①［県立］佐渡中等教育学校
②［市立］高志中等教育学校
③新潟第一中学校
④新潟明訓中学校

石川県

①［県立］金沢錦丘中学校
②星稜中学校

福井県

①［県立］高志中学校

山梨県

①山梨英和中学校
②山梨学院中学校
③駿台甲府中学校

長野県

①［県立］屋代高等学校附属中学校
①［県立］諏訪清陵高等学校附属中学校
②［市立］長野中学校

岐阜県

①岐阜東中学校
②鶯谷中学校
③岐阜聖徳学園大学附属中学校

静岡県

①［国立］静岡大学教育学部附属中学校（静岡·島田·浜松）
②［県立］清水南高等学校中等部
②［県立］浜松西高等学校中等部
②［市立］沼津高等学校中等部
③不二聖心女子学院中学校
④日本大学三島中学校
⑤加藤学園暁秀中学校
⑥星陵中学校
⑦東海大学付属静岡翔洋高等学校中等部
⑧静岡サレジオ中学校
⑨静岡英和女学院中学校
⑩静岡雙葉中学校
⑪静岡聖光学院中学校
⑫静岡学園中学校
⑬静岡大成中学校
⑭城南静岡中学校
⑮静岡北中学校
⑯常葉大学附属常葉中学校
⑯常葉大学附属橘中学校
⑯常葉大学附属菊川中学校
⑰藤枝明誠中学校
⑱浜松開誠館中学校
⑲静岡県西遠女子学園中学校
⑳浜松日体中学校
㉑浜松学芸中学校

愛知県

①［国立］愛知教育大学附属名古屋中学校
②愛知淑徳中学校
③名古屋経済大学市邨中学校
③名古屋経済大学高蔵中学校
④金城学院中学校
⑤椙山女学園中学校
⑥東海中学校
⑦南山中学校男子部
⑧南山中学校女子部
⑨聖霊中学校
⑩滝中学校
⑪名古屋中学校
⑫大成中学校
⑬愛知中学校
⑭星城中学校
⑮名古屋葵大学中学校（名古屋女子大学中学校）
⑯愛知工業大学名電中学校
⑰海陽中等教育学校（特別給費生）
⑱海陽中等教育学校（Ⅰ·Ⅱ）
⑲中部大学春日丘中学校
新刊⑳名古屋国際中学校

三重県

①［国立］三重大学教育学部附属中学校
②暁中学校
③海星中学校
④四日市メリノール学院中学校
⑤高田中学校
⑥セントヨゼフ女子学園中学校
⑦三重中学校
⑧皇學館中学校
⑨鈴鹿中等教育学校
⑩津田学園中学校

滋賀県

①［国立］滋賀大学教育学部附属中学校
②［県立］河瀬中学校
②［県立］守山中学校
②［県立］水口東中学校

京都府

①［国立］京都教育大学附属桃山中学校
②［府立］洛北高等学校附属中学校
③［府立］園部高等学校附属中学校
④［府立］福知山高等学校附属中学校
⑤［府立］南陽高等学校附属中学校
⑥［市立］西京高等学校附属中学校
⑦同志社中学校
⑧洛星中学校
⑨洛南高等学校附属中学校
⑩立命館中学校
⑪同志社国際中学校
⑫同志社女子中学校（前期日程）
⑬同志社女子中学校（後期日程）

大阪府

①［国立］大阪教育大学附属天王寺中学校
②［国立］大阪教育大学附属平野中学校
③［国立］大阪教育大学附属池田中学校

④[府立]富田林中学校
⑤[府立]咲くやこの花中学校
⑥[府立]水都国際中学校
⑦清風中学校
⑧高槻中学校（A日程）
⑨高槻中学校（B日程）
⑩明星中学校
⑪大阪女学院中学校
⑫大谷中学校
⑬四天王寺中学校
⑭帝塚山学院中学校
⑮大阪国際中学校
⑯大阪桐蔭中学校
⑰開明中学校
⑱関西大学第一中学校
⑲近畿大学附属中学校
⑳金蘭千里中学校
㉑金光八尾中学校
㉒清風南海中学校
㉓帝塚山学院泉ヶ丘中学校
㉔同志社香里中学校
㉕初芝立命館中学校
㉖関西大学中等部
㉗大阪星光学院中学校

兵庫県

①[国立]神戸大学附属中等教育学校
②[県立]兵庫県立大学附属中学校
③雲雀丘学園中学校
④関西学院中学部
⑤神戸女学院中学部
⑥甲陽学院中学校
⑦甲南中学校
⑧甲南女子中学校
⑨灘中学校
⑩親和中学校
⑪神戸海星女子学院中学校
⑫滝川中学校
⑬啓明学院中学校
⑭三田学園中学校
⑮淳心学院中学校
⑯仁川学院中学校
⑰六甲学院中学校
⑱須磨学園中学校（第1回入試）
⑲須磨学園中学校（第2回入試）
⑳須磨学園中学校（第3回入試）
㉑白陵中学校
㉒夙川中学校

奈良県

①[国立]奈良女子大学附属中等教育学校
②[国立]奈良教育大学附属中学校
③[県立]国際中学校
　　　青翔中学校
④[市立]一条高等学校附属中学校
⑤帝塚山中学校
⑥東大寺学園中学校
⑦奈良学園中学校
⑧西大和学園中学校

和歌山県

①[県立]古佐田丘中学校
　　　向陽中学校
　　　桐蔭中学校
　　　日高高等学校附属中学校
　　　田辺中学校
②智辯学園和歌山中学校
③近畿大学附属和歌山中学校
④開智中学校

岡山県

①[県立]岡山操山中学校
②[県立]倉敷天城中学校
③[県立]岡山大安寺中等教育学校
④[県立]津山中学校
⑤岡山中学校
⑥清心中学校
⑦岡山白陵中学校
⑧金光学園中学校
⑨就実中学校
⑩岡山理科大学附属中学校
⑪山陽学園中学校

広島県

①[国立]広島大学附属中学校
②[国立]広島大学附属福山中学校
③[県立]広島中学校
④[県立]三次中学校
⑤[県立]広島叡智学園中学校
⑥[市立]広島中等教育学校
⑦[市立]福山中学校
⑧広島学院中学校
⑨広島女学院中学校
⑩修道中学校
⑪崇徳中学校
⑫比治山女子中学校
⑬福山暁の星女子中学校
⑭安田女子中学校
⑮広島なぎさ中学校
⑯広島城北中学校
⑰近畿大学附属広島中学校福山校
⑱盈進中学校
⑲如水館中学校
⑳ノートルダム清心中学校
㉑銀河学院中学校
㉒近畿大学附属広島中学校東広島校
㉓AICJ中学校
㉔広島国際学院中学校
㉕広島修道大学ひろしま協創中学校

山口県

①[県立]下関中等教育学校
　　　高森みどり中学校
②野田学園中学校

徳島県

①[県立]富岡東中学校
　　　川島中学校
　　　城ノ内中等教育学校
②徳島文理中学校

香川県

①大手前丸亀中学校
②香川誠陵中学校

愛媛県

①[県立]今治東中等教育学校
　　　松山西中等教育学校
②愛光中学校
③済美平成中等教育学校
④新田青雲中等教育学校

高知県

①[県立]安芸中学校
　　　高知国際中学校
　　　中村中学校

福岡県

- ①［国立］福岡教育大学附属中学校（福岡・小倉・久留米）
- ②［県立］
  - 育徳館中学校
  - 門司学園中学校
  - 宗像中学校
  - 嘉穂高等学校附属中学校
  - 輝翔館中等教育学校
- ③西南学院中学校
- ④上智福岡中学校
- ⑤福岡女学院中学校
- ⑥福岡雙葉中学校
- ⑦照曜館中学校
- ⑧筑紫女学園中学校
- ⑨敬愛中学校
- ⑩久留米大学附設中学校
- ⑪飯塚日新館中学校
- ⑫明治学園中学校
- ⑬小倉日新館中学校
- ⑭久留米信愛中学校
- ⑮中村学園女子中学校
- ⑯福岡大学附属大濠中学校
- ⑰筑陽学園中学校
- ⑱九州国際大学付属中学校
- ⑲博多女子中学校
- ⑳東福岡自彊館中学校
- ㉑八女学院中学校

佐賀県

- ①［県立］
  - 香楠中学校
  - 致遠館中学校
  - 唐津東中学校
  - 武雄青陵中学校
- ②弘学館中学校
- ③東明館中学校
- ④佐賀清和中学校
- ⑤成穎中学校
- ⑥早稲田佐賀中学校

長崎県

- ①［県立］
  - 長崎東中学校
  - 佐世保北中学校
  - 諫早高等学校附属中学校
- ②青雲中学校
- ③長崎南山中学校
- ④長崎日本大学中学校
- ⑤海星中学校

熊本県

- ①［県立］
  - 玉名高等学校附属中学校
  - 宇土中学校
  - 八代中学校
- ②真和中学校
- ③九州学院中学校
- ④ルーテル学院中学校
- ⑤熊本信愛女学院中学校
- ⑥熊本マリスト学園中学校
- ⑦熊本学園大学付属中学校

大分県

- ①［県立］大分豊府中学校
- ②岩田中学校

宮崎県

- ①［県立］五ヶ瀬中等教育学校
- ②［県立］
  - 宮崎西高等学校附属中学校
  - 都城泉ヶ丘高等学校附属中学校
- ③宮崎日本大学中学校
- ④日向学院中学校
- ⑤宮崎第一中学校

鹿児島県

- ①［県立］楠隼中学校
- ②［市立］鹿児島玉龍中学校
- ③鹿児島修学館中学校
- ④ラ・サール中学校
- ⑤志學館中等部

沖縄県

- ①［県立］
  - 与勝緑が丘中学校
  - 開邦中学校
  - 球陽中学校
  - 名護高等学校附属桜中学校

もっと過去問シリーズ

北海道

北嶺中学校
7年分（算数・理科・社会）

静岡県

静岡大学教育学部附属中学校
（静岡・島田・浜松）
10年分（算数）

愛知県

愛知淑徳中学校
7年分（算数・理科・社会）
東海中学校
7年分（算数・理科・社会）
南山中学校男子部
7年分（算数・理科・社会）
南山中学校女子部
7年分（算数・理科・社会）
滝中学校
7年分（算数・理科・社会）
名古屋中学校
7年分（算数・理科・社会）

岡山県

岡山白陵中学校
7年分（算数・理科）

広島県

広島大学附属中学校
7年分（算数・理科・社会）
広島大学附属福山中学校
7年分（算数・理科・社会）
広島学院中学校
7年分（算数・理科・社会）
広島女学院中学校
7年分（算数・理科・社会）
修道中学校
7年分（算数・理科・社会）
ノートルダム清心中学校
7年分（算数・理科・社会）

愛媛県

愛光中学校
7年分（算数・理科・社会）

福岡県

福岡教育大学附属中学校
（福岡・小倉・久留米）
7年分（算数・理科・社会）
西南学院中学校
7年分（算数・理科・社会）
久留米大学附設中学校
7年分（算数・理科・社会）
福岡大学附属大濠中学校
7年分（算数・理科・社会）

佐賀県

早稲田佐賀中学校
7年分（算数・理科・社会）

長崎県

青雲中学校
7年分（算数・理科・社会）

鹿児島県

ラ・サール中学校
7年分（算数・理科・社会）

※もっと過去問シリーズは
国語の収録はありません。

教英出版
〒422-8054
静岡県静岡市駿河区南安倍3丁目12−28
TEL 054-288-2131
FAX 054-288-2133
詳しくは教英出版で検索
教英出版　検索
URL https://kyoei-syuppan.net/

令和６年度　海星中学校　奨学生入学試験Ⅰ

総合学力試験

実施《じっし》時間 60 分　　130 点満点

受験上の注意

1．試験開始の合図があるまで、この問題冊子《さっし》の中を見てはいけません。
2．解答は、この冊子にはさんである解答用紙に記入してください。
3．コンパス・定規は必要ありません。
4．試験終了後、問題冊子、解答用紙はすべて回収します。
5．質問や体調不良など、何か問題がおこったときは手をあげて、監督《かんとく》の先生の指示に従《したが》ってください。

小学校名　　　　小学校

受験番号

氏名

海星中学校

1 海男さんたちのクラスでは、長崎の産業について学習しています。

海男さんと星子さんは、長崎市の取り組みについて話をしています。

海　男「長崎は日本有数の漁獲高《ぎょかくだか》、全国１位の魚種の豊富さを誇《ほこ》ると言われているんだね。」

星　子「漁業が盛んだということは知っていたけど、そんなにすごいんだ。」

海　男「長崎の魚はおいしいってよく聞くけど、みんなは知っているのかな。」

先　生「みんなは『さしみシティ』って知っているかな。長崎市が地元の魚の消費拡大のために、魚の魅力《みりょく》や四季の魚を紹介《しょうかい》したり、おいしい魚料理を提供してくれるお店を紹介したりしているんだよ。さしみシティのロゴマークがついているお店は、長崎で獲《と》れた魚の料理を出してくれるんだ。ホームページやガイドブックなどで県外にも発信しているみたいだよ。」

長崎
#さしみシティ
NAGASAKI QUALITY

出典：長崎市ホームページより

海　男「へえ、まずは長崎の魚のことを、地元の人たちに知ってもらおうという取り組みなのかな。」

星　子「確かに、[ア] かもね。地元のことだけど、意外に知らないことも多いもんね。」

海　男「もっとおいしい魚料理があると、みんなもたくさん魚を食べるだろうな。」

星　子「そうよね、地元で取れたものを地元の人で消費すれば、長崎の経済も活性化していくのにね。」

先　生「地産地消という取り組みだね。地元の食材を使うことで親近感を得られるし、伝統的な食文化についても、理解を深めるいい機会になるんだよ。」

星　子「生産者にとっても [イ] といういい点があるよ。」

海　男「僕たち消費者にとっても [ウ] といういい点があるよね。」

問題１　[ア] に入る正しい言葉を次の中から選び、記号で答えなさい。

A）痛い目にあう　　B）海老《えび》で鯛《たい》を釣《つ》る

C）灯台もと暗し　　D）くさっても鯛《たい》

問題２　[イ] と [ウ] にはそれぞれどのような言葉が入るでしょうか。あなたの考えを書きなさい。

３人は長崎の漁業について話をしています。

海　男「ところで長崎は漁業が盛んだけど、全国的には年々漁獲量《ぎょかくりょう》は減ってきているんだよね。」

先　生「そうだね、水産資源が減ってきているから仕方がないよね。だから、『とる漁業』だけでなく、『育てる漁業』に力を入れるようになってきたんだよ。」

星　子「いけすもその一つですよね。」

先　生「そうだよ、魚介類や海そうなどをいけすの中で育てる方法だね。もう一つは稚魚《ちぎょ》や稚貝《ちがい》を卵からふ化させて、ある程度育ててから放流する栽《さい》培《ばい》漁業だね。」

海　男「この前、いけすのある海岸をながめていたら、海の色が真っ赤になっているところがあったよ。」

星　子「赤潮だね。海中のプランクトンが異常発生して、海面が赤く染まっているんだよ。」

先　生「赤潮は、いけすの魚や貝が死んでしまうことがあるんだよ。漁業者にとっては深刻な問題なんだ。」

問題３　育てる漁業の良い点は何でしょう。あなたの考えを書きなさい。

問題４　赤潮が起こると魚や貝が死んでしまうのはなぜか、あなたの考えを書きなさい。

2　つとむさんとかおるさんは、自分たちで作ったみかんジュースを、クラスのみんなに配ってあげようと計画を立てています。

かおる　「みかんジュースを入れる容器は、これがいいみたい。(図１)」

つとむ　「お店で売っているものには、こんなパックの容器に入っている飲み物も多いよね。何という立体だろう。」

かおる　「この容器を一つの立体として見たらわからないけど、図２のように２つの立体として考えると分かりやすいわ。」

つとむ　「［　ア　］と［　イ　］を組み合わせた形になるね。」

かおる　「この容器の体積は1053.5㎤って書いてあるよ。１ℓずつ入れるならちょうどいいサイズだね。」

つとむ　「上のタグ（黒の部分）の高さが１cmあるから、この容器の高さは［　ウ　］cmになるね。」

かおる　「ところで、タグの上の部分にくぼみがあるけど何のためにあるんだろう。」

つとむ　「それはね［　エ　］ためにできているんだよ。」

かおる　「この容器なら、自分たちでも作れるかもしれないね。」

つとむ　「よし、タグの部分は後からつけることにして、<u>容器の展開図</u>を書いてみよう。」

かおる　「容器には英語で［　オ　］と大きく書いたら目立つわね。」

〈図１〉

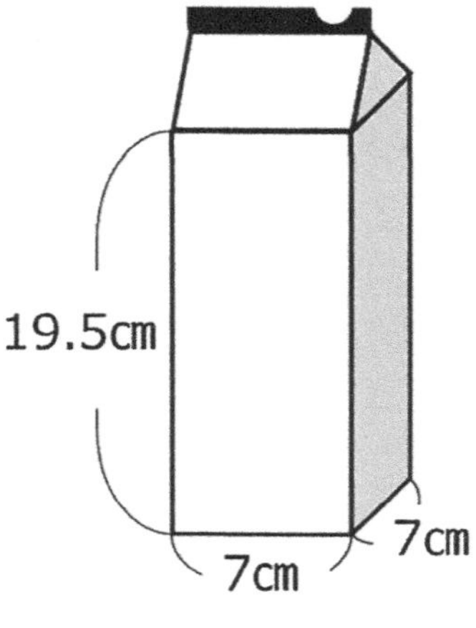

〈図２〉

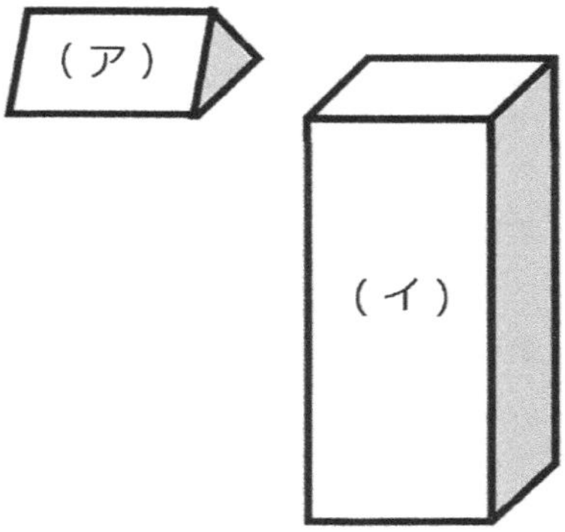

問題１　ア　に入る立体の名称《めいしょう》を答えなさい。
問題２　イ　に入る立体の名称を答えなさい。
問題３　ウ　に入る数字を答えなさい。
問題４　エ　にはどのような言葉が入るでしょうか。あなたの考えを書きなさい。
問題５　下線部の「容器の展開図」で正しいものは、下のＡ～Ｄのどれでしょうか。記号で答えなさい。　※のりしろ部分はのぞきます。

Ａ）　Ｂ）　Ｃ）　Ｄ）

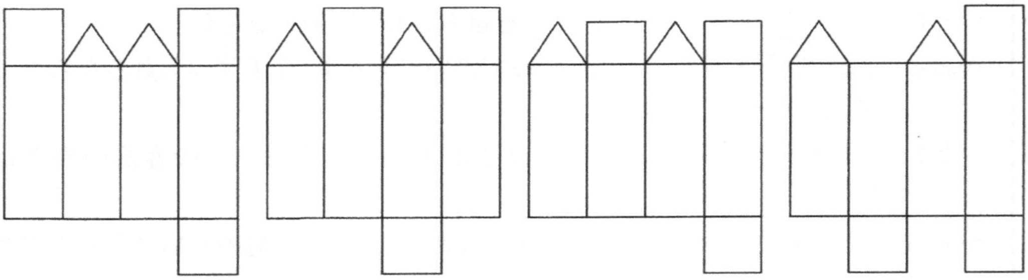

問題６　オ　に入る単語はどれですか。次の中から選び、記号で答えなさい。

Ａ）potato　Ｂ）grape　Ｃ）orange　Ｄ）peach

3　太郎さんは先生と発電所のことについて話をしています。

太　郎「最近、物の値段が上がっていると聞きますが、なぜですか？」
先　生「原因はいろいろあるけれど、その中の一つに石油の値段が上がっていることがあげられるね。」
太　郎「石油の値段が上がると、どうして物の値段が上がるのですか？」
先　生「石油を原料とするプラスチック製品はもちろんのこと、［　ア　］や、製品を作る時に使用する電気代も値上がりしてしまうからね。次のグラフ（図１）を見てごらん。」
太　郎「電力のほとんどが火力発電にたよっているんですね。」
先　生「そうなんだよ。火力発電は石油や石炭などの化石燃料を燃やすことによって電気をつくっているんだよ。」
太　郎「つまり、いろんな場面で使う石油の値段が上がるということは、製品の値段に少しずつ加えられ、結果的に物の値段が上がるということなんですね。それに化石燃料を燃やすということは［　イ　］から環境《かんきょう》にもよくないですね。」

〈図１〉

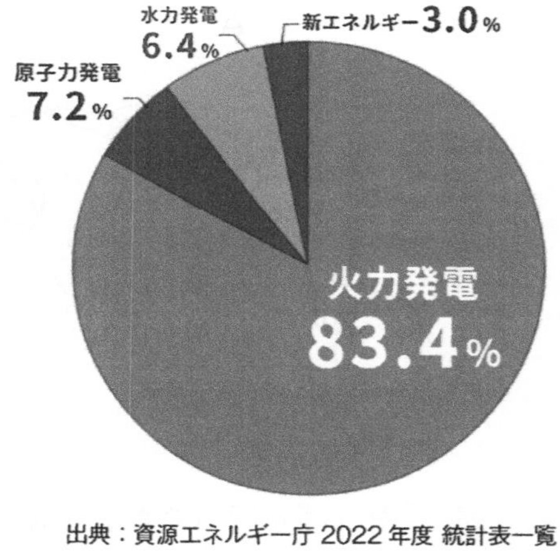

出典：資源エネルギー庁 2022 年度 統計表一覧

先　生「そういうことだね。一つの資源がみんなの生活に大きな影響《えいきょう》を与えてしまうね。そのために新エネルギーの開発にも目を向けていかなければならないね。」
太　郎「環境に優しくて、十分な電力が供給できるような発電施設《しせつ》ができるといいですね。」
先　生「そうだね。でも、どんな発電施設にも長所と短所があるから、おたがいがうまく補っていけるようにしていくといいだろうね。」

問題１　［　ア　］にはどのような言葉が入るでしょうか。あなたの考えを書きなさい。

問題２　［　イ　］にはどのような言葉が入るでしょうか。あなたの考えを書きなさい。

問題３　下線部の「新エネルギー」にはどのような発電があるか答えなさい。

太郎さんたちは発電について学習しています。

花　子　「手回し発電機って、中にモーターが入っているのね。」

太　郎　「ふつうは電流をモーターに流して回転させるけど、これはモーターを手で回転させて、電流を発生させるんだよ。発電所の発電機も、基本的には同じしくみだって聞いたよ。」

花　子　「そうすると、二つの手回し発電機をつなげて、片方の手回し発電機（A）を回すと、もう一つの手回し発電機（B）に電流が流れてモーターとハンドルは回るのかしら。」

太　郎　「それは面白そうだね。実験してみようよ。」

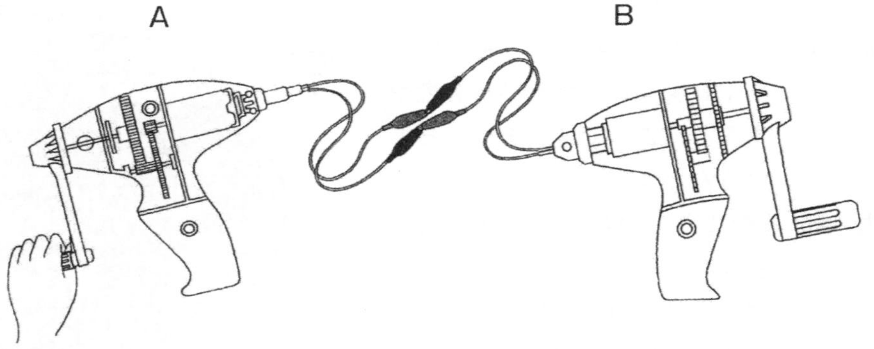

太　郎　「やっぱり回ったね。電流が流れているということが分かったね。それにしても、発電機の音がうるさいね。それにつないでいるコードも熱くなってきたから、もう止めよう。」

花　子　「片方の手回し発電機（A）を30回転させたから、もう一つの手回し発電機（B）のハンドルも同じ回数だけ回転するかと思ったけど、20回しか回らなかったよ。」

問題４　手回し発電機（B）のハンドルの回転数が少なくなったのはなぜですか。あなたの考えを書きなさい。

問題2	イ			
問題3				
問題4				
問題5				
問題6				

点

4

問題1	ア			
問題2	イ			
問題3	ウ		エ	
問題4	オ			
問題5	カ			
問題6	①	誤）	→ 正）	
問題7				

点

5

問題1	A		B	
問題2	ア			
	イ			
問題3	ウ			
問題4	エ		オ	

点

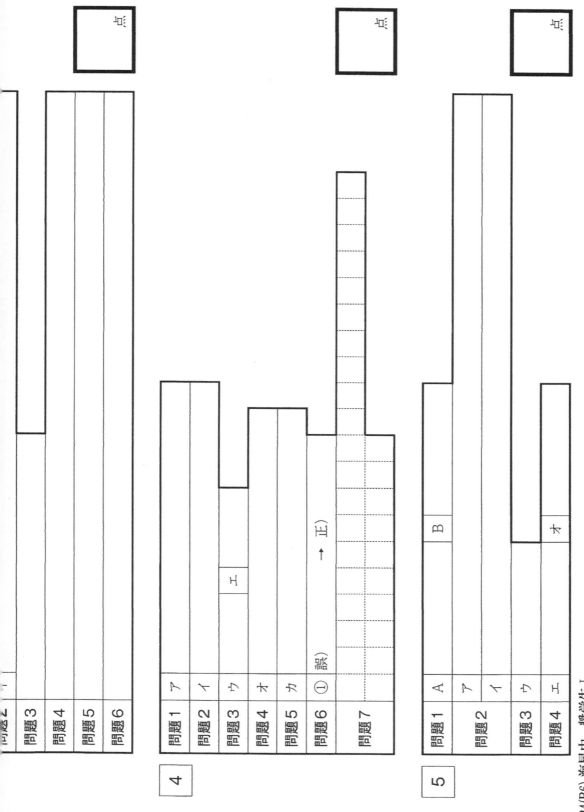

作文

令和六年度　海星中学校　奨学生入学試験Ⅰ　解答用紙

小学校名

受験番号

氏名

問題一

※70点満点
（評価基準非公表）
点

問題二

100

三 次の各問いに答えなさい。

問1 次の各文のことわざの使い方が正しければ○を記入し、正しくなければ後の語群から適当なことわざを選び、記号で答えなさい。

① あれもこれもとよくばるから、あぶはち取らずの結果になってしまった。
② 鉄は熱いうちに打てというし、ここはしんちょうに判断しようよ。
③ 自分のいたずらが原因だろう。身から出たさびだよ。自分で何とかしろ。
④ やっぱり大工さんにまかせてよかった。かっぱの川流れとはこのことだ。
⑤ この絵の価値がわからないとは。これではのれんにうで押しだ。

ア もちはもち屋　イ ぬれ手であわ　ウ 転ばぬ先のつえ　エ ねこに小判　オ 目の上のこぶ

問2 次の①~⑤について後の問いに答えなさい。

① シン機一転　② 一シン一退　③ 立シン出世　④ 半シン半疑　⑤ シン小棒大

i ①~⑤は四字熟語です。カタカナを漢字に直しなさい。
ii ①~⑤の内容を表した文として適当なものを選び、記号で答えなさい。

ア それが本当かどうか、判断に迷うところだ。
イ あれこれ言わず、だまってやるべきことをやろう。
ウ 社会の中で認められて、名声を得ることができた。
エ 君はほんのちょっとのことを、大げさに言うね。
オ 気持ちを入れかえて、仕事に向かうことができた。
カ よくなったと思ったら悪くなって、なかなか安心できない。

問3 次の各文から、誤っている漢字を一字ぬき出し、正しい漢字に改めなさい。

① 百メートル競争の結果に人々は感心した。
② 機が熟した。練習の制果をはっきりしよう。
③ あの人の計算テストの成績は郡をぬいている。
④ 歯に衣着せぬするどい非判を述べる。
⑤ 引退試合で総合優勝をはたし、優終の美をかざる。

問7　――部③「そばにあきがいるのを忘れてしまったかのようである」が表す「利明」の様子として最も適当なものを次の中から一つ選び、記号で答えなさい。

ア　周りが見えなくなるくらい、自分の考えを語ることに無我夢中《むがむちゅう》である様子。
イ　自分の考えを優先して、あきの意見をそっちのけにする傍若無人《ぼうじゃくぶじん》な様子。
ウ　他人の言葉を聞き入れず、自分の考えが正しいと自画自賛《じがじさん》している様子。
エ　なかなか自分の考えをまとめることができずに、悪戦苦闘《あくせんくとう》している様子。

問8　――部④「そのお手伝いをさせてください」とはこの場合「あき」が何をすることですか。「算法」という語を必ず用いて四十字以内で説明しなさい。

問9　この文章内で「本多利明」が述べていた考え方と同じ内容のものを次の中から一つ選び、記号で答えなさい。

ア　医学と算法を学ぶ者同士が手を取って協力し合うことで、西洋に負けない国をつくることができる。
イ　自分の流派にとらわれず、冷静に他の学問を認めるような姿勢がなければ算法の研究は進まない。
ウ　優れた才能の持ち主を様々な分野から招き入れないと、日本の算法は遅れたままになってしまう。
エ　日本では算法が軽んじられてきたが、西洋の算法を取り入れてからは重んじられるようになった。

「そうですよ。じぶんのはたらいたしごとのねうちを、正しくはかってお礼をもらうのは、ちっともはずかしいことではない。Ｙ算法のかんがえかたです」

「ありがとうございます。きょうはいろいろなことを勉強できました」

ほんとうに、あたらしいことをたくさんまなんだ半日だった。

（遠藤寛子『算法少女』ちくま学芸文庫）より

※『宅間流円理《たくまりゅうえんり》』＝江戸時代にまとめられた数学の書物。

問1　═══部Ａ～Ｅのカタカナは漢字に直し、漢字は読みをひらがなで答えなさい。

問2　……部Ⅰ「関の山」、Ⅱ「目をみはった」の意味として最も適当なものを次の中からそれぞれ一つ選び、記号で答えなさい。

Ⅰ　ア　一番苦手　　イ　精いっぱい　　ウ　他より難しい　　エ　最も早い

Ⅱ　ア　嬉《うれ》しくて目を細める　　イ　信じられず目をふせる　　ウ　驚《おどろ》きで目を見開く　　エ　目をよそに向ける

問3　文中の Ｘ ・ Ｙ に入る言葉として最も適当なものを次の中からそれぞれ一つ選び、記号で答えなさい。

ア　すると　　イ　つまり　　ウ　ところが　　エ　また　　オ　むしろ

問4　文中の 甲 に入る言葉として最も適当なものを次の中から一つ選び、記号で答えなさい。

ア　さわやか　　イ　たのしげ　　ウ　じょうひん　　エ　あさはか

問5　──部①「兄がうらめしかった」と「あき」が思ったのはなぜですか。本文中の表現を用いて、四十五字前後で説明しなさい。

問6　──部②「利明」が「ことばをつよめた」理由として最も適当なものを次の中から一つ選び、記号で答えなさい。

ア　男女に関係なく、長崎には簡単に行けるものではないとあきにわかってほしかったから。

イ　自分の言葉を真剣に聞いてくれるあきに、もっと大事な話を聞かせようと思ったから。

ウ　算法のすばらしさを理解しているあきは、長崎よりも外国に行って学ぶべきだったから。

エ　女であることを理由に長崎へ勉強に行けない、とあきが思うことを正したいと思ったから。

「ほう、あなたも同意してくれるか」

と、利明は満足そうにわらって、

「というわけで、この国がのびていくためには、なによりも、人びとが算法をしっかりとまなぶことが必要です。ところが、Ｄ世間では読み書きを第一にかんがえ、寺子屋でおしえるのは手習いと素読《そどく》（意味がわからなくても声を出して読みあげる）が主でしょう。算法はそろばんがⅠ関の山です。いちばんものをよくおぼえるころに、算法をもっと深いところまでおしえなければならない。それも、できれば西洋の算法をとりいれたいが――それはむりとしても、とにかく、算法をしっかりまなんだ師匠《ししょう》がたくさんいてＥホンゴシをいれておしえてもらいたい。いまのように、寺の坊さんのかたてまや、浪人《ろうにん》の、米銭《べいせん》のたしのための寺子屋では、それはむりです。わたしは算法の塾をひらいておおぜいの弟子におしえていますが、この人たちが算法をおしえ、そのまた弟子がおおぜいの人におしえ――いつか、いまの寺子屋ほどに、ほんとうの算法をおしえる塾がふえてくれればとおもっているのです」

「まあ」

と、あきはⅡ目をみはった。なんと大きな計画だろう。

「先生、わたしにも④そのお手伝いをさせてください」

「しかし、あなたは有馬候《こう》へお出入りするというしごとがありますよ」

「いいえ。あのお話はおことわりします。※『宅間流円理《たくまりゅうえんり》』がまねでないと先生からおききすれば、わたしはそれでいいのです。ほんとのところ、武家のお屋敷にあがるのはすきじゃなかったのです。ただ、わたしの意地っぱりで、武家の子に負けたくなかったことと、父がお金に無頓着《むとんちゃく》で母が苦労しているのをみて、お金がほしかったからですわ」

「ほう」

「でも、ほかに、お金をはたらきだすあてが、ないわけでもないんです」

あきは、松葉屋ではじめた算法塾の話をした。

「それは、わたしのかんがえているとおりのことだ。しっかりたのみますぞ」

「なにをおしえたらいいのかなど、いろいろ迷うこともたくさんあってこまりますけど」

「いつでもきてください。できるだけ相談にのりましょう」

「じつは、おききしたかったんです。ゆとりのあるくらしの親御《おやご》さんが、お礼をだそうといわれるのを、いちどおことわりしましたが、もらってもいいんじゃないかとおもっているのですが……」

「なにをそんな」
利明は②ことばをつよめていった。

「女であれ、男であれ、すぐれた才をもっている人は、だれでもおなじように重んじられなければならない。――それを、どうです。いまこの国では、どんなにすぐれた才をもっている人でも、身分がひくかったり、じぶんたちの仲間にはいっていないと、その才能を認めようとしない人がおおいのです。女のひとを一段ひくくみて、男にはとてもかなわないというかんがえかたも、おなじことです。げんにあなたは、これほどふかく算法をA修めている」

ほめられて、あきはあかくなってうつむいた。利明のことばは、いっそう熱をおびたようだった。

「それでも、医学のほうは、すこしずつとびらがひらかれています。さっきの『解体新書』のばあいなど、よい例です。X算法家の世界では、この国のなかでさえ、他流のしごとをみとめようとしません。まして、西洋の算法など、あたまからばかにして、うけつけようとしない。わが国の算法家の学力がりっぱなものであることは、この鎌田氏の研究ひとつをみても、よくわかります。しかし、この国の算法に西洋の算法をとりいれれば、研究はもっともっとすすむはずです。いや、そうしなければ、われわれはたちおくれてしまうのです」

利明は、③そばにあきがいるのを忘れてしまったかのようである。

「いったい、算法の世界ほど、きびしく正しいものはありますまい。どのようにBコウキな身分の人の研究でも、正しくない答えは正しくない。じつに甲な学問です。だんじて遊びなどではない。それを、この国では、一方では算法を金銭をかぞえる道につながるとしていやしむかとおもえば、また、たんなる遊び、実利のないものとして、軽んずる風がある。これにたいして、西洋はどうか。わたしはオランダの本を通して、すこしずつ西洋の事情がわかってきましたが、かれらは算法を重んじます。それは、その底に正しいものを冷静にみとめるかんがえかたがあるからともいえます。そのけっかはどうか。その航海・C天文などの術は、われわれの想像もできないほど進んでいるのです。この国の、算法にたいするかんがえかたを、かえなければいけない――いや、それは、世のなかのすべてのかんがえかたにも通じますが、まず手はじめが算法です」

「そうです。ほんとうに……」

あきはおもわず声をあげた。

父や母の、算法にたいするかんがえかたに、どうしてもなっとくがいかなかったが、いま、本多利明の話をきいているうちに、これが、自分の求めていたかんがえだとおもいあたった。

令和６年度　海星中学校　奨学生入学試験Ⅱ

算　数

実施《じっし》時間 50 分　　100 点満点

受験上の注意

1．試験開始の合図があるまで、この問題冊子《さっし》の中を見てはいけません。
2．解答は、この冊子にはさんである解答用紙に記入してください。
3．試験終了後、問題冊子、解答用紙はすべて回収します。
4．質問や体調不良など、何か問題がおこったときは手をあげて、監督《かんとく》の先生の指示に従《したが》ってください。
5．コンパス・定規《じょうぎ》は必要ありません。
6．答えが分数となる場合はそれ以上約分できない形にしなさい。

小学校名　　　　小学校

受験番号

氏名

海星中学校

1　次の問いに答えなさい。

(1)　次の計算をしなさい。

(i)　$\left\{(45 \times 45) - 1\right\} \div 44$

(ii)　$3.14 \times 7.55 + 2.45 \times 2.24 + 0.9 \times 2.45$

(iii)　$\frac{1}{3} + \frac{1}{9} + \frac{1}{30} + \frac{1}{45}$

(2)　あるお菓子が20 ％ 増量で210gになりました。増量前は何gあったか答えなさい。

(3)　今年の12月1日現在，リクさんの年れいは12才，お父さんの年れいは42才です。リクさんとお父さんの年れいの比が3：5になるのは今から何年後ですか。

2 次の問いに答えなさい。

(1) 下の数式の□に入る数を答えなさい。

$$(10-\square)\times\frac{3}{4}\div 1.125+\frac{7}{6}=3.5$$

(2) 紙でできた右のような立方体があります。ショウヘイさんは太線（点線部をふくめて）のところをハサミで切って広げました。このときの展開図はどの形になるか①～⑥から選びなさい。

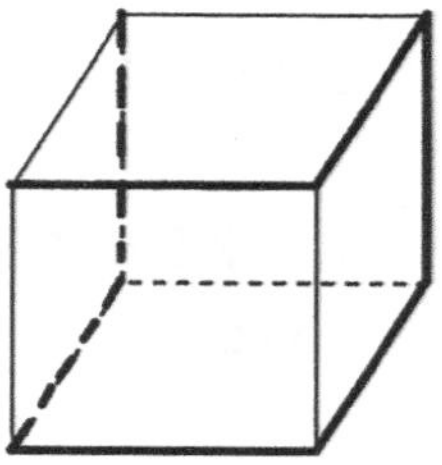

①
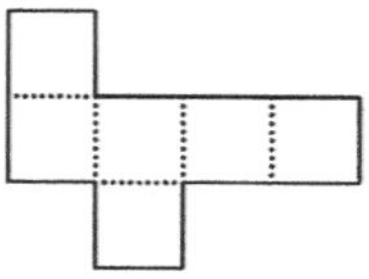

②
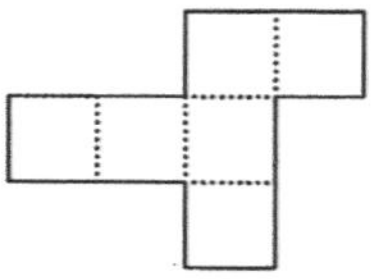

③
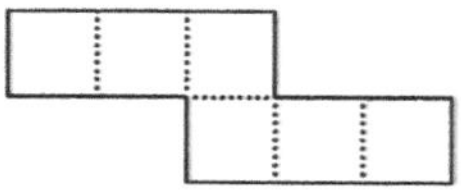

④
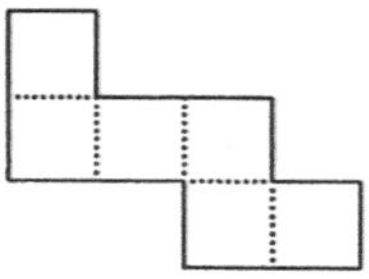

⑤
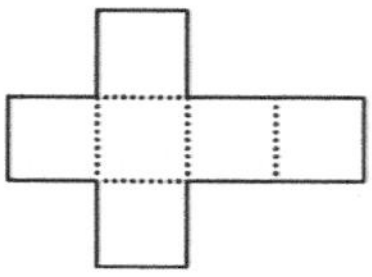

⑥
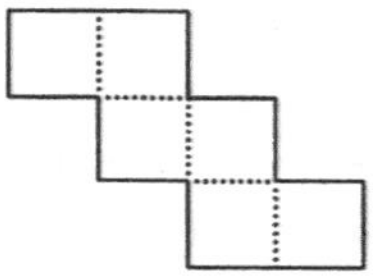

(3) 右の図は，正方形を４つの長方形A，B，C，Dに分けたもので，長方形Aの面積が 18 cm^2，Bの面積が 9 cm^2，Dの面積が 3 cm^2 です。長方形Cの周り（太線部分）の長さを求めなさい。

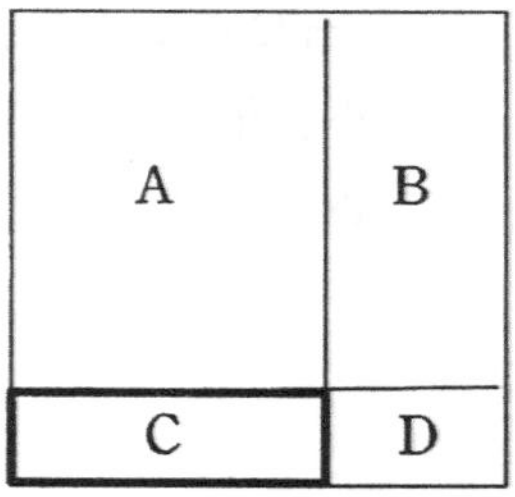

(4) ア～ケに１～９の整数を１つずつ入れて縦・横の和が成り立つように式を完成させたとき，クに入る数を答えなさい。

ア	+	イ	+	ウ	=	9
+		+		+		
エ	+	オ	+	カ	=	13
+		+		+		
キ	+	ク	+	ケ	=	23
‖		‖		‖		
18		9		18		

(5) ユウさんは，毎朝８時ちょうどに家を出て歩いて学校に通学しています。毎分 70 m の速さで歩くと始業時刻の 13 分前に，毎分 80 m の速さで歩くと始業時刻の 17 分前に学校に着きます。この学校の始業時刻を求めなさい。

3 右の図１のように傾いている水そうがあり，図のような形で水が入っています。このとき次の問いに答えなさい。

ただし，(1)，(2)とも水そうの厚みは考えないものとします。

図１

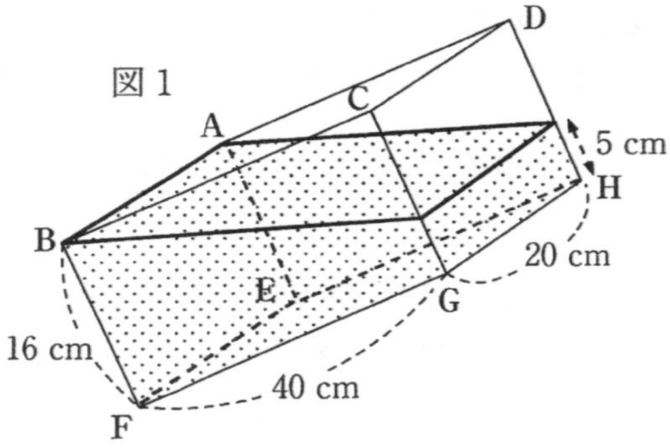

(1) 水そうに入っている水の体積を求めなさい。

(2) 図２のような半径 10 cm，高さ 30 cm の円柱形の水そうがある。この水そうに図１の水をすべて入れたとき，円柱の底面から測った水面の高さは何 cm になるか答えなさい。ただし，円周率は3.14とし，小数第２位を四捨五入して，小数第１位まで求めなさい。

図２

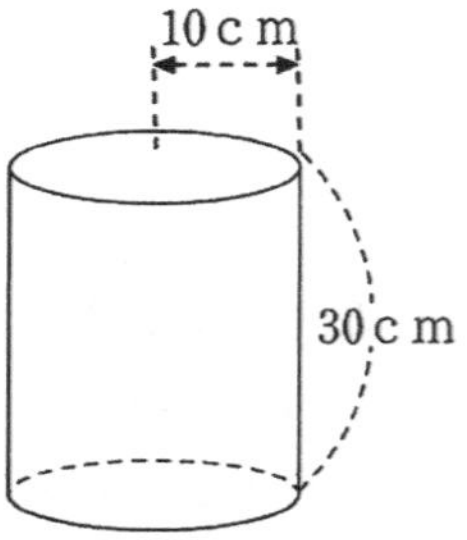

令和６年度　海星中学校　奨学生入学試験Ⅱ

理　科

実施《じっし》時間 30 分　　50 点満点

受験上の注意

１．試験開始の合図があるまで、この問題冊子《さっし》の中を見てはいけません。
２．解答は、この冊子にはさんである解答用紙に記入してください。
３．試験終了後、問題冊子、解答用紙はすべて回収します。
４．質問や体調不良など、何か問題がおこったときは手をあげて、監督《かんとく》の先生の指示に従《したが》ってください。

小学校名　　　　　　　受験番号　　　　　　　氏名

　　　　　小学校

海星中学校

1　ふりこについてさまざまな実験を行った。あとの問いに答えよ。

【実験1】

下の**図1**のように中央にしきりがある容器に水を入れ、それをおもりとしてふりことし、1往復の時間をはかって比べるようにする。容器の上半分だけに水を入れた状態を①、容器の下半分だけに水を入れた状態を②とする。いま、この2つのふりこの糸の長さを同じにして往復時間を計った。ただし、容器およびしきりの質量は考えないものとする。

図1

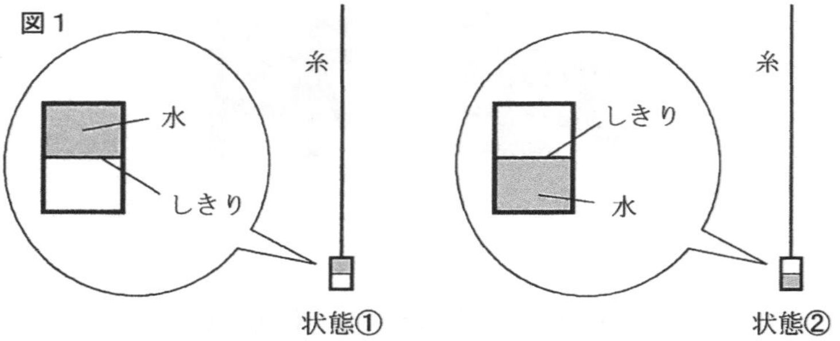

問1　**実験1**において、ふれはばを同じにすると、状態①と②の往復時間の関係はどうなるか。下の**ア～ウ**から1つ選び、記号で答えよ。

ア　①の方が短い　　　**イ**　②の方が短い　　　**ウ**　変わらない

問2　**実験1**において、状態①のふれはばを状態②のふれはばの2倍にした。状態①と②の往復時間の関係はどうなるか。**問1**の**ア～ウ**から1つ選び、記号で答えよ。

問3　この**実験1**と同じような結果が得られるものを下の**ア～ウ**からすべて選び、記号で答えよ。ただし、時間の計測中は足を使ってブランコをこがないものとし、大人は子供に対して身長も体重も大きいものとする。

ア　ブランコに立って乗っていたのを、すわって乗るようにした。
イ　ブランコにすわって乗っていたのを、すわったままおもりを持って乗るようにした。
ウ　ブランコに大人が立って乗っていたのを、子供が立って乗るようにした。

問4　**実験1**において、1往復の時間が短いためストップウォッチをおすタイミングに誤差が起こりやすいと考えた。道具は変えずに誤差を小さくする方法をかんたんに答えよ。

【実験2】

糸に木製のおもりをつけたふりこを、**図2**、**図3**のように手をはなす高さを変えてしん動させた。しん動中、一番下におもりがきたときの速さをスピードガンではかり、速さを比べた。糸は同じものを使っているものとする。

図2
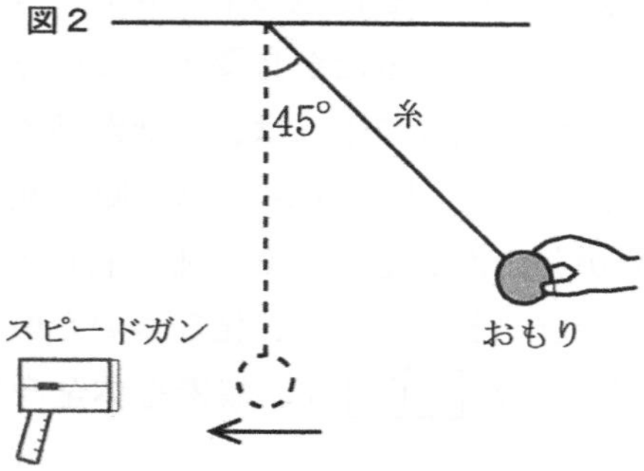

図3
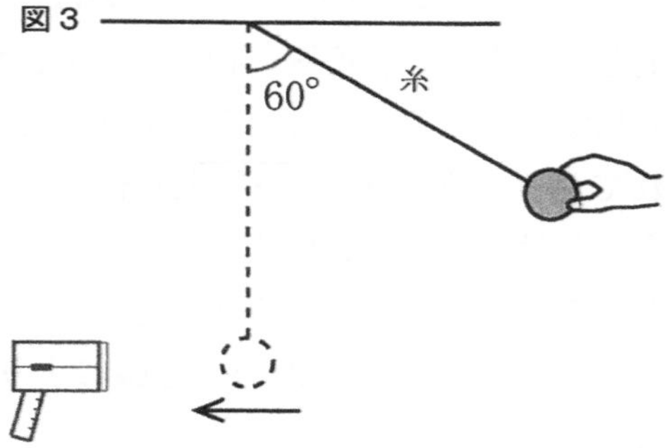

問5 **実験2**において、スピードガンが示す速さの関係はどうなるか。下の**ア〜ウ**から1つ選び、記号で答えよ。

ア 図2の方が速い
イ 図3の方が速い
ウ どちらも同じ

問6 **図2**のようにふれはばを45°にしたまま、おもりを木製のものより重い金属製のものに変えた。スピードガンが示す速さの関係はどうなるか。下の**ア〜ウ**から1つ選び、記号で答えよ。ただし、おもりの大きさは同じとする。

ア 木製の方が速い
イ 金属製の方が速い
ウ どちらも同じ

2 心臓や血液に関する下の文章を読み、あとの問いに答えよ。

図１は人の心臓を模式的に表したものである。心臓は一定のリズムで動くことにより、全身に血液を送り出すポンプの役目をしている。この心臓の動きを[ア]という。一定のリズムをつくっているのは、洞房結節《どうぼうけっせつ》とよばれる細胞《さいぼう》の集まりで、うまく機能しなくなると、心臓の血液を送り出す回数が減り、からだが必要としている量を送り出すことができなくなる。心臓から送り出される血管の中には、血液が多くふくまれており、血液中の[イ]は赤い色素であるヘモグロビンをふくみ、肺で酸素と結合する性質をもち、酸素と結合するとあざやかな赤色が見られる。肺で取り入れられた酸素は、体のすみずみまで運ばれ、酸素の少ないところでは、結びついた酸素を一部はなす性質をもつため、心臓により送り出された[イ]は、酸素を体全身に運ぶことができている。

図１

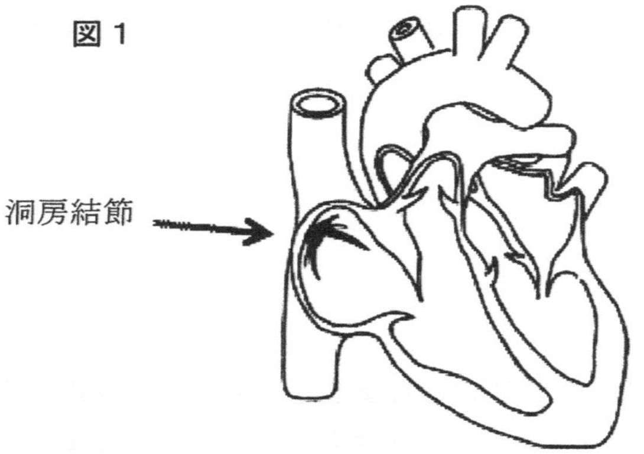

問１　図１の心臓の４つの部屋のうち、洞房結節がある部屋はどこになるか。下のア～エから１つ選び、記号で答えよ。

ア　左心室　　イ　左心房《ぼう》　　ウ　右心室　　エ　右心房《ぼう》

問２　文中の[ア]と[イ]に入る名称《めいしょう》を答えよ。

問３　人の心臓は、１回の拍動《はくどう》で90mLの血液を送り出しているとすると、ある人の拍動を数えてみたら、15秒で15回あった。この人は１日に何Lの血液を送り出しているか。

問4　人の心臓と血液の流れる方向はどのようになっているか。人の心臓を正面からみて血液の流れる方向が正しいものを、下のア～エから1つ選び、記号で答えよ。

ア

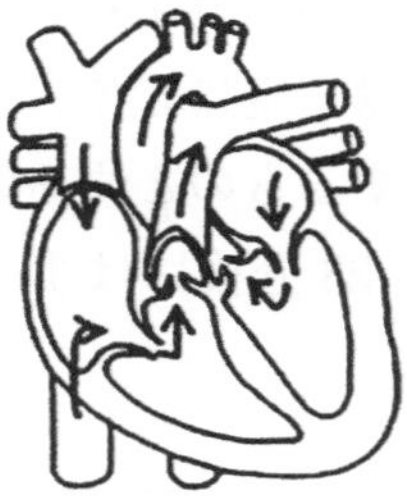

イ

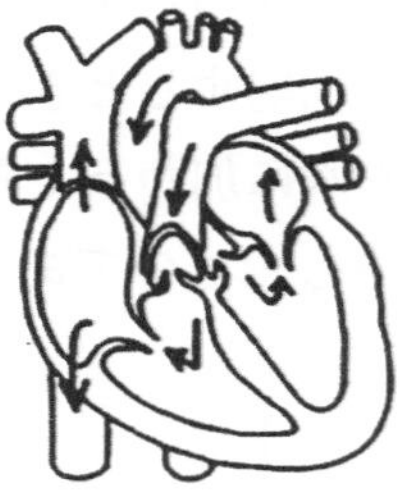

ウ

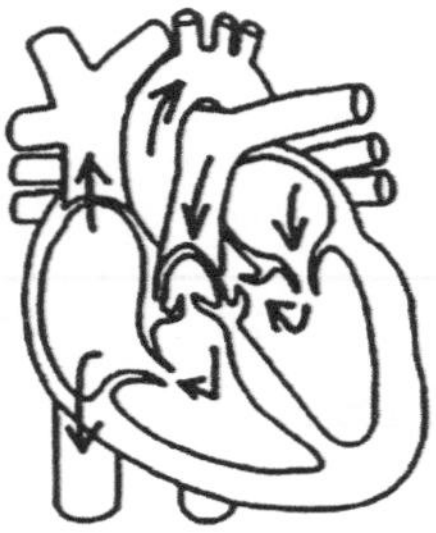

エ

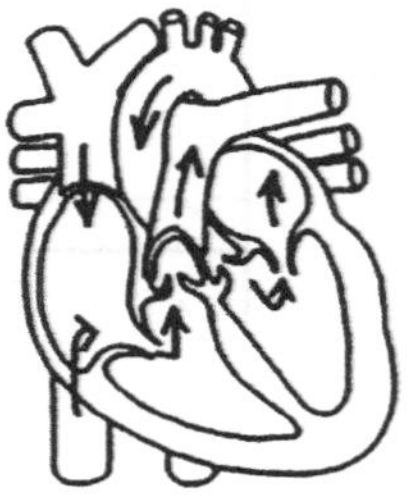

問5　ヘモグロビンと酸素の結びつきについて述べた文の［1］と［2］にあてはまる言葉の組み合わせとして、最も適するものを下のア～エから1つ選び、記号で答えよ。

　ヘモグロビンと酸素の結びつきは、動脈血と静脈血《じょうみゃくけつ》で比べると、［1］の方が酸素と結びついている割合が高い。赤色の明るさについて動脈血と静脈血で比べると［2］の方が明るい。

	［1］	［2］
ア	動脈血	動脈血
イ	動脈血	静脈血
ウ	静脈血	動脈血
エ	静脈血	静脈血

3 次の文章を読み、あとの問いに答えよ。

細かくくだいた状態の氷をビーカーの中にいれ、温度計を差しこみ、温度をはかりながら加熱した。加熱するとき、ほのおの大きさは一定にして、おだやかに行った。

加熱時間と氷や水に加わった熱の大きさは比例するものとする。次のグラフは、温度と加熱時間を表したものであり、加熱開始から28分後にはすべての水がなくなっている。

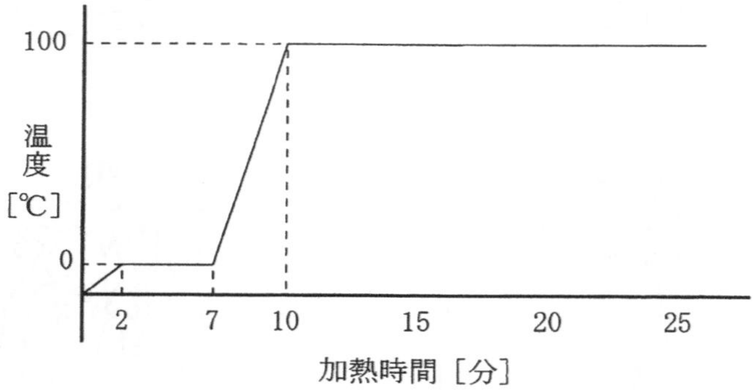

問1 細かくくだいた状態の氷を入れたビーカーを空気中に置くと、ビーカーの外側には<u>水てき</u>が見られた。この理由について、次の文章中の[1]と[2]にあてはまる適切な言葉を答えよ。

『空気中の[1]がビーカーによって冷やされて[2]になったから。』

問2 4分をすぎたあと突沸《とっぷつ》を防ぐために加えたい物質がある。それは何か答えよ。

問3 加熱中のビーカーの様子を示している以下の文のうち、まちがっているものを以下の**ア**～**エ**から1つ選び、記号で答えよ。

ア 加熱して8分たつとゆげが出てくる。
イ 8分から28分までは、水の量が少なくなり、なくなってしまう。
ウ 1分を過ぎてから28分までは水（液体）が存在している。
エ ビーカーの底から大きなあわが発生しだすのは、4分から28分である。

問4 水をすべて水蒸気にかえるのに必要な熱は、おなじ量の氷をすべて水にするのに必要な熱の何倍になるか。グラフを見て答えよ。

令和６年度　海星中学校　奨学生入学試験Ⅱ

社 会

実施《じっし》時間 30 分　　50 点満点

受験上の注意

1．試験開始の合図があるまで、この問題冊子《さっし》の中を見てはいけません。
2．解答は、この冊子にはさんである解答用紙に記入してください。
3．試験終了後、問題冊子、解答用紙はすべて回収します。
4．質問や体調不良など、何か問題がおこったときは手をあげて、監督《かんとく》の先生の指示に従《したが》ってください。

小学校名　　　　　小学校

受験番号

氏名

海星中学校

1 次の表は、世界の国々の情報をまとめたものである。表を見てあとの問いに答えなさい。

国名	首都	人口	おもな宗教	国旗
サウジアラビア	リヤド	3500 万人	A	
アメリカ合衆国	ワシントンD．C．	B	キリスト教	
中華人民共和国	C	14 億人	儒教《じゅきょう》、仏教など	
イギリス	ロンドン	6000 万人	キリスト教	

問１．表のＡに入る宗教の名前を答えなさい。

問２．サウジアラビアの国旗に描かれている文字は、何語か答えなさい。

問３．アメリカ合衆国の国旗に描かれている赤と白の横線は、何の数を表したものか答えなさい。

問４．表のＢに当てはまる人口として、最も近いものを下の中から選んで答えなさい。

１億人　　３億人　　７億人　　12 億人　　18 億人

問５．中華人民共和国での秋の国慶節《こっけいせつ》と並ぶ一大休日で、日本のお正月にあたる行事は何か答えなさい。

問６．表のＣに当てはまる首都名を答えなさい。

問７．リヤドの各月の平均気温と降水量を表したものを下のア～エより１つ選び、記号で答えなさい。

ア

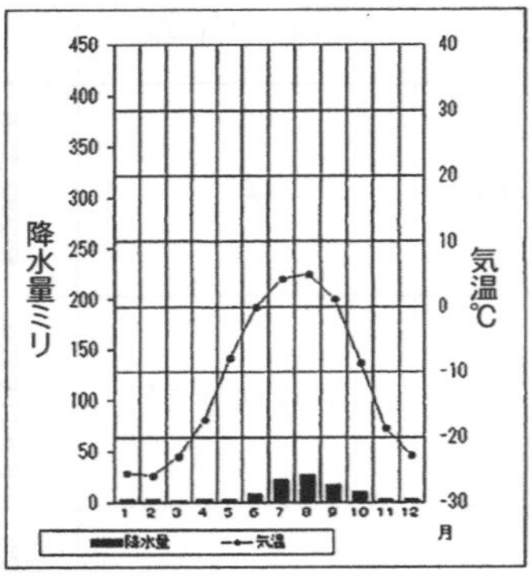

イ

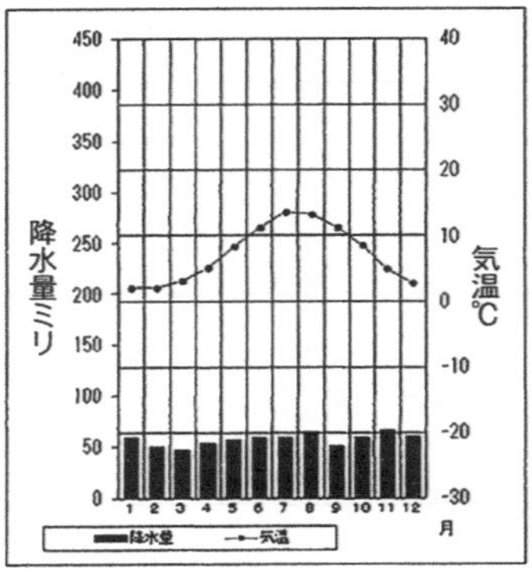

ウ

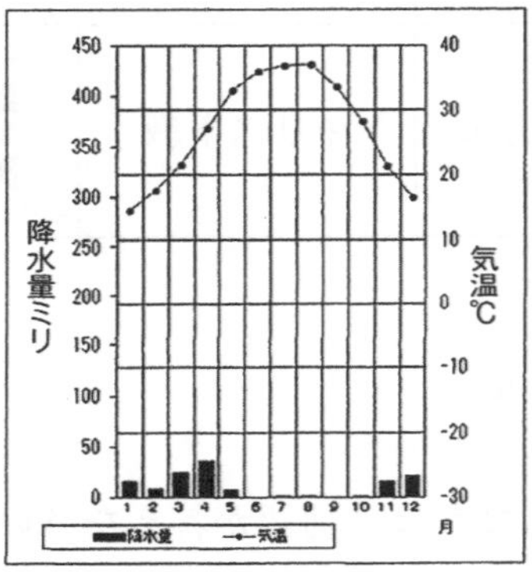

エ

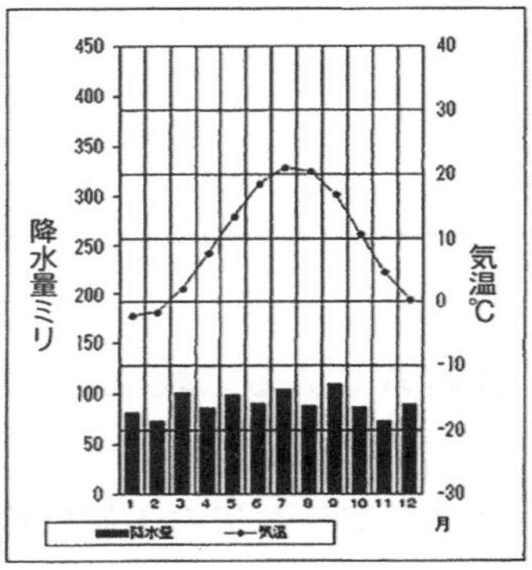

2 日本の都道府県について、以下の地図①～⑧の都道府県名をヒントをもとに考え、問いに答えなさい。

※地図は、すべて北を上として描かれているが、面積は拡大したり縮小したりしている。

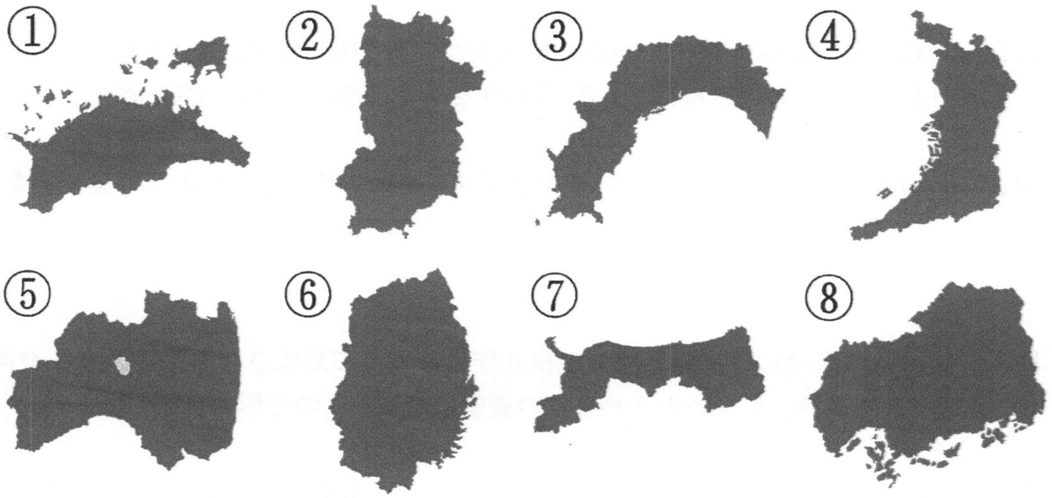

各地図のヒント

① 10本の橋で岡山県と結ばれている。10本の橋をまとめて瀬戸大橋という。
② 日本最古の首都である「平城京」があった。また、日本最古の寺院がある。
③ 坂本龍馬の出身地でその名前が空港の名前にもなっている。
④ 「水の都」とも呼ばれ、琵琶湖の水が淀川《よどがわ》を流れている。
⑤ 県内最大の猪苗代湖は、県のほぼ中央に位置している。
⑥ 県の中央部を北から南へと北上川が流れる。東北新幹線や秋田新幹線が通っている。
⑦ 日本海側に砂丘が広がる。
⑧ 世界遺産に登録されている原爆ドームがある。

問1．①の県の県庁所在地を答えなさい。

問2．①の県の北東部にあるオリーブの栽培《さいばい》で有名な島の名前として正しいものを、下のア～エから選び、記号で答えなさい。

ア．佐渡島　　イ．小豆島　　ウ．択捉島　　エ．淡路島

問3．②の県にある山地として正しいものを、下のア～エから選び、記号で答えなさい。

ア．紀伊山地　　イ．天塩山地　　ウ．白神山地　　エ．出羽山地

問4．③の県では、沖合を流れる海流の水温と栄養分の多さから、多くの魚種が繁《はん》殖《しょく》し、漁業にとって重要な役割を果たしている。特にカツオは、全国でも上位の漁獲量である。この海流名を答えなさい。

問5．④は、日本の四大都市の一つがある府で、人口は全国第３位の多さである。人口が最も多いのは東京都である。人口が２番目に多い都道府県名を答えなさい。

問6．⑤の県の生産量が３位以内にランクインしている項目として正しい農産物を、下のア～エより選び、記号で答えなさい。（統計資料は 2018 年のものとする）

ア．レタス　　イ．きゃべつ　　ウ．きく　　エ．もも

問7．⑥の県の東岸には海洋と陸地の相互作用によって形成される深い入り江や湾が多く見られる。牡蠣《かき》やわかめなどの養殖《ようしょく》に適したこの地形名を答えなさい。

問8．⑦の県の生産量が５位以内にランクインしている項目として正しい農産物を、下のア～エより選び、記号で答えなさい。なお、⑤の県はこの農産物の生産量が４位である。（統計資料は 2018 年のものとする）

ア．たまねぎ　　イ．茶　　ウ．ぶどう　　エ．なし

問9．⑧の県において、この県で世界遺産に登録されている名所・旧跡として正しいものを、下のア～エから選び、記号で答えなさい。

ア．白神山地　　イ．厳島神社　　ウ．姫路城　　エ．石見銀山

問10．①～⑧の府県の中で、海に面していない府県を１つ選び、地図の番号で答えなさい。

問11．①～⑧の府県の中で、面積が最も小さい府県を１つ選び、地図の番号で答えなさい。

国語

令和六年度　海星中学校　奨学生入学試験Ⅱ　解答用紙

小学校名

受験番号

氏名

※100点満点
（配点非公表）
点

一

点

問1
A
B
C
D
E

問2
1
2
3

問3

問4
(1) 疑うことで
(2)

問5
と考えられるから。

問6

問7
(1)

3	(1) cm^3	(2) cm		点
4	(1) 個	(2) 個		点
5	(1)	(2) 第 グループ 番目	(3) 第 グループ 番目	点
6	(1) 人	(2) 分 秒後	(3) 時間 分後	点

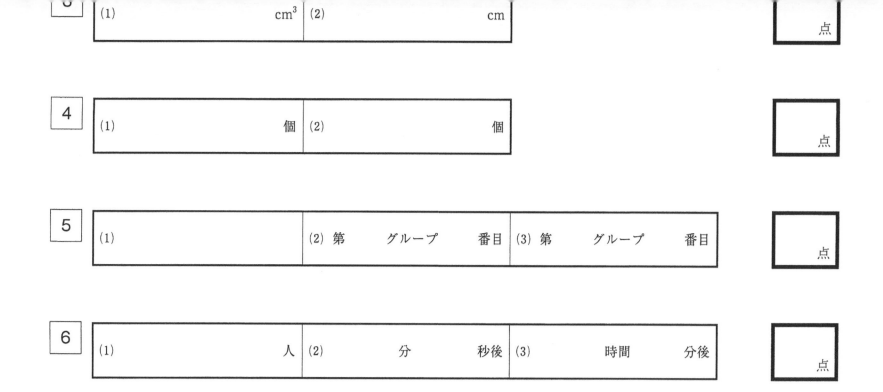

3

問1	1	2	問2	

問3		問4		問5		問6	①	②

点

4

問1		
問2	記号	理由

問3	記号	断面	問4		問5	

問6	
問7	（　　　　）の空の遠いところまで、（　　　　　　　　　　　　）

点

問 9		問 10		問 11	

点

3

問 1		問 2		問 3	

問 4		問 5		問 6	

問 7		問 8		問 9	

	誤りの記号	正しい語句	誤りの記号	正しい語句
問 10				

問 11		問 12	

点

社　会

令和６年度　海星中学校　奨学生入学試験Ⅱ　解答用紙

小学校名		受験番号							氏名	

※50点満点 （配点非公表）　点

1

問 1		問 2		問 3	

問 4		問 5		問 6		問 7	

点

2

問 1		問 2		問 3		問 4	

【解答用

理科

令和6年度　海星中学校　奨学生入学試験Ⅱ　解答用紙

小学校名		受験番号							氏名	

※50点満点
（配点非公表）　点

1

問1		問2		問3	
問4					
問5		問6			

点

2

問1		問2	ア	イ	
問3		問4		問5	

【解答

算 数

令和６年度　海星中学校　奨学生入学試験Ⅱ　解答用紙

小学校名		受験番号							氏名	

※100点満点
（配点非公表）　点

1

(1)(i)	(ii)	(iii)
(2)　g	(3)　年後	

点

2

(1)	(2)	(3)　cm
(4)	(5)　時　分	

点

【解答

二

点

問1 A めて B C D E

問2 Ⅰ Ⅱ

問3 X Y

問4

問5

問6

問7

問8

問9

三

点

問1 ① ② ③ ④ ⑤

問2 ① i ii ② i ii ③ i ii ④ i ii ⑤ i ii

問3 ① ↓ ② ↓ ③ ↓ ④ ↓ ⑤ ↓

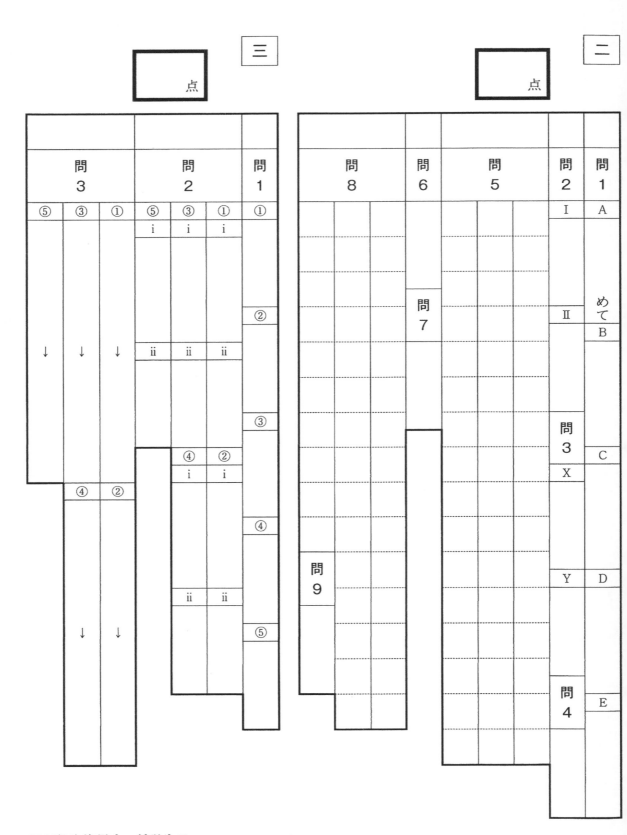

3　次の【年表１】を見て、設問に答えなさい。

【年表１】

時代	出来事
縄文	①たて穴住居に住むようになり、さまざまな道具を用いて生活をしていた。
弥生	米作りが発達し、各地で稲作が始まった。
古墳	大和朝廷による政治が始まり、②大陸からも様々な文化が取り入れられた。
飛鳥	③聖徳太子が、天皇中心の政治を目指した。
奈良	④聖武天皇が仏教を中心とした政治を展開した。
平安	武士が力を強め、その中でも⑤平清盛を中心とした平氏一族が朝廷のなかで、高い位につくようになった。
鎌倉	源頼朝によって幕府が開かれたが、源氏将軍が３代で滅びた後に、⑥朝廷との争いが起こった。
室町	足利尊氏によって幕府が開かれた。この時代には⑦文化や芸術が花開いた。
安土桃山	⑧豊臣秀吉が天下統一をなしとげた。
江戸	徳川家康によって⑨江戸幕府が開かれる。
明治	⑩大日本帝国憲法が発布される。
大正	1923年に⑪東京や横浜が大きな被害を受けた地震が起こった。

問１．下線部①に関して、当時の生活を知ることができる青森県の遺跡の名前を答えなさい。

問２．下線部②について、大陸からの文化は日本列島に渡ってきた中国の人々や朝鮮半島の人々によって伝えられた。このような人々のことを何というか、漢字で答えなさい。

問３．下線部③に関して、次のＡ～Ｃは聖徳太子や当時の政治に関する文章である。正しい内容の組み合わせとしてふさわしいものを次のア～クより１つ選び、記号で答えなさい。

Ａ　聖徳太子は、政治や文化が栄えていた唐に使いを派遣し、唐と対等な関係を結ぼうと考えていた。

Ｂ　聖徳太子は家柄《いえがら》ではなく、個人の能力や功績によって役人に取り立てる冠位十二階を定めた。

Ｃ　聖徳太子は仏教をあつく信仰しており、法隆寺を建てた。

ア．Ａ　　　イ．Ｂ
ウ．Ｃ　　　エ．ＡとＢ
オ．ＡとＣ　カ．ＢとＣ
キ．全て正しい　ク．全て誤り

問４．下線部④について、以下の写真は東大寺にある聖武天皇が愛用していた宝物がおさめられている建築物である。この建築物の名前を**漢字で**答えなさい。

問5．下線部⑤について述べた文章として**誤っているもの**を次のア～エより１つ選び、記号で答えなさい。

ア．平清盛は政治の実権を巡《めぐ》る戦いに巻き込まれ、平治の乱で源頼朝の父を破り、力を強めた。

イ．平清盛は海上交通や一族の繁栄《はんえい》を願って、厳島神社を平氏の守り神としてまつった。

ウ．平清盛は自身のむすめを天皇のきさきにし、その子を天皇にすることで力を強めた。

エ．平清盛は武士としてはじめて征夷大将軍という位につき、平氏一族も朝廷の重要な役職に任じられた。

問6．下線部⑥について、ここに示されている幕府と朝廷の争いの名前を答えなさい。

問7．下線部⑦に関して述べた文章として正しいものを次のア～エより１つ選び、記号で答えなさい。

ア．室町幕府３代将軍の足利義政によって金閣が建てられた。

イ．当時建てられた銀閣には書院造という建築様式が採用された。

ウ．室町時代に鑑真によってすみ絵（水墨画）が芸術として大成された。

エ．観阿弥《かんあみ》と世阿弥《ぜあみ》によって狂言が大成された。

問8．下線部⑧について、豊臣秀吉が行ったこととして正しいものを次のア～エより１つ選び、記号で答えなさい。

ア．川中島の戦いで、武田氏と戦った。

イ．安土城の城下町に、自由な商売を認める楽市楽座という政策を行った。

ウ．武士と、百姓・町人の身分の区別をするための政策として刀狩を実施した。

エ．当時の政治のあり方に反発した、延暦寺を焼きうちにした。

問９．下線部⑨に関連して、この時代の後半になると、百姓一揆や打ちこわしといった、民衆による運動が活発化した。次のグラフは年代ごとの百姓一揆・打ちこわしの件数を示しており、【年表２】は江戸時代の後半に起こった出来事をまとめたものである。グラフと【年表２】の説明Ｘ・Ｙの内容の正誤として正しいものを次のア～エより１つ選び、記号で答えなさい。

【グラフ】

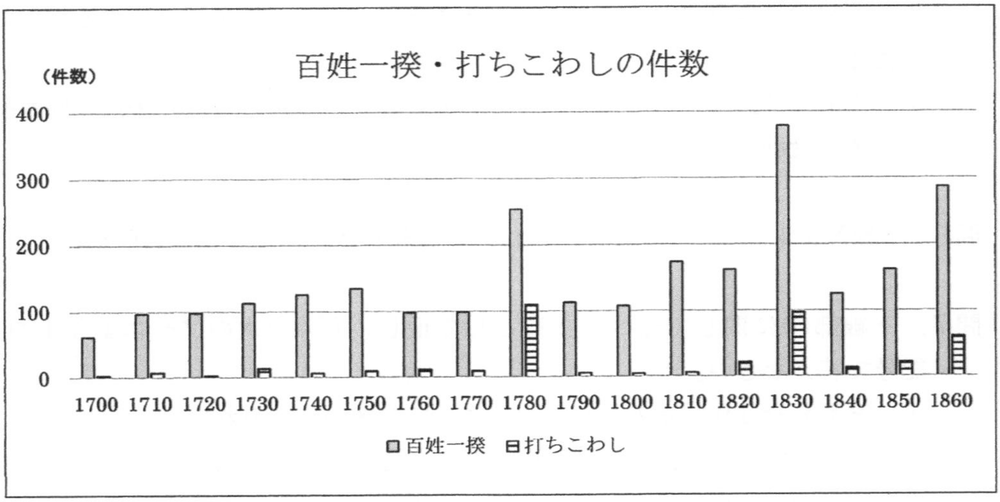

【年表２】

年	できごと
1732	ききんが起こる
1782	ききんが起こる
1833	天保のききんが起こり、1839年まで続く
1853	ペリーが来航し、開国を求める
1854	日米和親条約をむすぶ
1858	日米修好通商条約をむすぶ

Ｘ：百姓一揆が起こった件数は天保のききんが起こった年代が最も多い。
Ｙ：打ちこわしが起こった件数はいずれの年代も100件を下回っている。

ア．Ｘ－正しい　Ｙ－正しい　　イ．Ｘ－正しい　Ｙ－誤り
ウ．Ｘ－誤り　　Ｙ－正しい　　エ．Ｘ－誤り　　Ｙ－誤り

問10. 下線部⑩について、次の文章は大日本帝国憲法が発布される前後について説明した文章である。文章中の波線部ア～エには**2か所誤り**がある。誤りの部分の記号と、正しい語句をそれぞれ答えなさい。

> 西郷隆盛が中心となって起こした**ア西南戦争**が政府によってしずめられた後は、言論によって主張をする世の中に変化していった。国会の開設や憲法をつくることなどを求める自由民権運動が始まると、この動きは日本全国に広がった。ドイツの憲法について学んだ**イ板垣退助**は、明治天皇から初代内閣総理大臣に選ばれると、憲法づくりに力を注いだ。1889年に、大日本帝国憲法が発布された。この憲法においては、主権は**ウ天皇**であり、設置された帝国議会は貴族院と**エ参議院**で構成されていた。

問11. 下線部⑪について、この地震は2023年9月1日に発生してから100年を迎えた。この地震災害の名前を答えなさい。

問12. 次の文章は、【年表１】中のどの時代に起こった出来事か、時代の名前を【年表１】から選び、答えなさい。

> 当時、アジアからヨーロッパにかけて多くの国を支配していたモンゴルが、元という国を作り、中国を支配していた。朝鮮を従えた後、日本も従えようとしたが、当時の執権である北条時宗がこの要求を退けた。その後、元の軍が二度に渡って九州北部をせめこんできた。日本の武士たちは、元の集団戦法や「てつはう」といった新しい武器に苦しみながらも戦い抜き、暴風雨などの助けもあって元軍は大陸に引き上げていった。

問5　ある物質を水にとかしたよう液を蒸発皿に入れて加熱した。水だけを加熱したときと同じように蒸発皿の中には何も残らなかった。このよう液には、次のどの物質がとけていたと考えられるか。下の**ア**～**エ**から１つ選び、記号で答えよ。

ア　食塩　　**イ**　ホウ酸　　**ウ**　二酸化炭素　　**エ**　ミョウバン

問6　容器に入れる氷の量や加熱するときのほのおの大きさを①や②のように変えて実験をした。このときの加熱時間と温度をグラフにしたものとして適切なものを、それぞれ下の**ア**～**オ**から１つ選び、記号で答えよ。なお、変化後の実験結果は破線で表している。

①　氷の量を２倍にしたとき

②　ほのおの大きさを２倍の強さにしたとき

ア

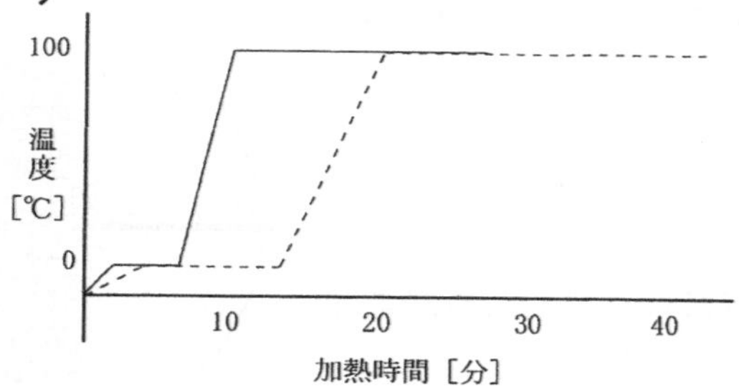

イ

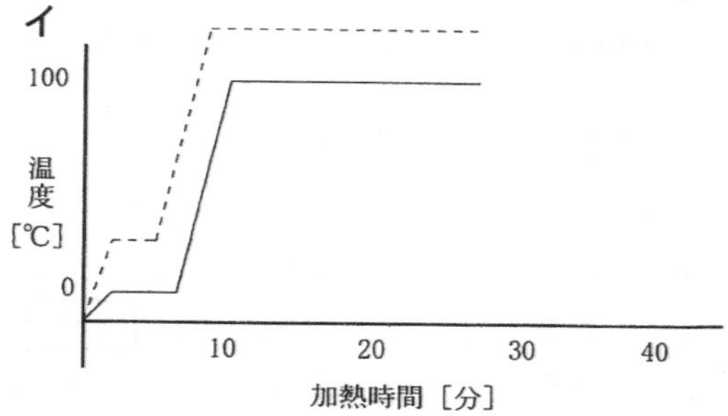

ウ

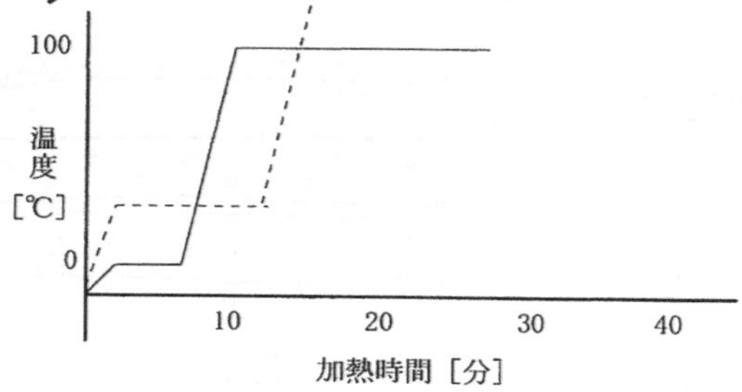

エ

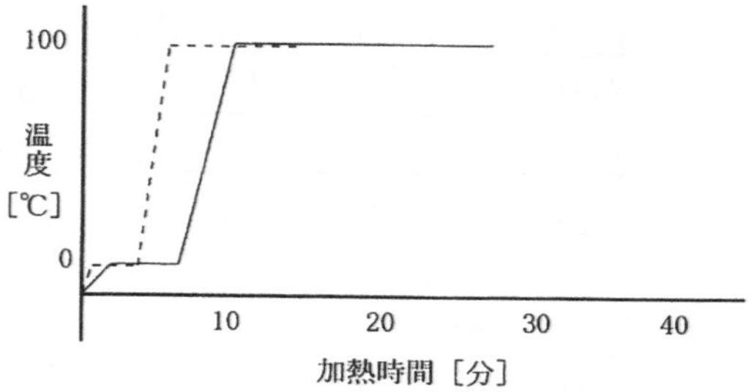

オ

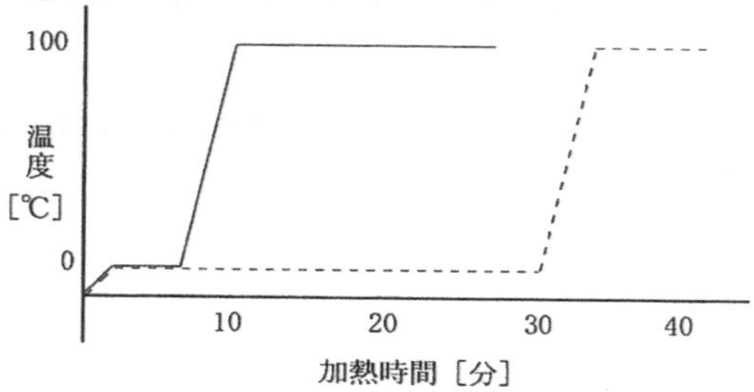

4　親子の会話文を読み、あとの問いに答えよ。

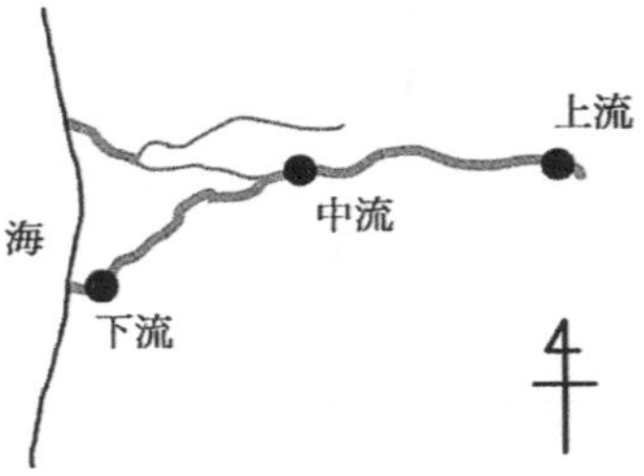

図１

子：「お父さん、今週の日曜日魚つりに行こうよ。」
父：「それはいいね。川の中流（図１）にアユをつりに行こうか。」
子：「やったぁ。」
父：「それじゃあ日曜日の天気を調べてくれないか。」
子：「わかった。」
…（スマホ操作中）…
「お父さん、日曜日の中流地点の天気はくもりだよ。
上流地点は雨だけど、下流地点は晴れるみたい。くもりだから行けるよね。」
父：「うーん、①上流が雨だから行かない方がいいかもしれないなぁ。」
子：「えー、行けないの。残念だなぁ。［　②　］。」
父：「別の日に行くようにしよう。」
子：「はぁい。」

～後日、天気が良い日に川の中流につりに行くことができました。～

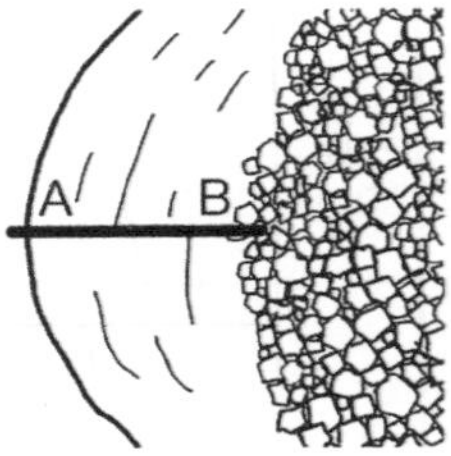

図２

父：「あそこの川原でつろうか。」
子：「うん。そうしよう。」
父：「お父さんは川の中に入ってつってくるよ。」
子：「気をつけてね、お父さん。［　③　］の方に行っちゃだめだよ。」
父：「そうだね。流れが速いから行かないようにするよ。」
子：「ところでお父さん。川の上の方を見て。土地がしまもようになってるよ。（図３）」

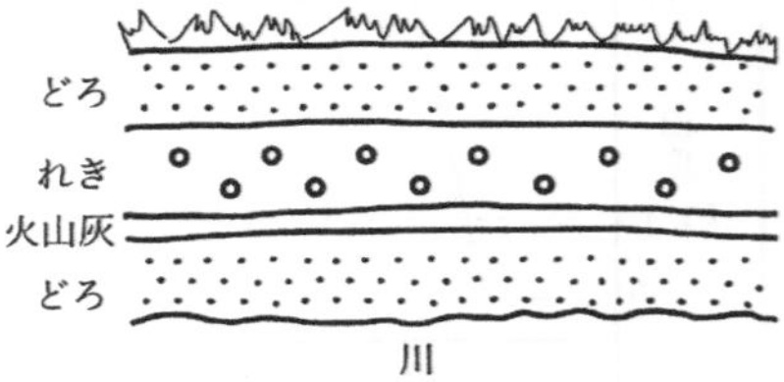

図３

父：「あれは［　④　］だね。［　④　］を見ると⑤いろいろなことがわかるんだよ。ほら、あのうすいもようは火山灰からできているね。」
子：「そうなんだね。お父さんはなぜ火山灰のもようってわかったの。」
父：「火山灰のつぶはね、［　⑥　］という特ちょうがあって、れきやどろのつぶとちがうんだよ。ほかにも化石が見つかったりすると当時の環境《かんきょう》がわかったりするんだ。」
子：「すごいね。なんとなく見てた土地も、くわしく見ると昔のことまでわかるんだね。」
父：「そうだよ。さて、そろそろつり始めようか。」

～その後、つりを終えて帰宅しようとしています。～

子：「たくさんつれたね。」
父：「そうだね。お母さんもきっと喜んでくれるぞ。」
子：「見て、お父さん。きれいな夕日。」
父：「本当だ。これは明日も晴れるな。」
子：「え、どうしてわかるの。」
父：「『夕焼けのときは、明日、晴れ』これは言い習わしなんだけど、夕焼けがきれいに見えるってことは［　⑦　］ってことだろ。だから良い天気になるんだよ。」
子：「へぇ～。今日はたくさん勉強にもなったし、アユもたくさんつれたし楽しかった。また行こうね。」

問1　下線部①のように判断した理由を答えよ。ただし、「流れ」という語句を必ず使うようにすること。

問2　［　②　］に入る適切な言葉は**ア**、**イ**のどちらか。記号で答え、判断した理由を答えよ。ただし、「東」と「西」という語句を必ず使うようにすること。

ア　下流が晴れているから大丈夫《だいじょうぶ》と思ったのに
イ　上流が雨だからしかたがないか

問3　［　③　］に入るのは図2の**A**、**B**のどちらか。記号で答えよ。また、**A**から**B**まで引かれている太線地点の川の断面を表しているのはどれか。下の**ア**～**ウ**から1つ選び、記号で答えよ。

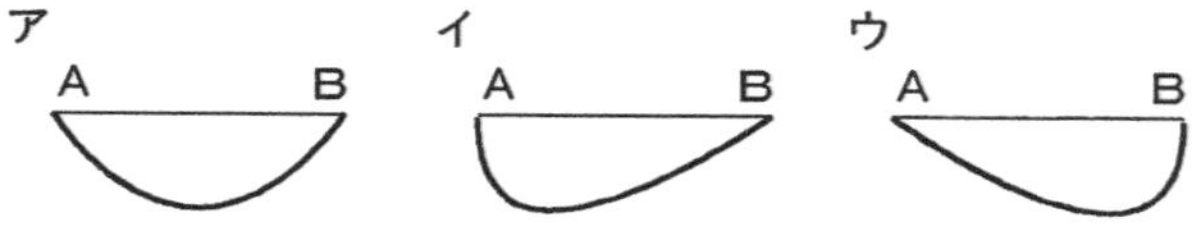

問4　［　④　］に入る語句を漢字で答えよ。

問5　下線部⑤について、れきと火山灰のもようについて、先にできたもようはどちらか。

問6　［　⑥　］に入る特ちょうをかんたんに答えよ。

問7　［　⑦　］に入る理由として、（　　）内に入る語句を選んで答えよ。

（　東　／　西　／　南　／　北　）の空の遠いところまで、
（　たくさん雲がある　／　ほとんど雲がない　）

4　それぞれボールが同じ数ずつ入っている袋A，Bがあります。次の規則にしたがってボールを移動させます。

規則

① サイコロを振って１，２が出ると袋Aから出た目の数だけBに移動させます。
② サイコロを振って３，４が出ると袋Bから出た目の数だけAに移動させます。
③ サイコロを振って５，６が出ると袋A，Bそれぞれから出た目の数だけボールを取り出します。

(1) サイコロが２→３→６と出たとき，最後Ａの袋の中には12個残っていた。最初に袋に入っていたボールの数を求めなさい。

(2) サイコロが１→１→６→３→４と出たとき最後にA，Bの袋の中に残っていたボールは合わせて36個だった。このとき，最初に２つの袋に入っていたボールは全部でいくつありましたか。

5 2024という数字を次のような規則にしたがって並べました。このとき，次の問いに答えなさい。

2024	20242024	202420242024	…
第1グループ	第2グループ	第3グループ	

(1) 第1グループにある数2，0，2，4をすべて足すと，2＋0＋2＋4＝8になります。では，第8グループにある数をすべて足すといくらになりますか。

(2) 第1グループの最初から数えて100個目の「2」は第何グループの何番目にあるかを答えなさい。

(3) 第1グループの最初から数を足し続けていきました。その結果が250になるのは第何グループの何番目までを足したときかを答えなさい。

6 収容人数が4800人のイベントホールがあります。あるイベントの開場時刻には1200人の行列ができていました。この行列には1分で36人の割合で，並ぶ人が追加されます。1か所の入場ゲートで入場した場合，入場時刻から50分後に行列がなくなりました。

(1) 1分間に入場ゲートを通過した人数は何人ですか。

(2) (1)と同じ割合で通過できる入場ゲートが3か所だと，行列は何分何秒後になくなりますか。

(3) 入場ゲートが1か所で，イベントホールが収容人数に達した後は1分間で24人ずつ1か所の退場ゲートからホールを出ていきます。10分後に退場ゲートを2か所に増やしたとき，ホールの中にいる人が収容人数の7割になるのはイベントホールが収容人数に達した時刻から何時間何分後ですか。ただし，退場ゲートから出た人数より多くの人が入場ゲートから入ることはできません。

一　次の文章を読んで、後の問いに答えなさい。

記者の資質は「話を聞いて理解する」「取材対象に共感する」「Aカンサツする」と言いました。科学記者としてはこれに「知ったかぶりをしない」ことが加わりますが、さらに重要なお作法があります。①それは「疑う」ことです。人を疑うなんて、あまりほめられたものではありませんね。ですが、②科学の世界でも、記者という職業も、「疑う」ことはとても大事です。言い換《か》えれば「言われた事を鵜呑《うの》みにしない」でしょうか。

《 1 》世間には、記者をだまして自分に都合のいい記事を書かせようとしたり、自分が罪を逃《のが》れるために記者を利用しようとする人がいます。私たちは、ある人の話を聞いた後、必ず、その内容にウソや矛盾《むじゅん》がないか確かめます。「裏を取る」という作業ですが、これによって、結果的に誤った記事を出すことを防ぎます。

科学も同じです。たとえば、Aという現象に続いてBという現象が起きたとします。現象だけ見ていたら、「AがBの原因になった」と思い込《こ》みがちです。しかし単に偶然《ぐうぜん》に続いて起きたのかもしれません。そこをきちんと見分けることは、科学の基本です。研究の現場ではさらに、Aという現象を人為的《じんいてき》に起こして、Bが起きるかどうか確かめる作業もします。

「四月一二日に巨大地震《じしん》が起きる」こんなうわさが二〇一五年春、日本を駆《か》けめぐりました。ツイッターやフェイスブックなどのSNS（ソーシャル・ネットワーキング・サービス）を通して、うわさはあっという間に広がりました。

広がったのには、理由がありました。四月一日、茨城県の海岸に、一五〇頭以上のイルカが打ち上げられました。おおぜいの人が集まって、イルカの肌《はだ》が乾燥《かんそう》しないように水をかけたり、元気なイルカが海に戻れるように移動させたりしましたが、元気を失って死ぬイルカもいました。

一五〇頭も打ち上げられるなんて、めったに起きないできごとです。イルカは日本近海に住んでいますが、よほどのことがないかぎり、海岸に近寄ったりしないからです。

こうした珍《めずら》しいできごとを「地震の前触《まえぶ》れではないか」と言い出した人たちがいたのです。なぜなら、二〇一一年三月一一日、東日本大震災《しんさい》が起きる前にも、同じようなできごとがあったからです。さらに、アメリカにすむ霊能《れいのう》者が、日本で近く大きな地震が起きると予言していて、その人物が一九九五年一月一七日の阪神《はんしん》・淡路《あわじ》大震災も言い当てた、といううわさが加わり、「ひょっとして本当では」と信じたり、そのことを友人に教えたりした人が相次いだのです。

じっさいに巨大地震は起きたでしょうか。

地震を二四時間、観測している気象庁のウェブサイトを調べてみました。二〇一五年四月一二日、日本で発生した地震のうち、地上にいる人が「震度二」以上の揺《ゆ》れを感じた地震は六回ありました。その発生時間と発生場所、B規模は次の通りです。

- 四時五六分　天草灘《なだ》　マグニチュード三・九
- 六時四二分　岩手県沖　マグニチュード三・七
- 一三時三三分　宮城県沖　マグニチュード四・三
- 一四時二五分　福島県沖　マグニチュード三・九
- 一五時二五分　群馬県南部　マグニチュード四・三
- 一九時二八分　千葉県東方沖　マグニチュード三・七

マグニチュードとは、地震のエネルギーを示す単位です。科学者やCセンモン家が「巨大地震」というときには、マグニチュード八を超《こ》えるような地震を指します。ちなみにマグニチュード四と八では、エネルギーの差が一〇〇万Dバイも違《ちが》います。《　２　》、巨大地震は起きませんでした。予言は、はずれたのです。人間にとって、地震はこわいものです。いつ起きるか、どこで起きるかを予測する「地震予知」技術は確立していません。おばけと同じで「いつ、どこで出るか（発生するか）分からない」わけで、余計に不安がつのります。もともと、「分からない」という状態はE居心地の悪いものです。《　３　》、一見正しそうな、説得力のある説明に飛びつきたくなるのです。今回、アメリカ人の予言とイルカの漂着《ひょうちゃく》という、ばらばらの事実が、「地震の前触れ」ということで結びつきました。

そもそも、イルカが打ち上げられることと、地震との間には関係があるのでしょうか。因果関係（※『広辞苑《こうじえん》』では「原因とそれによって生ずる結果との関係」）があるとすれば、巨大地震が起きるたび、直前にイルカが海岸に打ち上げられなければならない。ですが、現実はそうではありません。つまり、因果関係は「ない」と考えた方が良さそうです。冷静に考えれば、③うわさを信じる根拠《こんきょ》は見つかりません。少なくとも、自分がうわさを友達にばらまくことはないでしょう。

④大切なのは、科学的にはっきりしないことを、「鵜呑み」にしないこと。自分の頭で考えて判断することです。巨大地震が来ると信じ込んで、大切な予定をとりやめたり、不要なものまでたくさん買い込んで無駄遣《むだづか》いをしたりするのは、ばかばかしいと思います。

（元村有希子『カガク力を強くする！』岩波ジュニア新書）より

※『広辞苑』＝国語辞典の名前。

問1　＝部A～Eのカタカナは漢字に直し、漢字は読みをひらがなで答えなさい。

問2　《 1 》～《 3 》に入る言葉として最も適当なものを次の中からそれぞれ一つ選び、記号で答えなさい。

ア　だから　　イ　しかし　　ウ　つまり　　エ　たとえば

問3　―部①「それ」の指示する内容を、本文中の表現を用いて、十五字前後で説明しなさい。

問4　―部②「科学の世界でも、記者という職業も、『疑う』ことはとても大事です」とありますが、

(1)「記者という職業」の場合、なぜ大事なのですか。「疑うことで」の後につながるように、本文中の表現を用いて、二十五字以内で説明しなさい。

(2)「科学の世界」の場合、「疑う」とは具体的にどうすることですか。最も適当なものを次の中から一つ選び、記号で答えなさい。

ア　Aという現象に続いてBという現象が起きたときに、AがBの原因になったことを証明すること。

イ　Aという現象に続いてBという現象が起きたときに、AとBに関係があるのかを調べること。

ウ　Aという現象に続いてBという現象が起きたときに、AがBの原因ではないことを証明すること。

エ　Aという現象に続いてBという現象が起きたときに、AとBに関係が生まれるように作業すること。

問5　―部③「うわさを信じる根拠は見つかりません」とありますが、なぜそう言えるのですか。その理由を本文中の表現を用いて、解答らんに合わせて、三十字以内で説明しなさい。

問6　―部④「大切なのは、科学的にはっきりしないことを、『鵜呑み』にしないこと」とありますが、では「鵜呑みにする」とはどうすることですか。最も適当なものを次の中から一つ選び、記号で答えなさい。

ア　一見正しそうな、説得力のある説明を信じてしまうこと。

イ　いつ、どこで発生するか分からないことを不安に思うこと。

ウ　「地震予知」技術がまだ確立していないことを理解していること。

エ　それぞれ無関係なばらばらの事実を、無理に結びつけないこと。

問7　……部「こんなうわさが二〇一五年春、日本を駆けめぐりました。」に関する次の先生と生徒の会話について、後の問いに答えなさい。

先　生「できごとを順番に見ていこうか。まず、（　　　　　　　　）というできごとが起きた。」
生徒A「そういうことってあまり起きませんよね。だから、茨城県で同じようなことが起きたときに、本当は無関係なことを、関係があるように考える人が出てきたのかもしれない。」
生徒B「助かったイルカもいたみたいだけど、死んでしまったイルカもいたことに心が痛みます。」
生徒C「それに加えて、アメリカの霊能者の話も関係していたんですね。」
生徒D「阪神・淡路大震災を言い当てた人の予言だから、多くの人が信じてしまったんですね。」
生徒E「地震はいつどこで起きるか分からない、ということがうわさをひろめた原因の一つなのかもしれません。」

(1) 会話中に「（　　　　　　　　）というできごとが起きた。」とありますが、どのようなできごとが起きたのですか。本文中の表現を用いて、三十字以内で説明しなさい。
(2) うわさが広がったことと無関係な話をしている生徒はだれですか。生徒A～Eの中から一人選び、記号で答えなさい。
(3) 本文をまちがって理解している生徒はだれですか。生徒A～Eの中から一人選び、記号で答えなさい。

二　次の文章を読んで、後の問いに答えなさい。

医師である父「千葉桃三《ちばとうぞう》」から算法（数学）の指導を受け、すぐれた才能を発揮するようになった娘の「あき」は大名の有馬家から姫君に算法を教えてほしいと頼《たの》まれたが、それをよく思わない別の流派の算法家から同じく算法を学ぶ武家の娘「宇多《うた》」と競うよう命じられ、思い悩む日々を送っていた。そこで知人の「鈴木彦助《すずきひこすけ》」から「思いあまったときは相談しなさい」と紹介《しょうかい》された「本多利明《ほんだとしあき》」を訪ねた。

「ところで、さっきから気になっていたのですが」

利明は話をかえた。

「あなたは千葉進《すすむ》という若者をごぞんじではありませんかな」

「まあ、しっているどころではありません。わたしの兄です」

「やっぱりそうでしたか。じつはさっきからあなたの顔をみているうち、だれかににているとおもっていて、いまおもいだしたのです。それで、もしやとおもってきいてみたのだが。あなたの兄さんも、よくここへ習いにこられたものです」

「まあ、兄もこちらへうかがっていたのですか。ちっともそんなことを申しませんでした」

あきは、①兄がうらめしかった。

「いや。そのわけはわかる気がします。あなたの兄さんは、『父はかんがえがちがうのでこまる』と、よくはなしていました。あなたのおとうさんは、じぶんを受けいれない関流《せきりゅう》の仲間のところへ、むすこが出入りするのをよろこばれない――それであなたにもだまっていたのだとおもう。もうすこし大きくなれば、はなすつもりだったのでしょう。ところで、兄さんは元気ですか。いつぞや長崎から手紙をもらったが、いまもあちらですか」

「はい。父とどうしても意見が合わず、長崎のしりあいをたよって出ていったのですが、とうぶんはかえってこぬつもりのようです。わたしどもへは、めったにてがみもよこしませんわ」

「長崎はいま、この国でいちばんあたらしい知識のまなべるところです。いまみせた算法の本も、『解体新書』を訳した医者のひとりで、前野良沢《まえのりょうたく》という人が、長崎へいったときに手にいれたものです。兄さんも、きっとすばらしい学問をされて、江戸へおもどりになるでしょう」

「わたしも女でなければ、長崎へ勉強にいってみたいとおもいますけれど」

令和６年度　海星中学校　奨学生入学試験Ⅱ

国　語

実施《じっし》時間 50 分　　100 点満点

受験上の注意

1．試験開始の合図があるまで、この問題冊子《さっし》の中を見てはいけません。
2．解答は、この冊子にはさんである解答用紙に記入してください。
3．句読点・記号は字数に含《ふく》みます。（ただし、※１などの注は含みません）
4．問題の都合《つごう》上、文章を一部変更《へんこう》しています。
5．試験終了後、問題冊子、解答用紙はすべて回収します。
6．質問や体調不良など、何か問題がおこったときは手をあげて、監督《かんとく》の先生の指示に従《したが》ってください。

小学校名　　　　　小学校

受験番号

氏名

海星中学校

2024(R6) 海星中　奨学生Ⅱ
K 教英出版

600 550 500 400 300 200

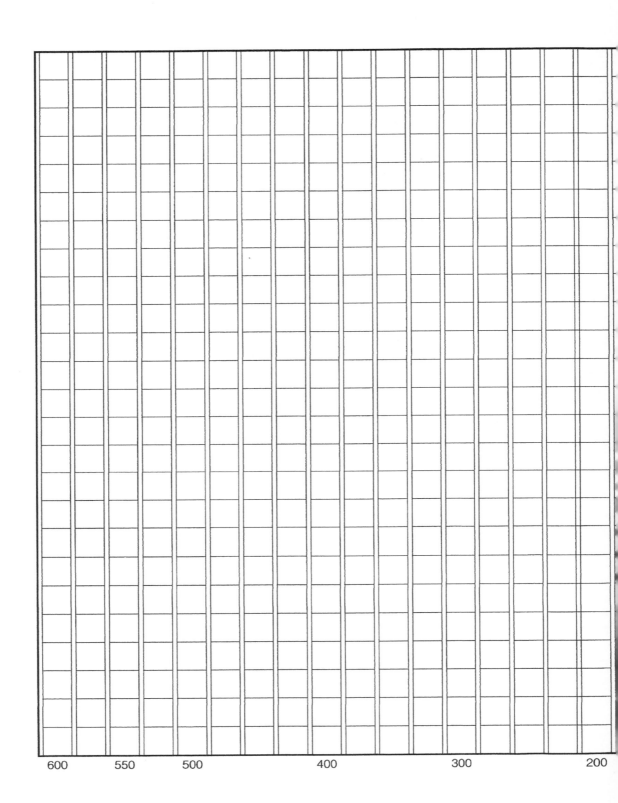

総合学力試験

令和６年度　海星中学校　奨学生入学試験Ⅰ　解答用紙

小学校名		受験番号							氏名	

※130点満点（配点非公表）点

1

問題	記号	解答
問題１	ア	
問題２	イ	
	ウ	
問題３		
問題４		

点

2

問題	記号	解答
問題１	ア	
問題２	イ	
問題３	ウ	
問題４	エ	
問題５		
問題６		

点

【作　文】（四五分）　〈満点：七〇点〉

次の文章を読んで、後の問題一、二に答えなさい。

国には法律があり、学校には校則があり、スポーツには競技規則があります。これらには強制力があり、守れなかった場合には、罰《ばつ》が与えられることもあります。これを「ルール」と言います。「ルール」は、その集団において秩序《ちつじょ》を保ち、スムーズな生活を送るためには大切な仕組みです。

これに対して、集団生活において、周りに気を配り、お互いが気持ちよく過ごすための態度や行動を「マナー」と言います。

このように、私たちの日常生活の中には「ルール」と「マナー」があります。この二つは、社会生活をスムーズに送るために大切な仕組みという点では、共通している言葉と言えます。

（注）　秩序…望ましい状態を保つための順序やきまり。

問題一

「ルール」と「マナー」の違いは何ですか。五〇字以上、七〇字以内で書きなさい。

問題二

あなたは、「マナー」を「ルール化」することに賛成ですか、反対ですか。あなたの考えを五五〇字以上、六〇〇字以内で書きなさい。

【注意】

一、題名や名前は書かないこと。
二、原こう用紙の一行目から書き始めること。
三、必要に応じて、段落《だんらく》に分けて書くこと。
四、数字や記号を記入するときには（例）のように書くこと。

（例）

10
%

令和６年度　海星中学校　奨学生入学試験Ⅰ

作　文

実施《じっし》時間 45 分　　70 点満点

受験上の注意

1．試験開始の合図があるまで、この問題冊子《さっし》の中を見てはいけません。
2．解答は、この冊子にはさんである解答用紙に記入してください。
3．試験終了後、問題冊子、解答用紙はすべて回収します。
4．質問や体調不良など、何か問題がおこったときは手をあげて、監督《かんとく》の先生の指示に従《したが》ってください。

小学校名　　　　小学校

受験番号

氏名

海星中学校

2人は次の実験を始めました。

太　郎　「次は、手回し発電機で豆電球を光らせてみようよ。」

花　子　「一定の速さで回し続けないと、豆電球の明るさは強くなったり弱くなったりするよ。」

太　郎　「そうだね、それは［　ウ　］が変わるからだよ。」

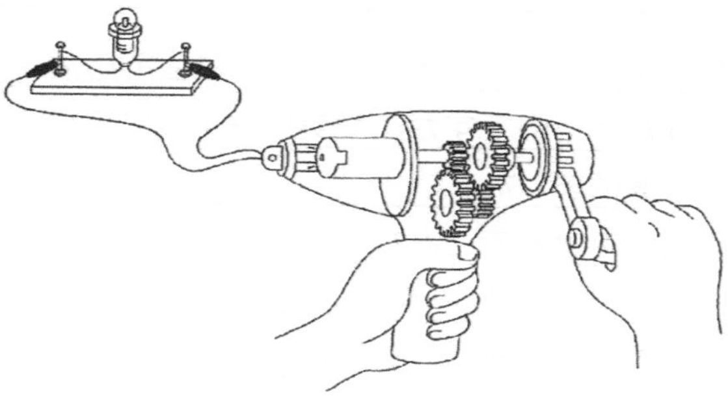

花　子　「長い時間回し続けると疲《つか》れてしまうわ。」

太　郎　「それなら、コンデンサを使って蓄電《ちくでん》しよう。一定の電気を蓄《たくわ》えることができるから回し続けなくてもいいよ。」

花　子　「電気って目に見えないから、いっぱいになったかどうかはどうやって判断したらいいの。」

太　郎　「それは、［　エ　］なったらコンデンサに電気がたまったってことだよ。」

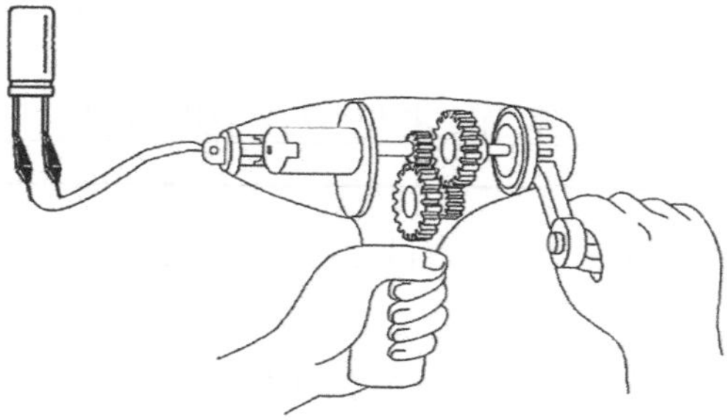

問題5　［　ウ　］にはどのような言葉が入るでしょうか。あなたの考えを書きなさい。

問題6　［　エ　］にはどのような言葉が入るでしょうか。あなたの考えを書きなさい。

4　山田さんのクラスでは卒業に向けての準備をしています。

山田さんは卒業文集の原稿《げんこう》を提出しましたが先生に呼ばれました。

先　生「山田さんが提出してくれた卒業文集の原稿だけど、直したいところがあるんだ。」

山　田「がんばって書いたのですが、間違《まちが》ったところがありましたか？」

先　生「では、一緒《いっしょ》に見直していこう。」

小学校での一番の思い出は、６年生の時の運動会で応えんリーダーに選ばれました。自信はなかったのですが、サブリーダーにクラスの仲のいい人たちがいたので、引き受けました。

最初は、どんな音楽を選んでどんなふりつけをするかをサブリーダーの人たちと話し合いました。サブリーダーの石井さんが下級生の意見も聞きにいってくれたので、予想より早く決めることができました。音源をどうしたらいいかわかりませんでしたが、教頭先生がデータを貸してくれたのでそれを使うことにしました。

ぼくのクラスはダンスが好きな人たちがたくさんいました。だから、サブリーダー以外の人たちがいろいろなアイデアを出してもらいました。これはとても助かりました。

ぼくは、人の前に出て話をすることがあまり少なかったのですが、ぼくたちがていねいに説明すると、下級生もしっかり話を聞いて協力してくれました。おかげで、全体練習もうまくいき、本番をむかえることができました。応えん合戦では、息の合ったダンスをひろうすることができ、先生方からもほめていただきました。

応えんリーダーをやって本当によかったと思います。

先　生「まずは、最初の一文なんだけど、主語は何かな。」

山　田「『思い出は』です。」

先　生「それなら、主語と述語が合ってないよね。訂正《ていせい》するところが分かるかな。」

山　田「はい、わかりました。文の最後を［　ア　］に変えないといけませんね。」

先　生「その通りだね。でも、もう一つ、主語と述語があっていないところがあるよ。アイデアを出してくれたとあるけど、だれが出してくれたのかな。」

山　田「それは『サブリーダー以外の人たち』です。」

先　生「だったら、どのように変えないといけないか分かるかな。」

山　田「さっきと同じように、文の最後を［　イ　］にかえないといけませんね。」

先　生「そうだね。あるいは、最後の方はそのままにして、ひらがな一字を［　ウ　］から［　エ　］に変えるだけでもいいよね。」

山　田「ほんとですね。ありがとうございます。」

先　生「まだまだ、ほかにもあるよ。例えば『このマンガはたいしてつまらない』って言い方はしないよね。文中に似たような表現をしているところがあるよ。」

山　田「わかりました。『話をすることが［　オ　］のですが』に変えます。」

先　生「だいぶんよくなってきたね。ところで、敬語の使い方はできているかな？」

山　田「教頭先生に対して敬語を使えていませんでした。『データを［　カ　］ので』に変えないといけませんね。」

先　生「正解。最後は漢字の訂正だよ。A）一字だけ明らかなまちがいがあります。さあ、どこでしょう。」

山　田「ああ、分かりました。書き直しておきます。」

先　生「訂正するところは以上です。ところで、山田さんは応えんリーダーをやってみて気づいたことはある？」

山　田「えーっと。作文に書いたことをまとめると、［　キ　］ということかな。今回の応えんリーダーのことだけじゃなくて、他のことにも当てはまると思います。」

先　生「いい経験をしましたね。そしたら、最後にそのこともつけ加えるともっといい文章になりますよ。」

問題１　［　ア　］にはどのような言葉が入るでしょうか。

問題２　［　イ　］にはどのような言葉が入るでしょうか。

問題３　［　ウ　］と［　エ　］に入るひらがな一字を、それぞれ答えなさい。

問題４　［　オ　］にはどのような言葉が入るでしょうか。

問題５　［　カ　］にはどのような言葉が入るでしょうか。

問題６　下線部Ａ）について、漢字の間違いを抜き出し、正しい漢字に直しなさい。

問題７　［　キ　］にはどのような言葉が入ると考えられますか。山田さんの作文をふまえて、30字以内で書きなさい。

5　まことさんのクラスでは、クイズ大会のための準備をしています。

まことさんとたかしさんはカードゲームの作成をすることにしました。

まこと「ねえ『仲間外れはどれだ』というカードゲームなんかどうだろう。」

たかし「ほほう。例えばどんなカードを作るんだい？」

まこと「バスケット・テニス・ラグビー・剣道《けんどう》のカード４枚で仲間外れを見つけるというのはどうだろう。」

たかし「簡単だよ。剣道だろ。」

まこと「そうそう。でも、剣道を選ぶだけではなくて、仲間外れの理由も答えさせるんだ。」

たかし「じゃあ、『剣道』と答えて、『他の３競技は球技だけれど、剣道だけは武道だから』と理由も答えるんだね。」

まこと「そういうこと。でも、もう少し難しくしようと思うんだ。せっかく学校で英語を勉強しているから、英単語で作ってみよう。」

たかし「できたよ。第１問、次のカードの中で仲間外れはどれでしょう。」

〈第１問〉

SUMMER　SPRING　WINTER　APRIL

まこと「その４つの中では［ A ］かな。理由は［ ア ］だから。」

たかし「正解。それでは第２問。次のカードではどうかな。」

〈第２問〉

apple　yellow　red　white

まこと「この中だったら［ B ］だね。理由は［ イ ］だから。」

たかし「正解。もっとたくさんの問題を作って、みんなにも解いてもらおう。」

問題１　文中の［ A ］と［ B ］に入る英単語を答えなさい。

問題２　文中の［ ア ］と［ イ ］にはどのような言葉が入るでしょうか。
文中の下線部の解答を参考《さんこう》にして答えなさい。

ひろしさんとさゆりさんは数字を使ったクイズを作ろうとしています。

ひろし　「まずは算数の問題を作ってみたよ。」

問題

ふた子の兄弟、マイクとジョンがトレーニングのためウォーキングに行こうとしています。２人は同じ時刻に家を出発し、もどってくる時刻も同時でなければなりません。

マイクはトレーナーから、家からからＡ地点まで行くのに毎分 150m の速度で歩き、帰りはＡ地点から家まで毎分 100m の速度で歩くように指示をされています。

ジョンはトレーナーから、一定の速度で家とＡ地点を往復するように指示を受けています。

２人が同時に家にもどってくるためにはジョンは毎分何mの速度で歩き続けないといけないでしょうか。

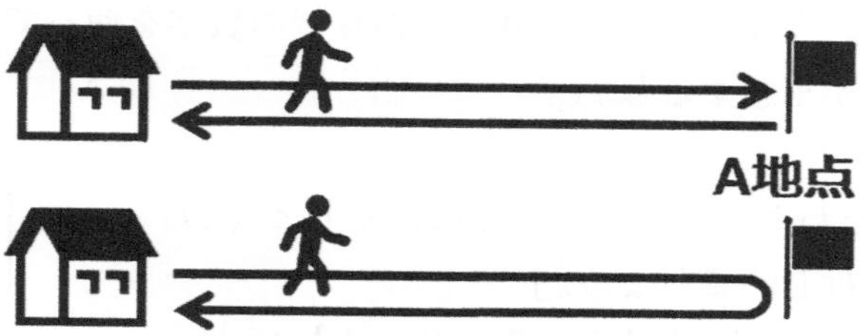

さゆり　「分かったわよ。ジョンの歩くスピードは毎分 [ウ] m ということね。」

ひろし　「正解！次はさゆりさんの問題だね。」

問題３　[ウ] に入る数字を答えなさい。

さゆり　「ひろしさんはヒットアンドブローというゲームを知っているかな？」

ひろし　「知らないな。どんなゲームなのか説明して。」

さゆり　「並べた４ケタの数字を当てるゲームなの。４ケタの数字のうち、数字を言い当てると１ブロー、置いてある場所も数字も言い当てると１ヒット。ただし、４ケタの数字はすべて違《ちが》う数字を使うことが条件なの。早く４ケタの数字を言い当てた方が勝ちっていうゲームなんだけど、ひろしさん試しに解いてみて。」

ひろし　「やってみよう。でも、難しそうだな。まずは例題を出してみて。」

さゆり　「分かったわ。まずは私が出題する４ケタの数字が【１・２・３・８】だとするね。ひろしさんが最初に【２・４・６・８】と答えたら、私はひろしさんに１ブロー、１ヒットと言うの。」

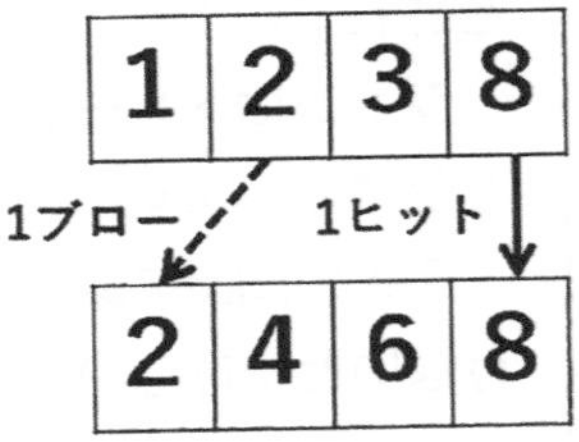

ひろし　「なるほど、【２】は数字は当たっているけど場所が違うから１ブロー、【８】は数字も置いてある場所も当たっているから１ヒットってことだね。」

さゆり　「そういうこと。じゃあ、さっそくやってみようか。今回は、１から９までの９個の数字を使ってやってみるよ。まずは私が出題するね。」

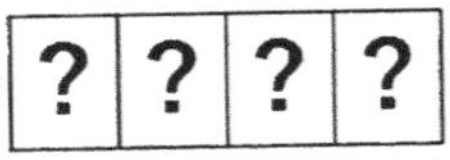

さゆり　「できたわよ。見えないようにかくしとくね。では、はじめましょう。」

ひろし　「じゃあ、最初は【９・７・２・１】でどうかな。」

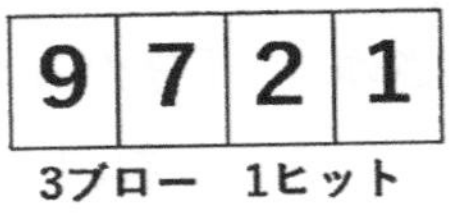

さゆり　「すごい！いきなり最初から、３ブロー、１ヒット。」

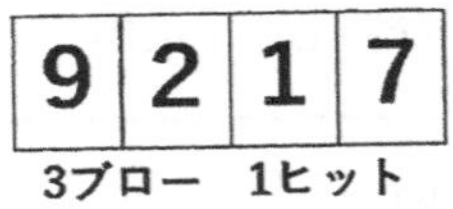

ひろし　「じゃあ、つぎは【9・2・1・7】でどうだ。」

さゆり　「またしても、３ブロー、１ヒット。」

ひろし　「それなら、【９・１・７・２】はどう？」

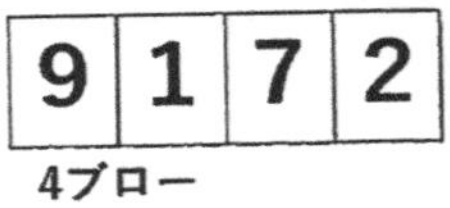

さゆり　「残念だけど、４ブローだよ。」

ひろし　「でも、だいたい分かったぞ。【7・9・2・1】はどうかな？」

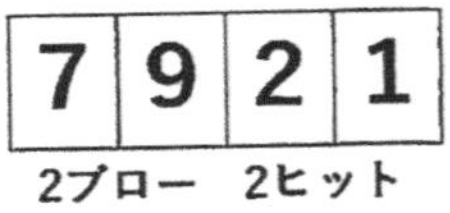

さゆり　「２ブロー、２ヒットだよ。」

ひろし　「そうすると答えは［　エ　］か［　オ　］のどちらかだな。」

さゆり　「さすがひろしさん！やり方が分かったようね。それじゃあ、おたがい問題を出して、どちらが速く当てることができるか勝負しましょう。」

問題4　［ エ ］、［ オ ］に入る4ケタの数字を答えなさい。

令和6年度　海星中学校　一般入学試験Ⅰ

国　語

実施《じっし》時間50分　　100点満点

受験上の注意

1．試験開始の合図があるまで、この問題冊子《さっし》の中を見てはいけません。
2．解答は、この冊子にはさんである解答用紙に記入してください。
3．句読点・記号は字数に含《ふく》みます。（ただし、※1などの注は含みません）
4．問題の都合《つごう》上、文章を一部変更《へんこう》しています。
5．試験終了後、問題冊子、解答用紙はすべて回収します。
6．質問や体調不良など、何か問題がおこったときは手をあげて、監督《かんとく》の先生の指示に従《したが》ってください。

小学校名	受験番号	氏名
小学校		

海星中学校

2024(R6) 海星中　一般
教英出版

一

次の文章を読んで、後の問いに答えなさい。

動物の教育といえば、オオカミのことを書かないわけにはいきません。

多くの人にオオカミのイメージを聞くと「獰猛《どうもう》で恐ろしい動物」という答えが返ってきます。私も動物園に入ってオオカミの暮らしを見るまでは、みなさんと同じ印象を持っていました。私が動物園に入ったころにいたシベリアオオカミは、旭山《あさひやま》動物園が開園するときにお祝いとして北京《ぺきん》動物園から贈られたペアの子孫でした。この2頭は私が入園する前には子育てをした経験があるのですが、私が入ってからは繁殖《はんしょく》せずに、2頭は a 相次いで死亡してしまいました。彼らのあとに入園したのがシンリンオオカミでした。このペアによって、私は新たなオオカミ観を持つことができたのです。オオカミは本当の家族をつくり全員で子育てをしながら生きているのです。

私が動物園に入ったころには、オオカミが出産を迎えると、メスを産室に隔離《かくり》して子どもを育てさせていました。そして子どもたちは、父親と顔を合わせることなく、1年もしないうちにほかの動物園にもらわれていったのです。

これではオオカミという動物を正しく伝えていません。オオカミは家族で子育てをする動物なのですから、子育てに父親を参加させなければだめです。そう考えているうちにシンリンオオカミが妊娠《にんしん》してくれました。本来は最初から父親のそばで出産させたかったのですが、昔のオオカミ舎はとても狭かったので、メスの寝室で出産させることにしました。繁殖させた経験のある飼育係が b 万全の準備をして出産を待ちました。4頭の子が生まれ、無事1か月が過ぎたので、いよいよ父親との同居を実行したのです。

私たちの準備はまったくの ＊1 徒労に終わりました。オオカミは私たちが心配するまでもなく一瞬《いっしゅん》のうちに家族になって、両親が協力して4頭の子どもを育て上げたのです。本当であれば、ここでもう1度出産させて、家族の群れをつくりたいのですが、寝室は2部屋しかなく、＊2 放飼場《ほうしじょう》も狭《せま》いので、やはりほかの動物園へもらわれていったのです。

A

私は、オオカミの群れを見せなければ、①日本人のオオカミに対する偏見はなくならないと考えていました。そのためには、オオカミの群れを飼育できる施設を造らなければなりません。このままの狭い施設でオオカミを飼育することは、オオカミに対して極めて無礼であると思いました。私は、いつの日にかオオカミの家族群を展示できることを願い、オオカミの展示を断念したのです。

それから17年後の2008年、私が旭山動物園を退職する前年になってようやく私の念願が叶《かな》いました。オオカミの家族が群れで暮らすことができる施設を建設することができたのです。

ここでは、オオカミがまだ北海道に生息していたころの様子を展示することにしました。人間は大自然の真ん中に住んでいますので、「おおかみ館」では中央に観覧《かんらん》スペースを造り、その周囲をオオカミの群れが走り回るようにしたのです。お客さんにはオオカミの群れに取り囲まれながら、北海道でのオオカミと人の暮らしを考えてもらいたいと思ったのです。

オオカミの向こうにはエゾシカがいて、その向こうにはcミドリにおおわれた旭山が*3借景《しゃっけい》として使われています。オオカミ・エゾシカ・植物がバランスを取り合っている生態系を考えてほしいからです。そして、観覧通路には元飼育係のあべ弘士《ひろし》が描いた絵物語で、この生態系がたった100年ほどで狂いを生じてきた歴史を解説しています。

　肝心のオオカミですが、2011年になってようやく繁殖に成功してくれました。出産は、放飼場内の巣穴で行われ、父親が周囲を警戒する中、母親は安心して育児に専念することができました。今度は最初から両親が子育てに参加する様子を見ていただけました。

　子どもたちが成長して、外を走れるようになると、父親が中心となって、あいさつの仕方を教えます。オオカミの家族のあいさつは、お互いに口をなめ合うことです。

B

　次に、与えられた肉をみんなで食べられるように教えます。

　それができるようになると、今度はほかのグループとのdコウシンに必要な遠吠えを教えます。山のいちばん上に登って、父親が首を斜め上方へ伸ばし口を尖《とが》らせて、ウォ〜ン、ウォ〜ンと吠え続けるのですが、最初のころは、子どもたちはまったく声が出ず、父親の周りに集まって口をすぼめているだけです。父親は根気よく子どもたちを集めて山へ登り、遠吠えをやってみせます。何度も何度も繰り返すうちに、ようやく子どもの口が空へ伸び、声が出るようになってきます。そして、1か月くらいたつと、いっしょに同じ方向をむいてウォ〜ン、ウォ〜ンと親子そろって遠吠えができるようになるのです。

　オオカミの家族の教育は父親と母親で役割分担があるようで、群れの中での行動は父親がIもっぱら教えていました。

　お客さんは、初めて見る真のオオカミの姿に感動し、「オオカミって素敵《すてき》な動物だね」と話し合っています。［甲］、これが動物園の役割なのです。

C

「この*4ギャップはなんなのだろう」。私は、その理由を考えてみました。

　そもそも、オオカミを漢字で書くと「狼」、けものへんに良いと書きます。すなわち「良いけもの」という意味です。東洋人はオオカミを良い動物だと考えていたようです。村の近くにオオカミがいてくれれば、シカやイノシシを食べてくれ、サルもeヨウイに近づきません。オオカミのいない村では、シカやイノシシによる農作物の被害が多かったに違いありません。

　人はオオカミを神として敬い、豊作を願ったのではないでしょうか。現にオオカミは「大口《おおくち》ノ真神《まかみ》」という名で神社に祀《まつ》られています。もしかしたらオオカミは「大神」だったのかもしれません。

　また、アイヌの人々もオオカミを「ホロケウカムイ」と呼んで敬っていました。オオカミの遠吠えが聞こえると、アイヌの人々は急いで声の元へと駆けつけます。するとオオカミたちが大きなシカを仕留《しと》めて待ってくれています。アイヌの人々は、「オオカミは自分たちに食べ物を届けてくれる大切な神様だ」と考えていたようです。

D

ところが、西欧の文化ではオオカミは徹底《てってい》した悪魔として描かれています。あの大きく尖った耳、鋭い目付き、耳までさけた大きな口、いずれも悪魔のイメージそのものです。「②なぜ、西洋人はそこまでオオカミを憎んだのだろう」……。

その答えは、北海道でのエゾオオカミの絶滅が教えてくれます。産業革命が起きて、ヨーロッパの人びとの暮らしは激変します。毛《け》織物《おりもの》の増産によって羊毛の需要《じゅよう》が一気に高まり、人びとはシカとオオカミの棲《す》む森を伐採《ばっさい》してヒツジを飼い始めました。森が失われシカがいなくなると、食べ物を失ったオオカミは目の前にいるヒツジを襲い始め、ヒツジを守る人間とオオカミとの戦いが始まったのです。まさに北海道開拓のときと同じことが、ヨーロッパではもっと大規模に起きていたのだと思います。

被害を受けた人々はオオカミを憎み、『赤ずきんちゃん』『三匹の子豚』『オオカミと7匹の子ヤギ』などオオカミを悪者にした民話を語り、語りは絵本となって世界中に広がっていきました。日本には明治維新後の西洋化によって、たくさんの絵本が入ってきて、多くの子どもたちの手元に届けられました。

人びとのオオカミ観は、これら幼児期に与えられた絵本に描かれたオオカミによってつくられているのではないかと私は考えています。

③本当の動物を知ることなく、情報だけで動物観がつくられることは、動物に偏見《へんけん》を抱くことにつながり、人々の偏見が動物の絶滅をⅡ助長してしまう危険性を持っていることを知っていただきたいと思います。

（小菅正夫『動物が教えてくれた人生で大切なこと。』河出書房新社）より

※1 徒労に終わる…結果につながらず終わること。
※2 放飼場…生物を自然の状態で飼育する場所。
※3 借景…外にあるものを施設の一部に取り入れること。
※4 ギャップ…考え方の食いちがい。

問1 ══部a～eの漢字の読み方を答え、カタカナを漢字に直しなさい。

問2 〰〰部Ⅰ、Ⅱの語の意味を次の中からそれぞれ選び、記号で答えなさい。

Ⅰ「もっぱら」
ア いつでも　イ 全てをふくめて　ウ それを主とする　エ できるだけ

Ⅱ「助長してしまう」
ア 傾向をさらに強める　イ 引きのばす　ウ 広げていく　エ ほめたたえる

問3　この文章には次の一文が抜けています。この文を補うのにふさわしい場所を文中の**A**～**D**から一つ選び、記号で答えなさい。

> こんなにすばらしい生き方をするオオカミのイメージをたずねると、「恐ろしい」、「悪賢い」、「残忍だ」、「獰猛だ」などと、聞くに堪《た》えない言葉が返ってきます。

問4　――部①「日本人のオオカミに対する偏見」とはどのようなものですか。解答らんに合うように文中から九字でぬき出しなさい。

問5　文中の**甲**に入れるのにふさわしいことばを次の中から一つ選び、記号で答えなさい。

ア　動物を保護する　　イ　動物を尊敬させる　　ウ　動物を観察する　　エ　動物を学習させる

問6　――部②西洋人がオオカミを憎む理由を作者はどのように考えていますか。文中の語を用いて三十字以内で説明しなさい。

問7　――部③「本当の動物を知ることなく、情報だけで動物観がつくられる」ことの例にふさわしいものを次の中から一つ選び、記号で答えなさい。

ア　友達が飼っている猫と遊んでからは、他の人が飼う猫ともうまく遊べるようになった。
イ　動画サイト内の映像をくりかえし見ているうちにダチョウが賢くないと思うようになった。
ウ　飼育しているハムスターの食べる様子を見て、食べ物の好き嫌いが分かるようになった。
エ　帰り道でのら犬に追いかけられ、それ以降はどんな犬にも苦手意識を持つようになった。

問8　‐‐‐部「動物の教育といえば、オオカミのことを書かないわけにはいきません」と作者が主張するのはオオカミがどのような性質を持つからですか。この性質を説明した次の文の（X）、（Y）に当てはまる言葉を指定された字数で文中からぬき出しなさい。

> オオカミは（X・5字）で子育てをし、役割分担をして子どもに（Y・8字）を教えるという性質。

問9　この文章の内容としてふさわしいものを次の中から一つ選び、記号で答えなさい。

ア　オオカミが絶滅して生態系のバランスが崩れたので、人々はオオカミを神社に祀《まつ》ってよみがえることを願った。
イ　オオカミの父親が子どもに見せる厳しさは、オオカミが生態系のシステムを守る存在だと日本人に印象付けた。
ウ　何度もオオカミの人工妊娠の失敗が続いたため、旭山動物園はオオカミの展示を一時断念せざるをえなかった。
エ　日本のオオカミのイメージが今と昔で変わったのは、西洋化によって広まった絵本の与えた影響が大きかった。

6　数を次のような規則にしたがって並べました。

1, 2, 2, 3, 3, 3, 4, 4, 4, 4, 5, 5, ……

次の各問いに答えなさい。

(1)　前から数えて30番目の数はなにか求めなさい。

(2)　前から数えて30番目までの数の和を求めなさい。

(3)　数の和が初めて500以上になるのは前から何番目の数まで足したときか答えなさい。

5 次の問いに答えなさい。

(1) 太郎さんは自転車を運転して家から学校までを往復した。行きは分速 200 m，帰りは分速 300 m だった。家から学校までの距離が 1200 m のとき，行きと帰りそれぞれにかかった時間の比を求めなさい。ただし比は最も簡単な形にすること。

(2) 花子さんは自転車を運転して家から学校までを往復した。行きは分速 350 m，帰りは分速 250 m だった。花子さんは合計で 48 分かかった。このとき，家から学校までの距離を求めなさい。

4　１以上の整数をたして，２をつくる方法は，１＋１の１通り。３をつくる方法は，１＋１＋１，１＋２，２＋１（１＋２と２＋１は区別します。）の３通りあります。

(1)　１以上の整数をたして，４をつくる方法は，何通りありますか。

(2)　１以上の整数をたして，６をつくる方法は，何通りありますか。

点

問1
A
B
C
D
E

問2
a
b
c
d

問3

問4
食べきれないじゃない

問5
1
2

問6

問7

問8

問9

三

点

問1
①
②
③
④
⑤

問2
①
②
③
④
⑤

問3
①
②
③
④
⑤

問4
① A B
② A B
③ A B
④ A B
⑤ A B

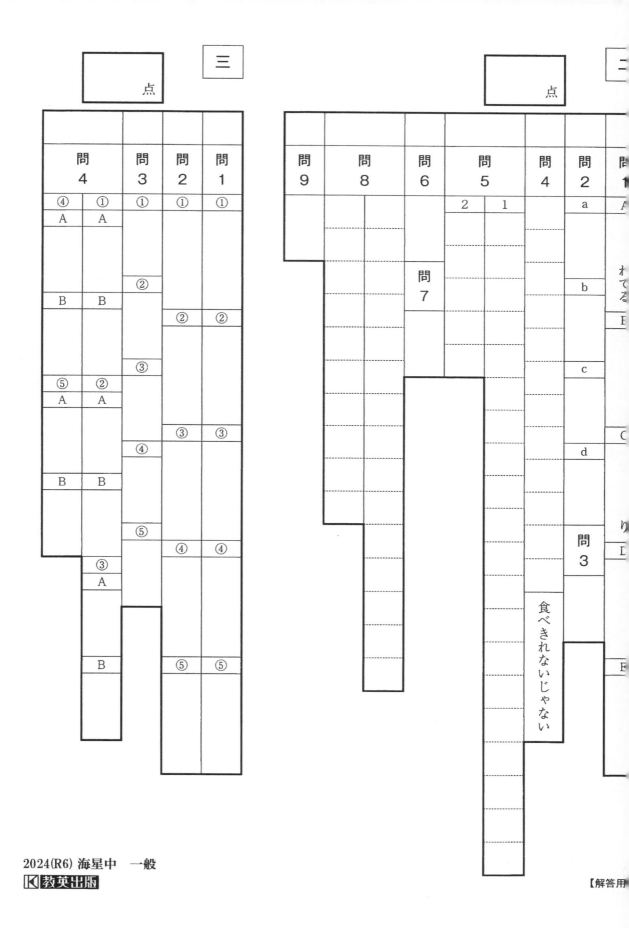

算 数

令和６年度　海星中学校　一般入学試験Ⅰ　解答用紙

小学校名		受験番号							氏名	

※100点満点
（配点非公表）　点

1

(1)	(i)	(ii)	(iii)
(2) 個		(3) 人	

点

2

(1)	(2)	(3)
(4) cm^2	(5) ml	

点

【解答用

3

(1) cm^3	(2) cm	(3) cm	点

4

(1) 通り	(2) 通り	点

5

(1) （行き）：（帰り）＝　　：	点
(2) m	

6

(1)	(2)	(3) 番目	点

2024(R6) 海星中　一般
K 教英出版

国語

令和六年度　海星中学校　一般入学試験Ⅰ　解答用紙

小学校名

受験番号

氏名

※100点満点
（配点非公表）　点

一

点

問1
a
いで
b
c
d
e

問2
Ⅰ
Ⅱ

問3

問4
オオカミは
だという偏見。

問5

問6

問7

問8
X
Y

問9

3　図１のような，たて 10 cm，よこ 20 cm，高さ 20 cm の水そうに，底面からの高さが９ cm のところまで水が入っています。水そうの厚みは考えないものとして，次の問いに答えなさい。ただし図１～図３の縮尺はちがうものとする。

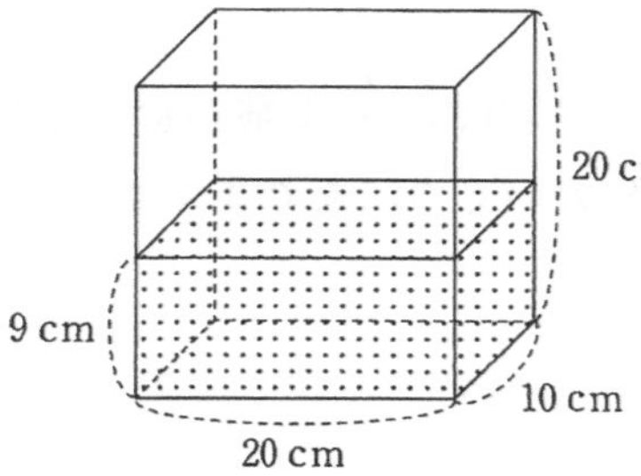

〈図１〉

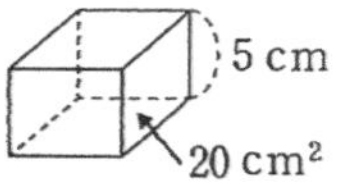

〈図2〉

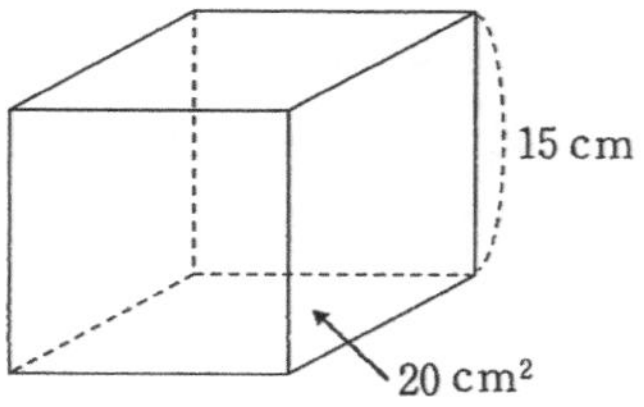

〈図3〉

(1)　この水そうの中に石を沈めたところ，水面は３ cm 上がりました。石の体積は何 cm^3 か答えなさい。

(2)　図２のような底面積が 20 cm^2，高さ５ cm の四角柱を図１の水そうの底面と四角柱の底面が完全に接するように置いたとき，水面の高さは底面から何 cm になるか答えなさい。

(3)　図３のような底面積が 20 cm^2，高さ 15 cm の四角柱を図１の水そうの底面と四角柱の底面が完全に接するように置いたとき，水面の高さは底面から何 cm になるか答えなさい。

2 次の各問いに答えなさい。

(1) 1に2を15回かけたときの一の位の数字を答えなさい。

(2) 1本のロールケーキを買い，その $\frac{1}{6}$ を妹が食べ，残りの $\frac{2}{5}$ を姉が食べると，残ったロールケーキは，もとのロールケーキの何分のいくつになりますか。分数で答えなさい。

(3) 次の5つの図形のうち点対称の図形をすべて選べ。

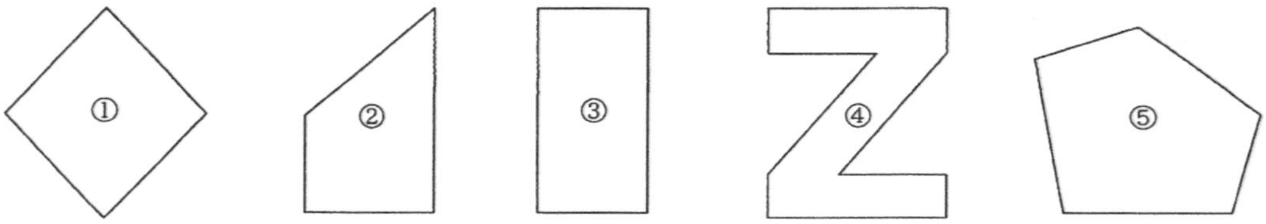

(4) 次の図形の斜線の部分の面積を求めなさい。すべての円の半径は5 cmとし，黒い点は円の中心とします。ただし円周率は3.14とします。

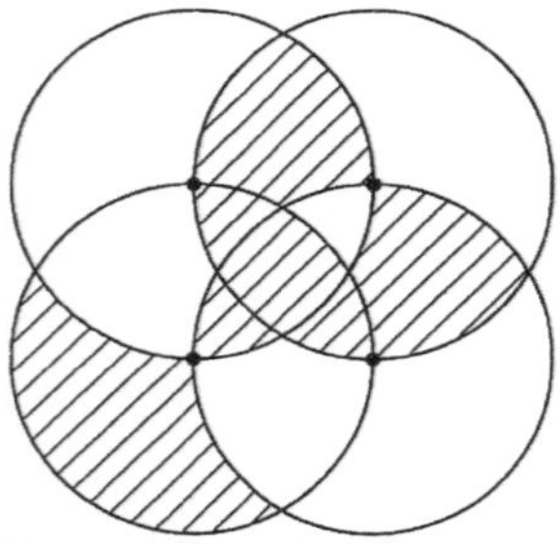

(5) 佐藤さんの家ではフレンチドレッシングを作るために酢とサラダ油を1：3の割合で混ぜます。サラダ油を450 ml使うとき，フレンチドレッシングは何ml作れるか答えなさい。

1 次の各問いに答えなさい。

(1) 次の計算をしなさい。

(i) 2024 − 1892

(ii) 2 + (10 − 7) × 3

(iii) $\frac{1}{5} + \frac{3}{4} - \frac{11}{20}$

(2) 1 ～ 500 までの整数のうち，9 でも 12 でも割り切れる整数は全部で何個ありますか。

(3) 200 人の 2 割の人数は何人か答えなさい。

令和６年度　海星中学校　一般入学試験Ⅰ

算　数

実施《じっし》時間 50 分　　100 点満点

受験上の注意

1．試験開始の合図があるまで、この問題冊子《さっし》の中を見てはいけません。
2．解答は、この冊子にはさんである解答用紙に記入してください。
3．試験終了後、問題冊子、解答用紙はすべて回収します。
4．質問や体調不良など、何か問題がおこったときは手をあげて、監督《かんとく》の先生の指示に従《したが》ってください。
5．コンパス・定規《じょうぎ》は必要ありません。
6．答えが分数となる場合はそれ以上約分できない形にしなさい。

小学校名		受験番号	氏名
	小学校		

海星中学校

二

次の文章を読んで、後の問いに答えなさい。

お詫び

著作権上の都合により、文章は掲載しておりません。

ご不便をおかけし、誠に申し訳ございません。

教英出版

お詫び

著作権上の都合により、文章は掲載しておりません。

ご不便をおかけし、誠に申し訳ございません。

教英出版

（湯本香樹実『夏の庭―The Friends』新潮文庫より）

問1 ＝＝部A～Eのカタカナは漢字に直し、漢字は読みをひらがなで答えなさい。

問2 文中の［a］～［d］に入る言葉としてふさわしいものを次の中からそれぞれ一つ選び、記号で答えなさい。

ア ずんずん　イ ぴっ　ウ すこん　エ さっさっ

問3 ――部①「河辺がぼくの頭を叩いた」とありますが、河辺はなぜぼくの頭を叩いたのですか。理由としてふさわしいものを次の中から一つ選び、記号で答えなさい。

ア 「ぼく」が河辺の頭を叩いたので、そのお返しをして対等にするため。
イ 自分が叩かれているのに、「ぼく」が笑っていたのに腹が立ったから。
ウ 自分と同じように仲間である「ぼく」も叩かれるのがいいと思ったから。
エ 山下を叩くと仕返しがひどいが、「ぼく」なら何もされないと思ったから。

問4 ——部②「食べきれないじゃない」の前には、言葉が省略されています。どのような言葉が省略されていますか。本文中の表現を用いて、十字前後で答えなさい。

問5 ——部③「山下は河辺に言うと、～縁側に置いた」とありますが、この時の「山下」の気持ちを説明した次の説明文の空らんに入る言葉を補いなさい。ただし（ 1 ）は本文中から二十字以内でぬき出し、（ 2 ）は本文中の表現を用いて、五字以内で答えなさい。

（ 1 ）だから、（ 2 ）ことで、すいかをきれいに切っておいしく食べたい。

問6 ——部④「おじいさんは～山下は、にこっとした」とありますが、この時の「おじいさん」と「山下」の気持ちとしてふさわしいものを次の中から一つ選び、記号で答えなさい。

ア 「おじいさん」は「山下」が思ったより早く戻ったことに驚き、「山下」は「おじいさん」を驚かせたことに満足している。
イ 「おじいさん」は「山下」が何を持ってきたか理解して驚き、「山下」は「おじいさん」が理解してくれたことを喜んでいる。
ウ 「おじいさん」は「山下」が何を持ってきたか分からなかったので、「山下」はみんなを驚かせてやろうと思っている。
エ 「おじいさん」は「山下」が包丁を持って帰ったことに安心し、「山下」はこれから自まんしてやろうと考えている。

問7 ——部⑤「なんだそんなこと、と言わんばかりだ」の説明としてふさわしいものを次の中から一つ選び、記号で答えなさい。

ア 思い出したくないことを思い出して不ゆかいになった様子。
イ 自分がそんなことをするはずがないと自信を持っている様子。
ウ それくらいのことは当たり前だと気にもとめていない様子。
エ このタイミングでそんなことを聞かれたことにとまどっている様子。

問8 本文中に「おじいさん」がふだんは一人で暮らしていることが分かる一文があります。その文を二十五字以内でぬき出しなさい。

問9 ——部⑥「ひんやりした台所から見る庭は、夏の陽にあふれて、四角く切りとられた光の箱のようだった」の説明としてふさわしいものを次の中から一つ選び、記号で答えなさい。

ア 「おじいさん」と三人の子どもたちがこれから直面する事件をほのめかす不吉なもの。
イ 三人の子どもたちのこれからの光かがやく未来を暗示するような希望に満ちたもの。
ウ 「おじいさん」と三人の子どもたちの心が通じている様子を連想させる明るいもの。
エ 「おじいさん」が生きる希望を取りもどしていく姿を示した力強さを感じさせるもの。

三　次の各問いに答えなさい。

問1　次の①～⑤の語の**対義語**（反対の意味を持つ語　例：高値―安値）を漢字で答えなさい。

①　直接　②　前進　③　勝利　④　被害　⑤　自然

問2　次の①～⑤の――部には漢字の間違いがあります。それぞれ正しい熟語に直しなさい。（例：決論→結論）

①　成巧を繰り返して自信がついた。

②　事故の原困に目を向ける。

③　パーティーの紹待状を受け取った。

④　高いレベルの枝術に圧倒された。

⑤　危険を覚吾して足を踏み入れた。

問3　次の①～⑤のことわざと同じような意味を持つ四字熟語を後のア～オの中からそれぞれ選び、記号で答えなさい。

①　備えあれば憂《うれ》いなし

②　身から出た錆《さび》

③　幽霊《ゆうれい》の正体見たり枯れ尾花《おばな》

④　のれんに腕《うで》押し

⑤　目は口ほどにものを言う

ア　以心伝心《いしんでんしん》　イ　疑心暗鬼《ぎしんあんき》　ウ　自業自得《じごうじとく》　エ　馬耳東風《ばじとうふう》　オ　用意周到《よういしゅうとう》

問4　次の①～⑤のA・Bそれぞれの――部のカタカナを漢字で書きなさい。

①　A　席をアける。　B　ドアをアける。

②　A　目をサます。　B　お湯をサます。

③　A　宿にトまる。　B　時計がトまる。

④　A　ミスに気がツく。　B　駅にツく。

⑤　A　時期がハヤい。　B　足がハヤい。

令和５年度　海星中学校　奨学生入学試験Ⅰ

総合学力試験

実施《じっし》時間 60 分　　130 点満点

受験上の注意

1．試験開始の合図があるまで、この問題冊子《さっし》の中を見てはいけません。
2．解答はこの冊子に、はさんである解答用紙に記入してください。
3．コンパス・定規は必要ありません。
4．試験終了後、問題冊子、解答用紙はすべて回収します。
5．質問や体調不良などで、何か問題がおこったときは手をあげて、監督《かんとく》の先生の指示に従《したが》ってください。

小学校名　　　　小学校

受験番号

氏名

海星中学校

1　一郎さんのグループでは、長崎の観光について調べ学習をしています。

一郎さんたちは、長崎県の観光客数について調べ、**資料１**と**資料２**を見ながら話をしています。

一　郎「観光のために長崎県を訪《おとず》れている人の数を調べて、**資料１**と**資料２**にまとめてみたよ。」

花　子「主な観光客は日本人だけど、外国人の観光客もたくさんいるんだね。」

一　郎「上位７か国のうち６か国を占《し》めるのは、［　①　］からの観光客なんだよ。」

花　子「長崎県には文化遺産や観光名所もたくさんあるし、ハウステンボスなどのレジャー施設《しせつ》も充実しているから、日本に近い国からの観光客も多いんだね。」

次　郎「でも、増加傾向《けいこう》にあった観光客数が、2020年に急激に減少しているんだ。なぜだろう。」

花　子「2020年の急激な減少は、［　②　］が主な原因だろうね。」

先　生「そうだね。**資料２**から見ても分かるように、世界的にも問題になっているよね。」

次　郎「よく見ると、2019年や2016年、2011年も減っているよ。」

先　生「2019年は日本と韓国との関係が悪化して、韓国からの観光客数が減少したんだ。2016年は熊本地震《じしん》が、2011年には東日本大震災《しんさい》が起きているんだよ。」

花　子「観光客の数は国と国の関係や、他県の自然災害の影響《えいきょう》も受けるんだね。」

一　郎「観光名所やレジャー施設が充実してても、世の中の情勢によって観光客数は変化するんだね。」

資料1：長崎県を訪れる観光客数

年度	観光客延べ数（人）	前年度比
2020 年	19,007,812	-45.2 %
2019 年	34,711,335	-2.3 %
2018 年	35,502,250	1.1 %
2017 年	35,120,787	4.2 %
2016 年	32,226,769	-2.7 %
2015 年	33,284,100	2.7 %
2014 年	32,412,482	4.8 %
2013 年	31,163,405	5.5 %
2012 年	29,666,311	4.3 %
2011 年	28,198,126	-3.7 %
2010 年	29,100,913	2.7 %

資料2：長崎県を訪れる外国人の延べ宿泊客数（3年間上位10か国）

順	国　名	3年間合計	2020年	2019年	2018年
1	韓国	840,976	16,815	305,745	518,416
2	台湾	228,913	10,470	103,052	115,391
3	中国	180,188	11,305	90,263	78,620
4	アメリカ	154,065	41,595	51,954	60,516
5	香港	106,406	8,462	64,625	33,319
6	タイ	25,560	1,074	14,103	10,383
7	シンガポール	21,430	942	9,875	10,613
8	オーストラリア	17,379	979	9,434	6,966
9	ドイツ	17,133	758	7,931	8,444
10	イギリス	15,487	1,053	8,660	5,774
11	フランス	12,136	757	5,925	5,454
12	カナダ	9,756	465	3,885	5,406

長崎県HP：長崎県観光統計データより

問題１　［　①　］に当てはまる地域名を答えなさい。

問題２　［　②　］にはどのような言葉が入るでしょう。

問題３　花子さんは、観光客の数は「自然災害の影響も受ける」と言っています。なぜ、観光客の数は自然災害によって影響を受けるのでしょうか。あなたの考えを書きなさい。

2　たけしさんと、ひかりさんは、長崎県の人口の変化について調べています。

たけし「僕は、過去10年間の長崎県の人口の※推移《すいい》を示したグラフ（**資料１**）を用意したよ。」
ひかり「私は、過去５年間の長崎県内の市・郡別人口の推移を表（**資料２**）にしてみたよ。」
たけし「なるほど。市や郡に分けて地域別に見るのも大事だね。」
ひかり「そうなの。市や郡の人口の変化を調べてみると、いろんなことが分かってきたよ。」
たけし「この２つの資料から読み取れることを考えてみよう。」
ひかり「ここから読み取れることとして［　ア　］ということがあげられるね。」

※推移…移り変わり

資料１　長崎県の人口の推移　　※Hは平成、Rは令和を示している

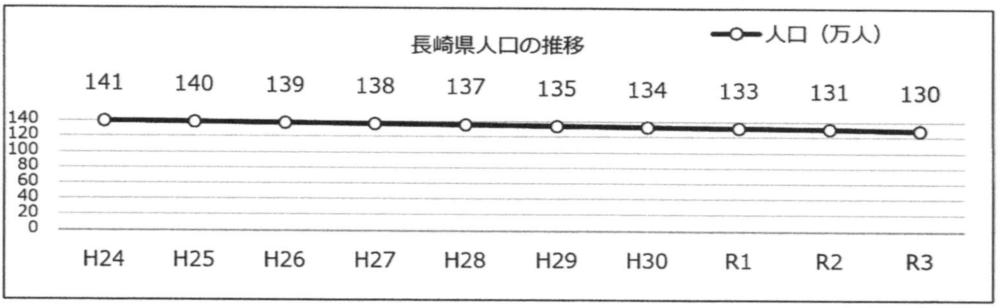

資料２　長崎県の市・郡別人口の推移（単位：人）

	H29	H30	R1	R2	R3
長崎市	421,612	416,419	411,421	409,118	403,950
佐世保市	251,703	249,628	246,950	243,223	239,960
島原市	44,578	43,903	43,553	43,338	42,597
諫早市	136,430	135,285	134,503	133,852	132,997
大村市	93,834	94,460	95,062	95,397	95,939
平戸市	30,787	30,242	29,577	29,365	28,822
松浦市	22,601	22,272	21,856	21,271	20,841
対馬市	30,345	29,913	29,337	28,502	27,849
壱岐市	26,268	25,841	25,506	24,948	24,478
五島市	36,020	35,429	34,960	34,391	33,729
西海市	27,802	27,291	26,777	26,275	25,671
雲仙市	43,011	42,472	41,728	41,096	40,629
南島原市	44,793	43,852	43,006	42,330	41,381
東彼杵郡	72,256	71,630	71,005	70,119	69,635
西彼杵郡	36,531	36,226	35,814	35,389	35,016

長崎県HP「長崎県異動人口調査」より

問題１　［　ア　］に入る文として、__正しいものには○を、正しくないものには×を__記入しなさい。

A）長崎県内で最も人口が多いのは長崎市であり、毎年、県全体の約３割以上を占めている
B）過去５年間で、人口が増加した市・郡はない
C）過去５年間を通じて、最も人口が少ない市・郡は松浦市である
D）長崎県内で、人口の減少割合が一番多いのは長崎市である

ひかり「次は長崎県の人口が減っている原因について考えてみよう。何かいい資料はないかな。」

たけし「昭和60年と令和３年の長崎県全体の年齢別の人口を示したグラフ（**資料３**）を見つけたよ。」

ひかり「昭和60年は1985年だから令和３年は［　イ　］年後ということだね。グラフの形がずいぶん違うね。」

先　生「これは人口ピラミッドといわれるグラフだよ。年代の違う２つのグラフを比べてみると、いろんなことが分かるよ。」

たけし「昭和60年に比べると令和３年は［　ウ　］。」

先　生「いいところに気が付いたね。それは“少子高齢化”といわれる日本全体で問題となっている現象のことだよ。」

ひかり「ニュースで日本は少子高齢化が進んでいると聞いたけど、長崎も例外ではないんですね。」

たけし「そういえば、おばあちゃんが子どものころ通っていた小学校がなくなったって残念がっていました。」

ひかり「お父さんの卒業アルバムを見た時に、クラスがたくさんあって、クラスの人数も多かったのにはおどろきました。でも、その同級生の多くは長崎にはいないって言っていました。」

資料３　昭和60年、令和３年の年齢別人口

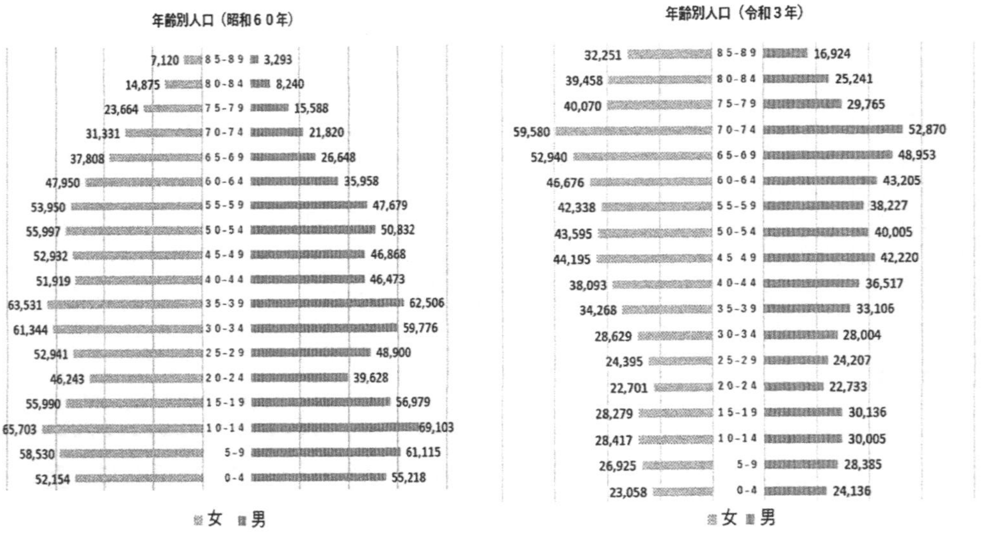

長崎県HP　「長崎県移動人口調査　年齢別市町別推計人口」（昭和６０年、令和３年）より

問題２　［　イ　］に当てはまる数字を答えなさい。

問題３　［　ウ　］にはどのような表現が入るでしょうか。**資料３**を参考にしながら、２つのグラフから分かることを書きなさい。

ひかりさんの発言を聞いて先生が新しい資料を持ってきました。

先　生　「君たちは長崎県の人口減少の原因について調べているんだよね。それなら、こんな資料（**資料４**）があるけれど、どうかな。」

たけし　「１年間でこんなにたくさんの人が、長崎県から出ていくんですね。」

ひかり　「年代別にみると、20～29歳の年齢層が、一番多く県外に転出しているんですね。」

たけし　「僕のお姉ちゃんは、県外の大学に通っています。」

ひかり　「いとこのお兄ちゃんは、大学を卒業したら県外で就職するって話していました。どうして若い人たちは県外に出て行ってしまうんでしょうか。」

先　生　「長崎県の人口流出は全国的にも上位にあがるほど深刻な問題なんだよ。若い人が県内からいなくなると、活気もなくなるし、ますます人口減少を加速させてしまうんだ。ひかりさんが言った“就職”も重要なポイントになるだろうね。」

たけし　「若い人たちが県外に流出しないためには、どのような対策が必要かを考えなければいけませんね。」

ひかり　「これから社会に出ていく私たちが向き合うべき問題とも言えますね。」

先　生　「そうだね。長崎の未来を担《にな》う君たちの視点で考えることはとても大切なことだよ。そうやって考えていくことが、人口流出を防ぐことにもつながっていくんじゃないかな。」

ひかり　「はい、私たちが大人になったときに、元気のある長崎県になってほしいです。」

資料４（単位：人）

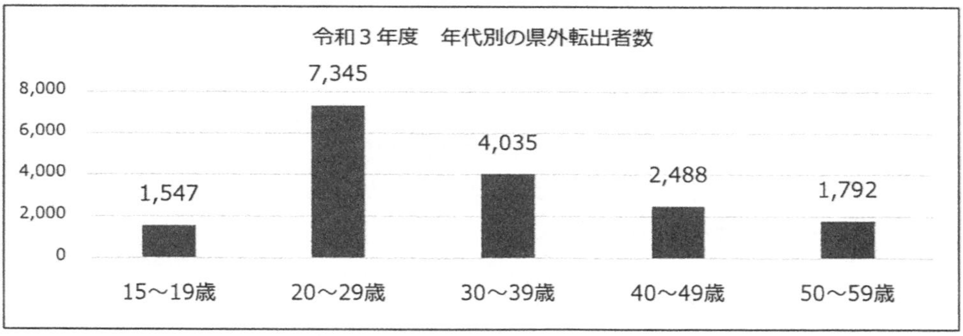

長崎県 HP「長崎県異動人口調査」（令和３年）より

問題４　下線部の問いについて、あなたはどのように考えますか。ここまでの内容をふまえて、どのような対策が必要か、具体的に書きなさい。

3　次の会話は、福岡旅行を計画している４人家族（父親、母親、れいな《中学生》、りま《小学生》）が、長崎～福岡間の交通手段を調べたメモをもとに、話している様子です。

～メモ～

○長崎新幹線

片道 5,520 円（自由席）・6,050 円（指定席）　※小学生は半額

○高速バス

片道 2,900 円　・往復 4,800 円　※片道・往復ともに小学生は半額

○自家用車（高速道路）

片道　普通車 ETC 料金＋ガソリン代　5,990 円

りま　「今度の福岡旅行は、新しく開通した長崎新幹線に乗ってみたいな。」
れいな「そうね。乗り継ぎはあるけど、１時間 20 分で福岡に着くみたいだよ。」
父親　「それは速いね。長崎と福岡の間は約 144km だから、平均速度は時速［　①　］km だね。」
れいな「平均速度で考えると、そんなに速くは感じないね。」
りま　「新幹線で行くなら、家族４人で座れる指定席を取ろう。」
母親　「でも、家族全員の料金を考えると、新幹線と高速バスでは往復で［　②　］円の差があるわよ。」
りま　「それなら、高速バスの方がいいのかな。」
れいな「でもね、調べてみたら、高速バスは２時間 10 分かかるみたい。」
りま　「新幹線に比べたら［　③　］分も遅くなるね。」
れいな「やっぱり時間も大事だよね。早く着けばその分、福岡で遊ぶ時間も増えるし。」
りま　「わが家の車で行くのはどう？片道 5,990 円だよ。」
母親　「でも、旅行に行く１か月後は、ガソリン代が 20%、高速料金も 10% 値上がりするから、合計が 6,754 円になるのよ。」
れいな「ということは…、値上がり前のガソリン代は［　④　］円だったんだ。」
母親　「４人で行くなら、車で行くのが安くてすむわね。」
父親　「せっかくの家族旅行だし、お父さんだけ運転して疲れるのはいやだな。」
りま　「私も新しい新幹線に乗って、できるだけ長い時間、福岡で遊びたいよ。」
れいな「将来的には、福岡～長崎間が全線フル規格になると、平均速度は時速 172.8km にもなるんだって。」
父親　「ということは［　⑤　］分で到着するんだね。お父さんも新しい新幹線に興味があるな。」
母親　「そうね、せっかくの家族旅行だし、今回は新しい新幹線に乗って行きましょうか。」
りま　「ありがとう。お母さん。」

問題１　会話文に合うように、空らん①～⑤に入る数字を答えなさい。

問題2		
問題3	cm	
		点

5

問題1											
問題2											
問題3											
問題4	②					③					
問題5											

点

6

問題1	
問題2	
問題3	
問題4	
問題5	
問題6	→ →

点

作文

令和五年度　海星中学校　奨学生入学試験Ⅰ　解答用紙

小学校名

受験番号

氏名

200

100

※70点満点
（評価基準非公表）点

中学の部で、試合に負けたあと、ベンチから見ての意見をキャプテンに求められた。だから、言った。攻撃《こうげき》と守備《しゅび》の切り換《か》えがもうちょっと早ければ、とかそんなようなことを。つまり、ありきたりなことを。

すると、同学年のフォワードに、舌打ち交じりに言われた。③レギュラーじゃねえやつは黙《だま》ってりゃいいのにな。そして、《 2 》。④レギュラーじゃないやつは黙ってろよ、ならまだよかった。はっきりと自分に言われたんだから、言い返すこともできる。謝ることもできる。でもそれさえ許されなかった。べしゃんと上から踏《ふ》みつぶされた感じだった。

今のキングのこれは、それともまたちがう。キングは、どちらかといえばぼく側なのだ。そのキングに言われた。衝撃《しょうげき》は大きい。

キングはアイスコーヒーを飲み、さらに小さくなった氷をシャリシャリと噛《か》み砕《くだ》いた。《 3 》が音に出る。

「悪いけど、おれ、お前みたいなの、いやなんだよ。レギュラーになれねえのに、仲間ヅラして部にいたりすんのは」

ダメ押しの言葉だ。あ、マズい、と思ったときにはもう、矢が胸にグサリと刺《さ》さってた。あぁ、マズいマズい、と思いながらも、ぼくは自分の胸に刺さったその矢を見てる。見下ろしてる。

レギュラーになれない。それはいい。事実だから。

仲間ヅラ、が効いた。

仲間ヅラ、しちゃってたのかな。部にBイバショを見つけられたなんて、錯覚《さっかく》だったのかな。同学年にも後輩《こうはい》にも、実は笑われてたのかな。人の心がわかる人。人を思いやれる人。そんなことを二歳も下の女子に言われて舞い上がった、ただのバカ。※1似た境遇《きょうぐう》の郷太とうまく話せたからといって、こうしてキングにまで会いに来た、C史上空前のバカ。それがぼくなのかな。

キングに会って、いったいどうするつもりだったんだろう。自分ならキングを励《はげ》ますことができるとでも考えてたんだろうか。

そう。考えてたのだ。三年で唯一《ゆいいつ》レギュラーじゃないぼくだからこそ、キングを励ますことができると。唯一その資格があると。それはちがった。むしろ逆だ。ぼくは、今のキングに一番近づいちゃいけない人間だったのだ。

ごめんとキングに謝るつもりで口を開く。

でも。

「ふざけんなよ。お前、マジでふざけんなよ」

その口から、意とはまったく別の言葉が出た。

大きな声じゃない。早口でもない。妙《みょう》に落ちついてる。気持ちがしんとしてる。不意に風が止んだみたいに。

キングが驚いてぼくを見る。D気配でそれがわかる。ぼくはガラスの大窓の外、見たところで楽しくも何ともない駅の通路を見てる。

口はなおも動く。

「いつも⑤特等席で試合を観られて楽しいと思ってるとでも、思ってんのかよ。走りまわらないから疲れなくていいと思ってるとでも、思ってんのかよ。だからレギュラーにはならなくていいと思ってるとでも、思ってんのかよ」

そこまで言って、やっと口を閉じた。閉じたら閉じたで、今度は開かなくなる。

キングと二人、並んで窓の外を見る。

通路を何人かが通った。スーツ姿のサラリーマンらしき人も通った。買物帰りらしきおばちゃんも通った。女子高生も通った。西高の制服を着てるから、高校生とわかる。Eシセンを感じたのか、彼女がチラッとこちらを見る。自分が西高を受け、受かってたら、あの彼女とクラスメイトになってた、なんてこともあるのかな、と思う。そしたらぼくは、サッカー部に入ってなかったのかな。※2自分がレギュラーだなんてうそをつくこともなかったのかな。

「ちがうんだ」とキングが言う。「本気で言ったわけじゃない。大地がどうこうじゃないんだ。おれは大地みたいにやれないってことを言いたかっただけで。悪い。ここ何日か、やっぱ、こう、イラついちゃってさ」

本気で言ったわけじゃない。そうなんだと思う。でもそれは、本気でぼくを痛めつけようとしたわけじゃない、という意味だ。⑥本音ではあるのだと思う。

小野寺史宜『ホケツ！』（祥伝社文庫）より

※1「似た境遇の郷太」＝郷太は一時期、サッカー部の中でうまくいっていない時期があった。

※2「自分がレギュラーだなんてうそをつく」＝「ぼく（大地）」は、自分を育ててくれているおばさんに、レギュラーだとうそをついている。

問1 ═部A～Eのカタカナは漢字に直し、漢字は読みをひらがなで答えなさい。

問2《1》～《3》に入る言葉として最も適当なものを次の中からそれぞれ一つ選び、記号で答えなさい。

《1》（ア 買いたたかれてる　イ 買いかぶられてる　ウ 歓心《かんしん》を買われてる　エ 失笑を買ってる ）

《2》（ア ねじこまれた　イ そっぽを向かれた　ウ 背中を押された　エ かたをたたかれた ）

《3》（ア 失望　イ 焦《あせ》り　ウ 苛立《いらだ》ち　エ 苦しみ ）

問3 文中の□に入る言葉を、本文中から一語でぬき出しなさい。

問4 ━部①「結果として五十嵐の見る目が正しかった」と『キング』が判断したのはなぜですか。その理由を、本文中の表現を用いて十八字以内で説明しなさい。

問5 ━部②「やっぱ無理だわ。」とはどういうことですか。解答らんに合わせて、三十字以内で説明しなさい。

問6 ━部③「レギュラーじゃねえやつは黙ってりゃいいのにな。」と④「レギュラーじゃないやつは黙ってろよ」には、どういうちがいがありますか。その説明として最も適当なものを次の中から一つ選び、記号で答えなさい。

ア ③は思わず口に出てしまったので、相手を責めることはできないが、④なら意識的な言葉なので対応できる。

イ ③では思いがけず言われ、何も言えなかったが、④なら言われるまでの準備ができるので対応できる。

ウ ③は直接自分に向けられていない形をとっているが、④なら相手が自分を責めている言い方なので対応できる。

エ ③は周りに同意を求める言い方になっているが、④なら一対一の関係なので圧力を感じず対応できる。

問7 ━部⑤「特等席」とはどこのことですか。本文中から五字以内でぬき出しなさい。

問8 ━部⑥「本音」とはどういうことですか。本文中の表現を用いて、三十字以内で説明しなさい。

問9 本文の説明として最も適当なものを次の中から一つ選び、記号で答えなさい。

ア 「ぼく」はキングに部にもどるよう説得した。しかし、今までおさえてきた不満をおさえきれなくなりキングに怒《いか》りをぶつけた。

イ 「ぼく」はキングに謝ろうとしたが、意に反して面と向かって怒りをぶつけた。そこで、キングはあわてて「ぼく」に謝った。

ウ キングは思いがけない「ぼく」の言葉を聞き、その怒りを理解した。そのため、自分の言葉を反省し「ぼく」に謝罪した。

エ キングは「ぼく」に強く自分の行動を反省するよう求められた。その真意に気づきはじめて「ぼく」の言葉を受け入れた。

三　次の各問いに答えなさい。

問1　次のことわざの意味が正しければ○を記入し、正しくなければ後の語群から適当な意味を選び、記号で答えなさい。

①　えびでたいをつる　　意味　人に知られないところで努力をする。
②　かえるの面《つら》に水　　意味　どんな仕打ちにも少しも動じないこと。
③　清水の舞台《ぶたい》から飛び降りる　　意味　うまくいくかはわからないことでも、思い切って決断を下す。
④　二階から目薬　　意味　どんなことでも続けていれば身につく。

ア　思うようにならなくてもどかしい。
イ　少しの元手や努力で、大きな利益を得る。
ウ　物事を知らない人ほど危険なことをしてしまう。
エ　何かの名人であっても、油断すると時には失敗する。

問2　次の①～④について後の問いに答えなさい。

①　異ク同音　　②油ダン大敵　　③ハ顔一笑　　④自キュウ自足

i　①～④のカタカナを漢字に直しなさい。
ii　①～④の意味として最も適当なものをそれぞれ次の中から一つ選び、記号で答えなさい。

ア　多くの人が同じことを言うこと。
イ　表情がやわらいで、にっこりと笑うこと。
ウ　気持ちが通じ合い、親しくなること。
エ　だれからもよく思われたいと思っていること。
オ　注意をおこたれば、思わぬ失敗を招くこと。
カ　自分に必要なものを、自分自身で作ること。

問3　次の各文の敬語の使い方は適切ですか、それとも、改める必要がありますか。正しいものをそれぞれ記号で答えなさい。

①（お父さんの言葉を先生に伝える時）

父が、明日の午後、学校へうかがうとおっしゃいました。

ア　「うかがう」を改める。　　イ　「おっしゃいました」を改める。　　ウ　改める必要はない。

②（先生の言葉をお父さんに伝える時）

お父さん、先生が「明日は職員室でお待ちしています。」とおっしゃっていたよ。

ア　「お待ちしています」を改める。　　イ　「おっしゃっていた」を改める。　　ウ　改める必要はない。

問4　次の各文から、誤っている漢字を一字ぬき出し、正しい漢字に改めなさい。

①　今日、先週行われた試験の成積が発表になった。

②　その店で売られている製品の中では、最も底価格だ。

③　彼は専問分野については細かい知識が豊富だ。

④　手紙を出したが、住所不名で返送されてしまった。

⑤　合宿はきびしかったが、精心的にも体力的にも成長できた。

令和５年度　海星中学校　奨学生入学試験Ⅱ

算　数

実施《じっし》時間 50 分　　100 点満点

受験上の注意

１．試験開始の合図があるまで、この問題冊子《さっし》の中を見てはいけません。
２．解答はこの冊子に、はさんである解答用紙に記入してください。
３．コンパス・定規《じょうぎ》は必要ありません。
４．試験終了後、問題冊子、解答用紙はすべて回収します。
５．質問や体調不良などで、何か問題がおこったときは手をあげて、監督《かんとく》の先生の指示に従《したが》ってください。

小学校名　　　　　小学校　　受験番号　　　　氏名

海星中学校

1 次の問いに答えなさい。

(1) 次の計算をしなさい。

(i) $2010 - 22 \times 23 + 409$

(ii) $11 \times \frac{3}{4} - 0.25 - 2 \div 0.5$

(iii) $\frac{5}{9} \div \frac{3}{4} \times \frac{8}{9}$

(2) 144と48の最大公約数を答えなさい。

(3) 自転車で30mの道のりを8秒で走りました。このとき，自転車の速さは時速何kmか答えなさい。

(4) 3：7の比になっているものを下の①～④の中からすべて選び，番号で答えなさい。

① 9：14　　② 33：77　　③ 0.7：0.3　　④ $\frac{1}{4}$：$\frac{7}{12}$

2　次の問いに答えなさい。

(1)　下の数式の□に入る数字を答えなさい。

$$100 - \left\{100 - (100 - \square) \times \frac{1}{2}\right\} \times \frac{1}{3} = 80$$

(2)　4％の食塩水 200g に 9％の食塩水 300g をまぜると何％の食塩水ができるか答えなさい。

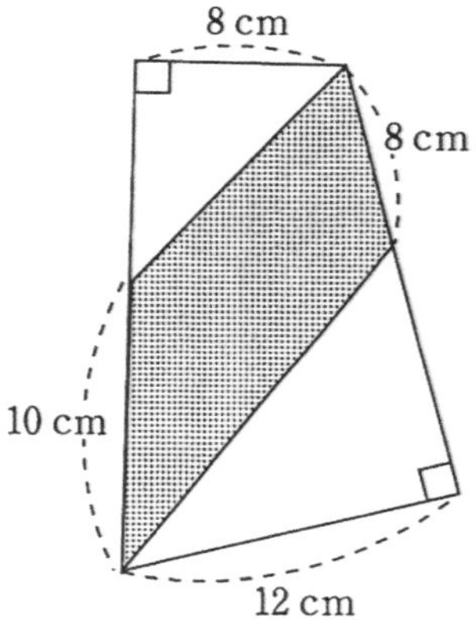

(3)　右の図において，影《かげ》をつけた部分の面積を答えなさい。

(4)　半径が 2cm の円の円周を 8 等分し，点を結んでできた下図の図形があります。このとき，影をつけた部分の面積を答えなさい。ただし，円周率は 3.14 とします。

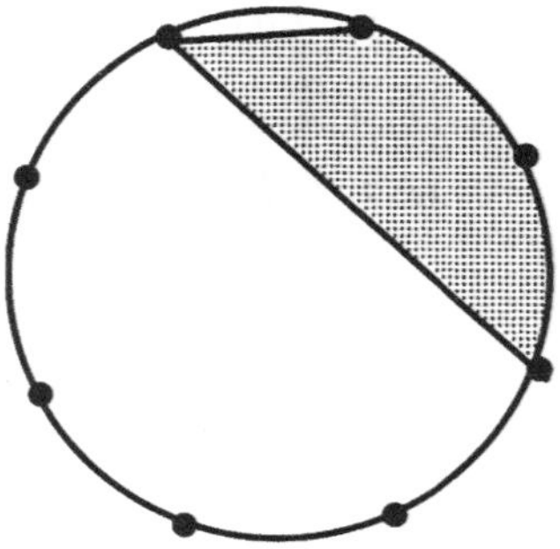

(5)　ある学年の男子と女子合わせて 80 人に同じ算数のテストを行った結果，全体の平均は 75 点でした。男子の平均は 73 点で，女子の平均は 78 点でした。女子は何人いるか答えなさい。

3　図１のような直方体の水そうがあり，水が 12cm の高さまで入っています。水そうの厚みは考えないものとして，次の問いに答えなさい。

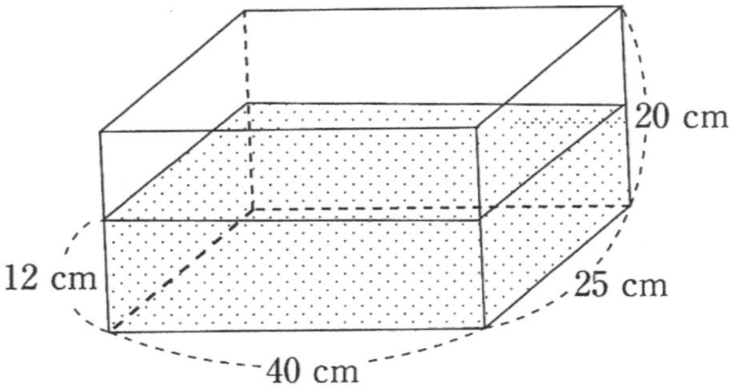

図１

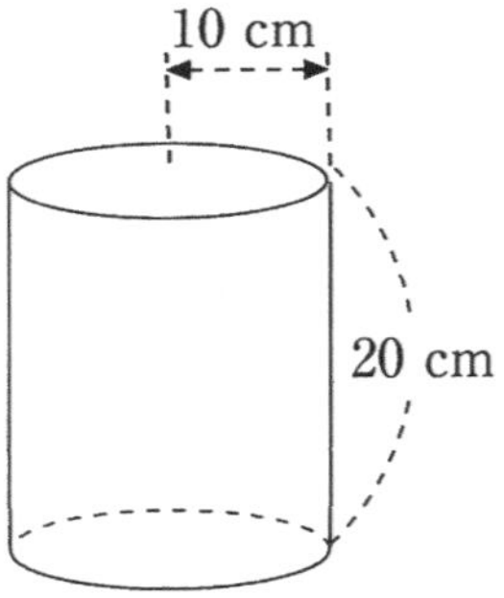

図２

(1)　水そうに入っている水の体積を求めなさい。

(2)　図２のような半径 10cm，高さ 20cm の円柱を図１の水そうの底面と円柱の底面が完全に接するように置いたとき，水面より上にある円柱の高さは何 cm になるか小数第３位を四捨五入して答えなさい。ただし，円周率は 3.14 とする。

令和５年度　海星中学校　奨学生入学試験Ⅱ

理　科

実施《じっし》時間 30 分　　50 点満点

受験上の注意

1．試験開始の合図があるまで、この問題冊子《さっし》の中を見てはいけません。
2．解答はこの冊子に、はさんである解答用紙に記入してください。
3．試験終了後、問題冊子、解答用紙はすべて回収します。
4．質問や体調不良などで、何か問題がおこったときは手をあげて、監督《かんとく》の先生の指示に従《したが》ってください。

小学校名　　　　小学校　　受験番号　　　　氏名

海星中学校

1　次のⅠ、Ⅱの問いについて答えよ。

Ⅰ　大人のAさん、Bさん、子供のC君、D君が協力してシーソーを製作し、それを使って遊んだ。次の図と会話文はそのときの様子を表したものである。この会話文を読み、あとの問いに答えよ。ただし、丸太はまっすぐで重さのかたよりがないものとする。

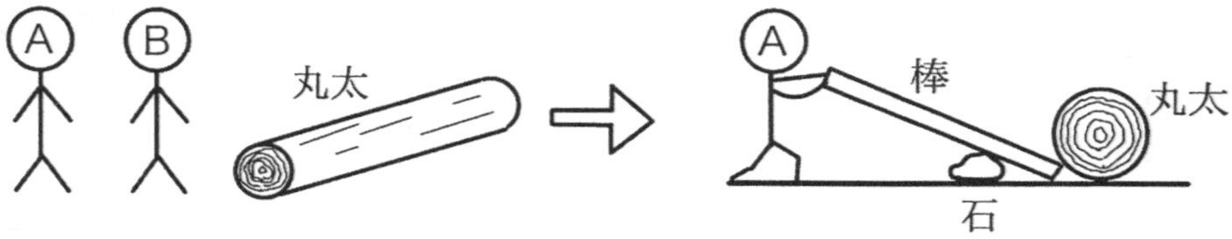

上図の会話文

A「まずはシーソーになる丸太を移動させよう。」

B「この丸太は重たくて動かせないね。[1]の原理を使って動かそう。」

A「じゃあ、この棒と石を使おう。[2]を支点にして丸太を転がそう。」

B「これなら小さな力で運べるね。[3]すると、より小さな力で運べるよ。」

A「そうだね。ありがとう。」

問1　[1]に入る言葉を答えよ。

問2　[2]に入る言葉として正しいものを下のア～エから選び、記号で答えよ。

ア　棒と丸太がふれるところ
イ　棒と石がふれるところ
ウ　石と地面がふれるところ
エ　Aさんと棒がふれるところ

問3　[3]に入る言葉として正しいものを下のア～ウから選び、記号で答えよ。

ア　石の位置をAさんに近づくように移動
イ　石の位置を丸太に近づくように移動
ウ　Aさんが棒をおす位置を石に近づくように移動

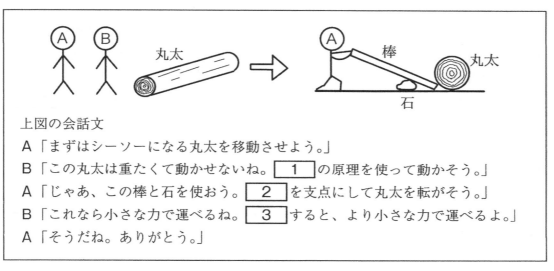

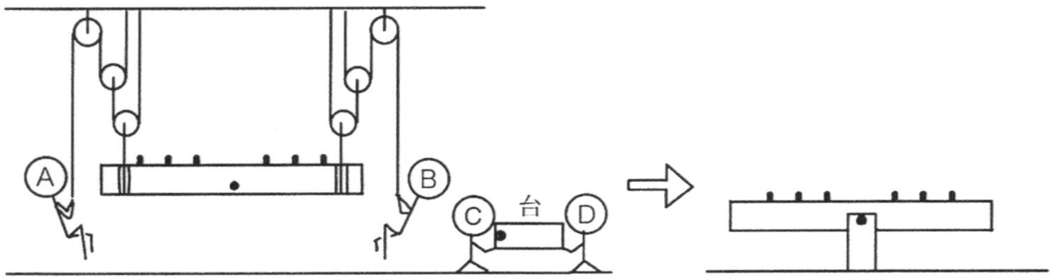

上図の会話文

A「よし、丸太に取っ手もつけたし、あとは持ち上げて台の上にとりつけよう。C君、D君、私とBさんで滑車《かっしゃ》を使って丸太を持ち上げるから、丸太の中心に台を持ってきてくれるかな。」

B「私とAさんは２人とも体重が60kgだから滑車をこれだけ使うと①この丸太を持ち上げることができるぞ。C君、D君、よろしくね。」

C「わかった。気をつけてね。」

⋮

A「完成だ。さぁ遊ぼう。」

問４　下線部①について、この丸太は何kgか。

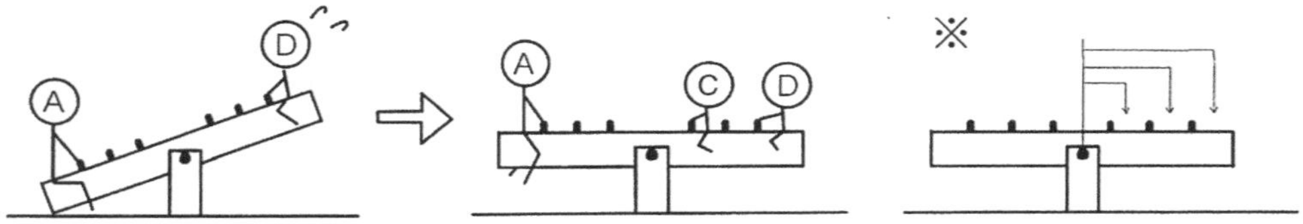

上図の会話文

A「さぁ、D君いっしょに乗ってみよう。」

D「Aさんの方が重いから丸太がかたむいたままでおもしろくないよ。」

A「そうだね。シーソーは左右がつり合っていないとうまく遊べないもんね。」

C「D君、②ぼくとD君は同じ体重だからここに乗ればつり合うよ。」

（※にあるように、丸太の中心からそれぞれの乗る場所までは等かんかくであるものとする。）

問５　下線部②について、C君とD君の２人を合わせた体重は何kgになるか。

Ⅱ　電球を流れる電流について調べる実験を行った。下の手順や結果をもとにあとの問いに答えよ。

【実験】

図１のように電池と豆電球、スイッチＳ１～Ｓ４を使い回路Ａ、Ｂをつくった。その後以下の手順で回路Ｂのスイッチの切りかえを行い、回路Ａの豆電球の明るさと比かくした。なお、実験で用いる豆電球と電池はすべて同じ種類のものを使っており、スイッチは最初すべて開いているものとする。

図１

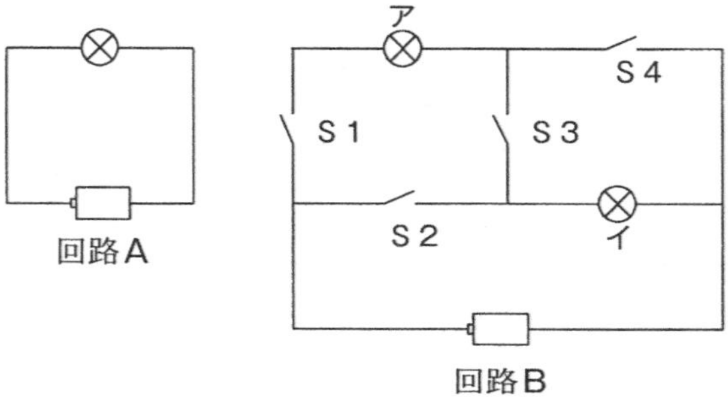

【手順①】　スイッチＳ１とＳ３を閉じて豆電球の明るさを比かくした。

【手順②】　スイッチＳ１とＳ２とＳ３を閉じて豆電球の明るさを比かくした。

【手順③】　スイッチＳ１とＳ２とＳ４を閉じて豆電球の明るさを比かくした。

【手順④】　手順①～③について、回路Ｂの豆電球イの明るさが回路Ａの豆電球と比べてどうかを表に記入した。

【結　果】

	豆電球ア	豆電球イ
手順①		回路Ａより暗い
手順②		回路Ａと同じ
手順③		回路Ａと同じ

問６　手順①～③の結果について、豆電球アの明るさはそれぞれどうだったか。正しいものを下のア～エからそれぞれ１つ選び、記号で答えよ。ただし、同じ記号を２度使ってもよいものとする。

ア　回路Ａより明るい　　イ　回路Ａと同じ

ウ　回路Ａより暗い　　エ　つかない

問７　この実験はスイッチＳ２とＳ３とＳ４を閉じて行うと危険である。それはなぜか。簡単に答えよ。

2 次の文章を読んで、あとの問いに答えよ。

物質が水100gにとける最大量(g)を溶解度《ようかいど》という。溶解度は温度によって変化することが知られている。物質をA、B、Cを水にとかす実験Ⅰ～Ⅲを行った。下の表は物質A～Cの、各温度における溶解度を表わしている。

水100gにとける量(g)

水の温度(℃)	20	40	60
物質A	35	60	85
物質B	12	24	48
物質C	32	62	110

【実験Ⅰ】　物質Aを、20℃の水が入ったビーカーにとけるだけとかし、水溶液《すいようえき》の重さを測ると270gだった。

問1　物質Aは20℃の水150gに最大何gとけるか。

問2　この実験Ⅰでつくった水溶液中に物質Aは何gとけているか。

【実験Ⅱ】　物質Bを、40℃の水が入ったビーカーにとかして、質量パーセント濃度《のうど》12.5%の水溶液を400gつくった。

問3　この水溶液中に物質Bは何gとけているか。

問4　この水溶液には物質Bをあと最大何gとかすことができるか。ただし、作業時の温度変化はないものとする。

令和５年度　海星中学校　奨学生入学試験Ⅱ

社　会

実施《じっし》時間 30 分　　50 点満点

受験上の注意

1．試験開始の合図があるまで、この問題冊子《さっし》の中を見てはいけません。
2．解答はこの冊子に、はさんである解答用紙に記入してください。
3．試験終了後、問題冊子、解答用紙はすべて回収します。
4．質問や体調不良などで、何か問題がおこったときは手をあげて、監督《かんとく》の先生の指示に従《したが》ってください。

小学校名　　　　　小学校

受験番号

氏名

海星中学校

1　次の文は、日本の各都市の感想を述べた文である。これを読んで、あとの問いに答えなさい。

ゆうき「僕は今年の夏、テニスの大会で那覇、札幌、高松に行きました。普段、生活する長崎とは気候や文化が違うと感じました。」

ともみ「日本は北緯20度～46度の間に位置する①南北に長い島国なので、北と南では同じ季節でも気候が異なり、様々な文化がありますね。実際にどのような違いを感じましたか？」

ゆうき「（　X　）は梅雨がなく晴天に恵まれて快適にすごすことができました。（　Y　）では、エイサーと呼ばれる踊りを鑑賞《かんしょう》し、（　Z　）では名物の讃岐《さぬき》うどんを食べました。」

ともみ「楽しそうな思い出ばかりですね。事前に調べて行きましたか？」

ゆうき「はい。各地の気候や名産品を②インターネットで調べていたので、充実《じゅうじつ》した遠征《えんせい》になりました。」

ともみ「それは良かったですね。トラブルはありませんでしたか？」

ゆうき「那覇から長崎に帰る時の飛行機が③台風の影響で欠航《けっこう》したので、一日遅れの帰宅となりました。」

ともみ「それはたいへんでしたね。」

ゆうき「いろいろな都市を訪問することで、長崎の良さを知ることもできました。これからは④長崎のことも深く調べたいと思っています。」

ともみ「それは良いことですね。来年もいろいろな都市に行けるように勉強もテニスも頑張ってくださいね。」

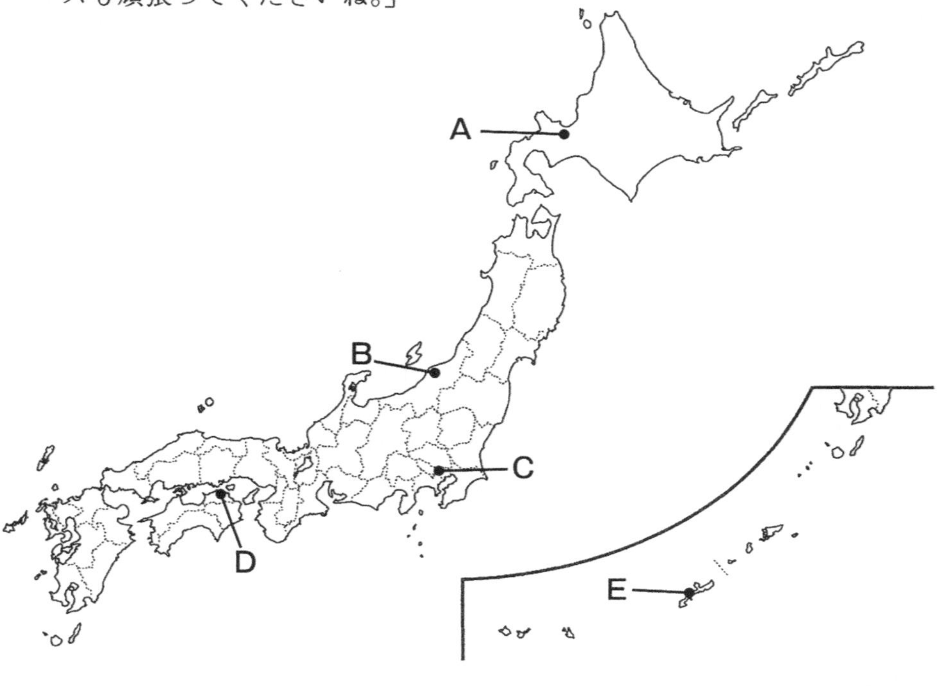

問1．那覇、札幌、高松に当てはまる場所を前ページの地図のＡ～Ｅからそれぞれ選び、記号で答えなさい。

問2．会話文の（X）～（Z）には那覇、札幌、高松のいずれかが当てはまる。その組み合わせとして正しいものを次のア～カから１つ選び、記号で答えなさい。

ア．（X）那覇　（Y）札幌　（Z）高松　　イ．（X）那覇　（Y）高松　（Z）札幌

ウ．（X）札幌　（Y）那覇　（Z）高松　　エ．（X）札幌　（Y）高松　（Z）那覇

オ．（X）高松　（Y）札幌　（Z）那覇　　カ．（X）高松　（Y）那覇　（Z）札幌

問3．下のア～オの雨温図は、地図中のＡ～Ｅのいずれかのものである。

地図中のＢの都市にあてはまる雨温図を次のア～オから１つ選び、記号で答えなさい。

ア

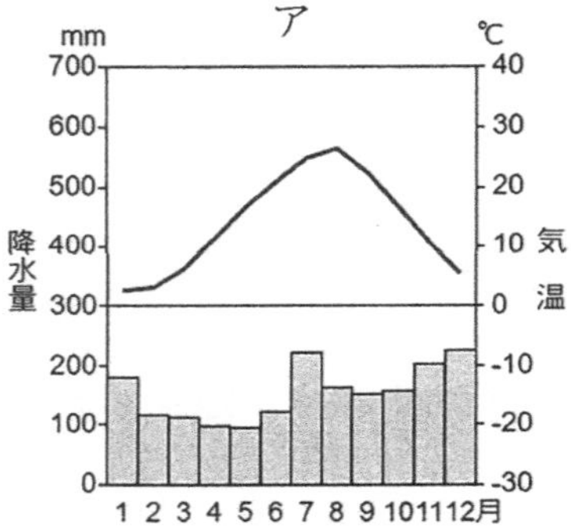

年平均気温:13.9℃　年降水量:1846.1mm

イ

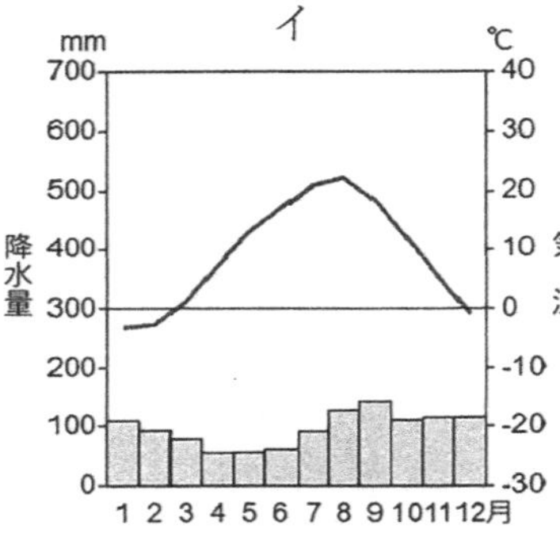

年平均気温:9.2℃　年降水量:1146.3mm

ウ

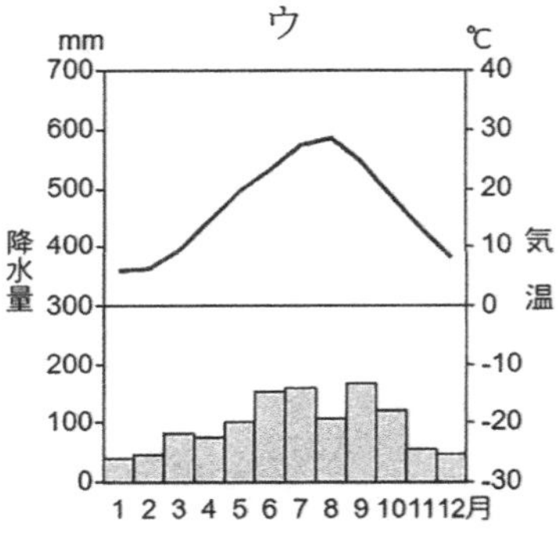

年平均気温 16.7℃　年降水量:1150.2mm

エ

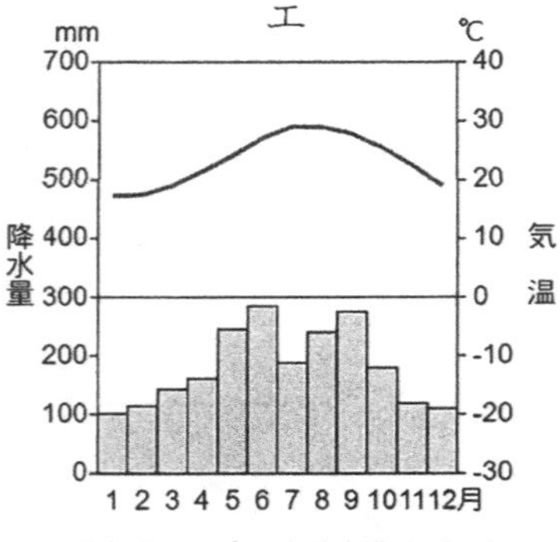

年平均気温:23.3℃　年降水量:2161.2mm

オ

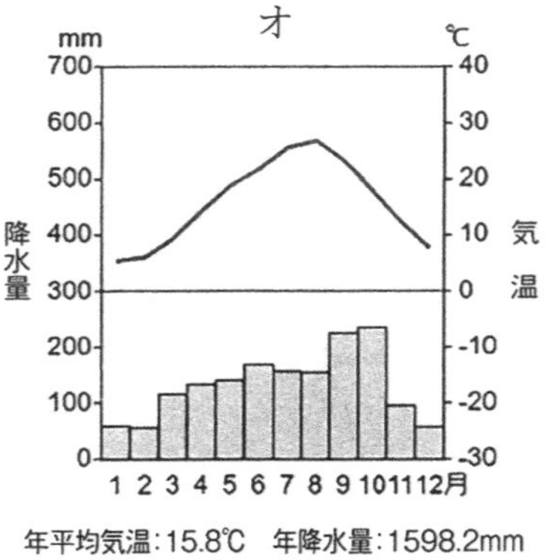

年平均気温:15.8℃　年降水量:1598.2mm

問4．下線部①について、北緯20度25分にある日本最南端の島を何というか答えなさい。

問5．下線部②のインターネットについて、インターネットは使い方が正しければ、人間にとって有益なツールとなるが、間違った使い方をすると自分や他人を傷つけてしまうことがある。**誤った使い方**の例を次のア～エから**2つ選び**、記号で答えなさい。

ア．人前で意見を言うことが得意ではないが、SNSでは活発に意見を言うことができる。SNSでの意見交換がきっかけになり、クラスの中に親友ができた。

イ．無料でできる子ども向けの知育サイトもたくさんあり、華やかな画面でキャラクターと一緒に遊ぶような感覚で学習することができ、ストレスなく成長できた。

ウ．友達と一緒に海に遊びに行った思い出として、SNSに友達の許可なく写真を掲載した。

エ．中学生の私はインターネットにとても詳しく、親が設定した携帯電話のフィルタリング機能を解除できた。今では何でも無制限に検索《けんさく》できるので便利だ。

問6．下線部③の台風について、沖縄や九州、四国地方は台風の被害が多い地域で、さまざまな対策をとってきた。そのうち、沖縄の台風対策として**誤っているもの**を次のア～ウから1つ選び、記号で答えなさい。

ア．今の沖縄の家は、コンクリートづくりで、屋根を平らにしている。屋上には水不足に備えて貯水《ちょすい》タンクがある。

イ．さとうきびは日差しに強く、気温や湿度の高い気候にあうだけでなく、台風にも強いので、「沖縄の宝」とよんで今でも大切に栽培している。

ウ．沖縄の家では断熱材がたくさん使用され、玄関《げんかん》フードがあったり、二重まどを使うなど室内の温度をにがさない工夫や、屋根の角度を急にしている。

問7．下線部④について、ゆうき君はさっそく長崎の漁業について調べた。長崎漁港では、さば類やあじ類、ぶり類の水揚《みずあ》げ量が多く、これらの魚は10トン以上の船を使い、数日がかりで行われるまきあみ漁法などでとっていることがわかった。このような漁業を何というか、次のア～エから1つ選び、記号で答えなさい。

ア．沖合漁業　　イ．遠洋漁業　　ウ．養殖業　　エ．沿岸漁業

2 次の世界地図Ａ～Ｅの国名を答えなさい。また、各国の説明文を下のア～オから１つずつ選び、記号で答えなさい。

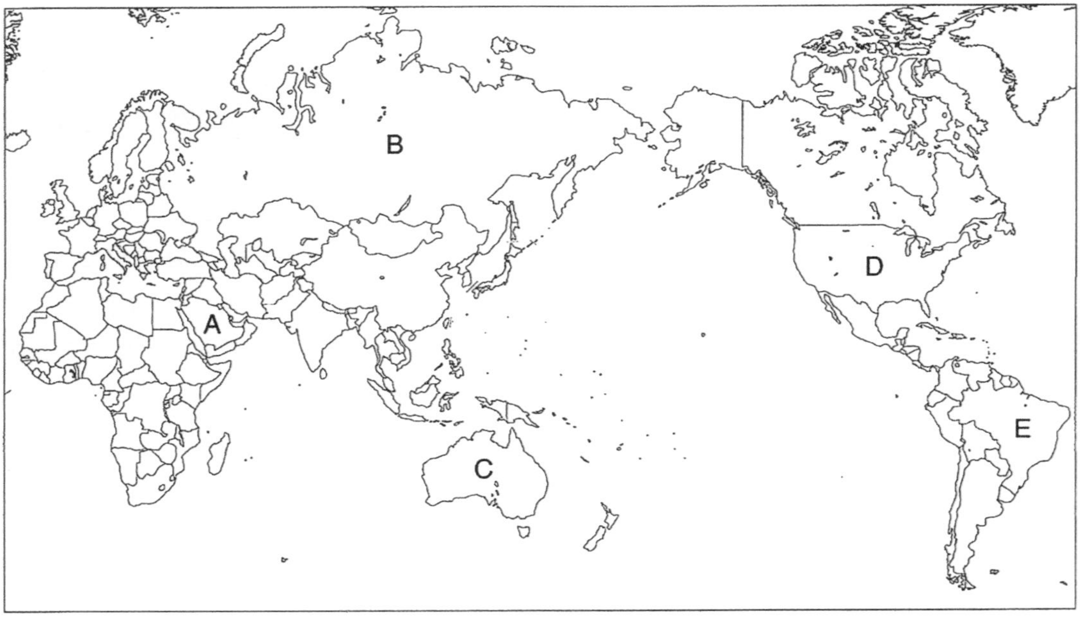

ア．日本への主な輸出品は木材、日本からの主な輸入品は自動車となっている。国後島などの北方四島は日本の領土だが、不《ふ》法占拠《ほうせんきょ》を続けている。

イ．国土の大部分は砂漠で乾燥している。地下資源の石油が豊富で、日本は隣国のアラブ首長国連邦とこの国から多くの石油を輸入している。

ウ．日本の約 20 倍の国土を持つ。日本へは鉄鉱石、石炭、天然ガスなどが輸出されている。

エ．日本のほぼ真裏に位置し、コーヒーの産地として知られる。日本へは多くの鉄鋼石が輸出されている。

オ．この国の国旗には、州の数と同じ 50 の星が描かれている。日本からは自動車、精密機械、鉄鋼などが多く輸出されている。

国語

令和五年度　海星中学校　奨学生入学試験Ⅱ　解答用紙

小学校名	
受験番号	
氏名	

※100点満点
（配点非公表）

点

一

点

問1
A
B
C
D
E
び

問2
1
2
3

問3

問4
この「生態系」は、

問5

問6
i
ii

問7

問8

3	(1) cm^3	(2) cm	点

4	(1) 時間	(2) 時間	点

5	(1)	(2)	点

6	(1)	(2)	(3) 番目	点

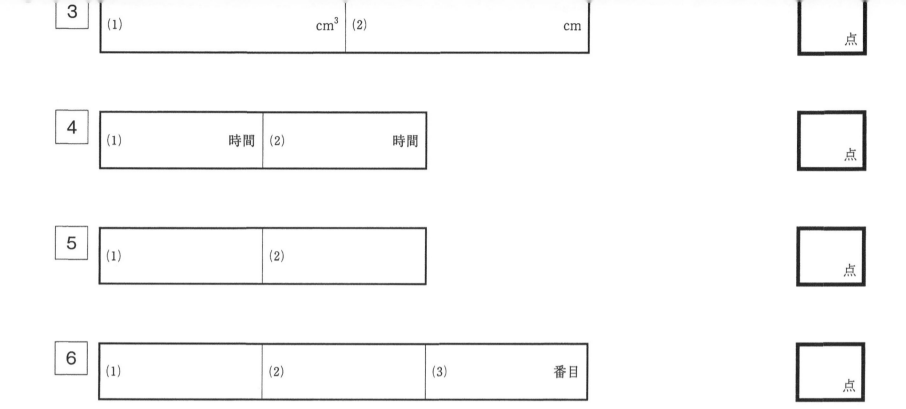

3

問7										

点

3

問1	A→	→H	名称

問2		問3	(1)	問3	(2)	問4	
問5	1	問5	2				

点

4

Ⅰ	問1		問2		問3	
	問4		問5			
Ⅱ	問6		問7		問8	①役わり
	問8	①名前	問8	②川が		いる。

点

名					
説明文					

点

3

問 1		問 2		問 3		問 4	

問 5		問 6		問 7	ア		イ	

問 8		問 9		問10	

	〔Ⅰ〕			〔Ⅱ〕		2番目	5番目
問11					問12		

点

社 会

令和5年度　海星中学校　奨学生入学試験Ⅱ　解答用紙

小学校名		受験番号							氏名	

※50点満点
（配点非公表）　点

1

	那覇	札幌	高松				
問 1				問 2		問 3	

問 4		問 5			問 6		問 7	

点

理 科

令和５年度　海星中学校　奨学生入学試験Ⅱ　解答用紙

小学校名		受験番号							氏名	

※50点満点 （配点非公表）　点

1

Ⅰ	問１		問２		問３		問４	kg	
	問５	kg							
Ⅱ	問６	①	②	③	問７				点

2

問１	g	問２	g	問３	g	問４	g

【解答

算 数

令和5年度　海星中学校　奨学生入学試験Ⅱ　解答用紙

小学校名		受験番号							氏名	

※100点満点
（配点非公表）　点

1

(1)(i)	(ii)	(iii)	(2)
(3)　時速　　　km	(4)		

点

2

(1)	(2)　　　%	
(3)　　　cm^2	(4)　　　cm^2	(5)　　　人

点

【解答】

二

点

- 問1 A　B　C　D　E
- 問2 1　2　3
- 問3
- 問4
- 問5 ということ。
- 問6
- 問7
- 問8
- 問9

三

点

- 問1 ①　②　③　④
- 問2 i ①　②　③　④
- 問2 ii ①　②　③　④
- 問3 ①　②
- 問4 ① 誤 正　② 誤 正　③ 誤 正　④ 誤 正　⑤ 誤 正

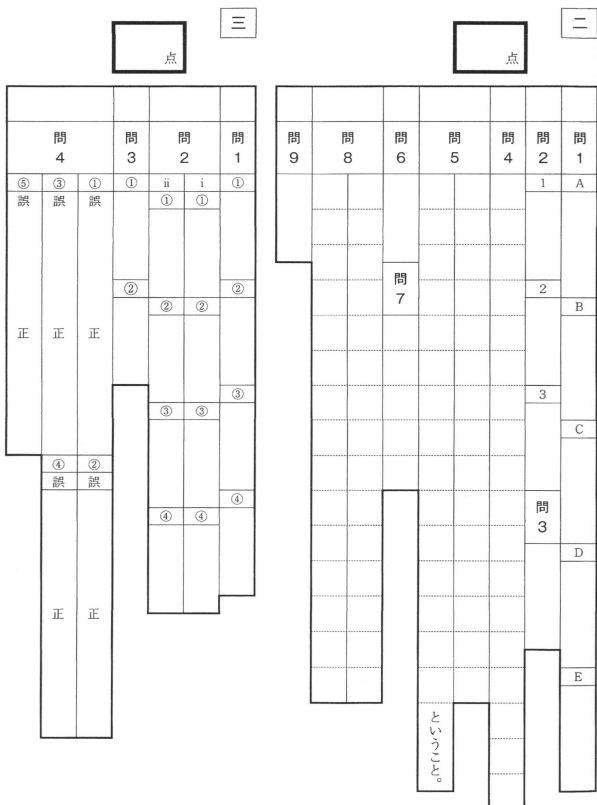

3　小学生のノゾミさん、トシヤさん、カズキさんは社会の歴史の授業で調べ学習をした時のメモを作成した。これを読んで、あとの問いに答えなさい。

A	米づくりが発達したことで①人々の生活が大きく変化した。食べ物を安定して手に入れることができるようになったことで、人口も増加した。当時の生活を知ることのできる遺跡に②吉野ヶ里遺跡がある。
B	もとは三河国《みかわのくに》（愛知県）の小さな大名の子であった③徳川家康によって幕府が開かれた。この時代には④武士の支配が強化された。約260年もの間、争いごとのない平和な世の中であった。
C	古墳という巨大なお墓が作られるようになる。中でも大阪府の［ 1 ］という古墳は、日本最大の大きさを誇《ほこ》り、仁徳天皇の墓とされる。 ⑤当時は大王を中心とした「大和（ヤマト）朝廷」による政治が行われていた。
D	源頼朝が将軍として幕府を開いた。⑥この当時は将軍が領土の保証や新しい領土を与え、それに対して武士（御家人）たちは幕府のために役目を果たすという関係性が成り立っていた。
E	ヨーロッパの国々に負けない国をつくるために、⑦様々な改革が行われた。当時の政府は工業をさかんにし、強い軍隊をもつ「富国強兵」に特に力を入れていた。その背景にはヨーロッパの国々やアメリカと結んだ⑧不平等条約の改正を目指す動きがあった。
F	都が京都に移され、有力な貴族が権力をにぎるようになった。中でもむすめを天皇のきさきとして力を持ち、「世の中すべてが自分の思い通りのようだ」という意味の歌をよんだ［ 2 ］が大きな力をふるった。この時代には朝廷を中心とした⑨美しくはなやかな日本風の文化が誕生した。

問1．下線部①について、この時代の説明文として正しいものを次のア～エから1つ選び、記号で答えなさい。

ア．当時、聖徳太子という人物によって冠位十二階という制度がつくられた。

イ．当時、はにわという土でできた人形が多く作られた。

ウ．当時、稲の穂首《ほくび》を刈り取るための石包丁が使われた。

エ．当時、国を治めるための律令という法律がつくられた。

問2．下線部②について、この遺跡がある場所として正しいものを下の地図中のア～エから１つ選び、記号で答えなさい。

問3．下線部③について、ノゾミさんたちはこの人物についての説明文を考えた。

３人の説明文を読み、正しい内容のものを次のア～クから１つ選び、記号で答えなさい。

ノゾミさん：この人物は本能寺で家来の明智光秀に襲《おそ》われました。

トシヤさん：この人物は関ケ原の戦いに勝利し、全国支配を確かなものにしました。

カズキさん：この人物は朝廷から征夷大将軍に任じられました。

ア．ノゾミさん　　イ．トシヤさん　　ウ．カズキさん

エ．ノゾミさんとトシヤさん　　オ．トシヤさんとカズキさん

カ．ノゾミさんとカズキさん　　キ．全員正しい　　ク．全員誤っている

問4．下線部④に関連して、徳川家康の孫である徳川家光は武家諸法度を改め、１年ごとに領地と江戸を往来することを武士に命じた。この制度を何というか漢字で答えなさい。

問5．空欄《くうらん》 1 にあてはまる古墳の名前を答えなさい。

問6．下線部⑤に関連して、ノゾミさんは当時の支配の状況《じょうきょう》を知るために、以下の資料を用意した。この資料について述べた次の文章Ｘ・Ｙの正誤の組み合わせを次のア～エから１つ選び、記号で答えなさい。

資料　古墳から出土した鉄剣と鉄刀

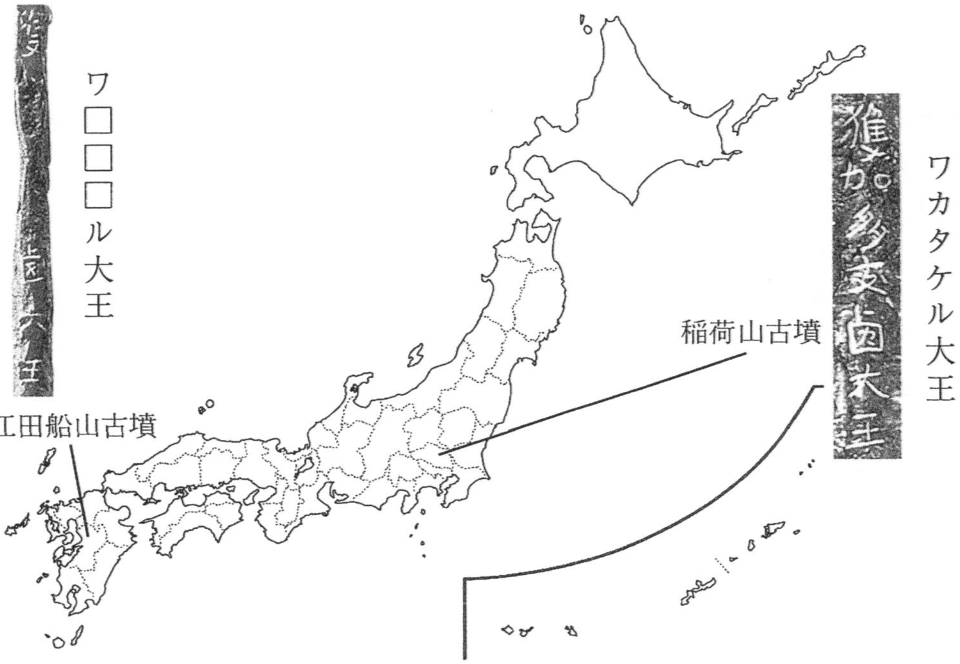

Ｘ：この鉄剣・鉄刀の発掘《はっくつ》の状況から、大和（ヤマト）朝廷の支配が関東地方や九州地方に及んでいたことがわかる。

Ｙ：鉄剣・鉄刀に漢字が使われていることから、中国の影響《えいきょう》がうかがえる。

ア．Ｘ－正しい　Ｙ－正しい　　　イ．Ｘ－正しい　Ｙ－誤り

ウ．Ｘ－誤り　　Ｙ－正しい　　　エ．Ｘ－誤り　　Ｙ－誤り

問7．下線部⑥について、トシヤさんはメモにある将軍と武士の関係性を図にあらわした。空欄ア・イに当てはまる言葉をそれぞれ答えなさい。

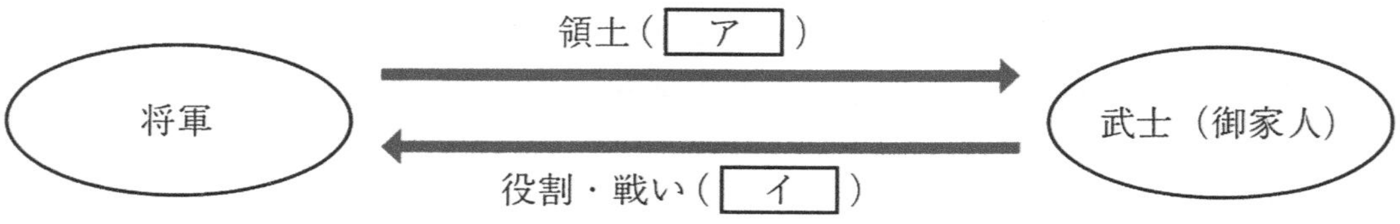

「 ア と イ 」

問8．下線部⑦について、当時の政府による改革を古い順に並べたときに正しいものを次のア～カから１つ選び、記号で答えなさい。

Ａ．憲法の作成に力を入れ、大日本帝国憲法が発布された。

Ｂ．新しい政府の政治の方針である五か条の御誓文が発表された。

Ｃ．藩を廃止《はいし》し、県や府を各地に置く廃藩置県が行われた。

ア．Ａ→Ｂ→Ｃ　　イ．Ａ→Ｃ→Ｂ　　ウ．Ｂ→Ａ→Ｃ

エ．Ｂ→Ｃ→Ａ　　オ．Ｃ→Ａ→Ｂ　　カ．Ｃ→Ｂ→Ａ

問9．下線部⑧について、以下の文章はカズキさんが不平等条約についてまとめたものである。文章中のＸ～Ｚに当てはまる語句や文章の組み合わせとして正しいものを次のア～エから１つ選び、記号で答えなさい。

1858年に欧米《おうべい》諸国と日本の間で Ｘ が結ばれた。この条約には、 Ｙ 「領事裁判権」を認めることをはじめとして、日本にとって不利な内容が含まれていた。この改正に向けて日本は欧米諸国との交渉を続け、1894年に Ｚ 外務大臣が領事裁判権をなくすことに成功した。

ア．Ｘ－和親条約　Ｙ－日本で罪を犯した外国人を日本の法律で裁く　Ｚ－小村寿太郎

イ．Ｘ－修好通商条約　Ｙ－日本で罪を犯した外国人を外国の法律で裁く　Ｚ－陸奥宗光

ウ．Ｘ－和親条約　Ｙ－日本で罪を犯した外国人を外国の法律で裁く　Ｚ－陸奥宗光

エ．Ｘ－修好通商条約　Ｙ－日本で罪を犯した外国人を日本の法律で裁く　Ｚ－小村寿太郎

問10．空欄 ２ にあてはまる人物を答えなさい。

問11. 下線部⑨に関連して、次の〔Ⅰ〕・〔Ⅱ〕の問いに答えなさい。

〔Ⅰ〕この当時に栄えた、日本風の文化を**漢字４文字**で答えなさい。

〔Ⅱ〕この文化に関して述べた文章として**誤っているもの**を、次のア～エから１つ選び、記号で答えなさい。

ア．このころに、現在も使用されている「かな文字」が使われるようになった。

イ．清少納言が､当時の貴族の生活を反映した物語である『源氏物語』を書いた。

ウ．男性は束帯、女性は十二単とよばれる服装を身に着けていた。

エ．貴族の生活を描《えが》いた「大和絵」がつくられた。

問12. メモＡ～Ｆを古い順に並べた時に、２番目と５番目にあたるものをそれぞれアルファベットで答えなさい。

【実験Ⅲ】　60℃の水200gが入ったビーカーを２つ用意し、１つのビーカーには物質Ａを、別のビーカーには物質Ｃを、それぞれとけるだけとかした。その後、20℃まで冷やしたところ、物質Ａと物質Ｃがそれぞれ固体となって出てきたので、その固体を取り出すために、ろ過を行った。

問５　物質Ａは固体として何ｇ取り出せるか。

問６　この実験では、物質Ａと物質Ｃのどちらの固体が多く取り出せたか。

問７　実験Ⅲは、温度による溶解度のちがいを利用して、とけている物質を固体として取り出す方法である。これとは別の方法で、とけている物質を固体として取り出す方法を10字以内で答えよ。

3　次の文章を読んで、あとの問いに答えよ。

私たちの身の回りにはたくさんの動物や植物がいる。生きていくために私たちはさまざまな動物や植物を食べ物として取りこみ、栄養を吸収しなければならない。①からだの外から取りこんだ食べ物は、からだの中の臓器で②消化・吸収される。③吸収された栄養は、血液によってからだのすみずみまで運ばれることで私たちは活動している。その後、④吸収されなかった不要なものはからだから出される。

図１

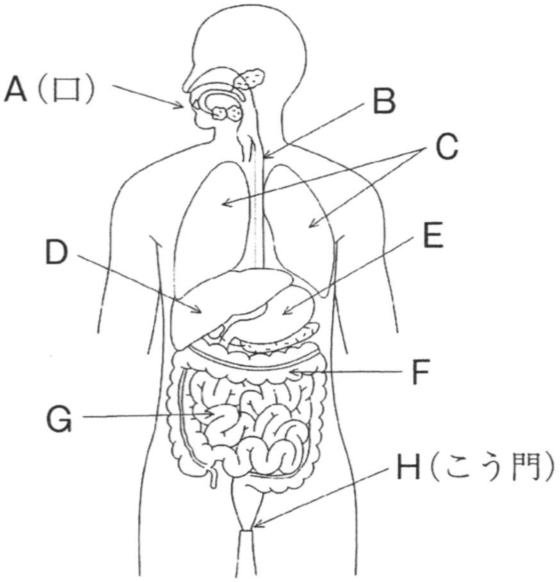

問１　下線部①がＡ（口）に入り、Ｈ（こう門）から便として出されるまでに通る器官を、図１の記号からすべて選び、食べ物が通る順に並べよ。また、口からこう門までの食べ物の通り道を何というか。

問２　下線部②について、食べ物を消化するために、からだのいろいろな臓器から消化液が出される。消化液が出される臓器を図１のＡ～Ｈからすべて選び、記号で答えよ。

問3　図2は図1のA～Hのいずれかの臓器の一部を大きくしたもので、「柔突起《じゅうとっき》」と呼ばれる。次の(1)、(2)に答えよ。

図2

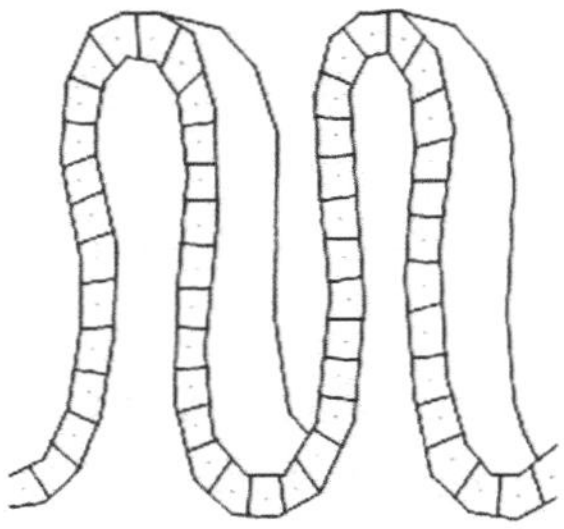

(1)　図2はどの臓器の一部か。臓器の名前を漢字で答えよ。

(2)　図2のようなひだ状になっている理由として適当なものを下のア～エから1つ選び、記号で答えよ。

ア　表面がひだ状になっているので、表面積が大きくなり、養分や水分が吸収されやすい。
イ　表面がひだ状になっているので、食べ物が移動しやすく、からだの外に出す手助けをしている。
ウ　表面がひだ状になっているので、いろいろな形の食べ物が入ってきても、臓器がきずつきにくくなっている。
エ　表面がひだ状になっているので、食べ物がその場にとどまりやすくなっている。

問4　下線部③は、血液中にとりこまれて、ある臓器からある臓器へ移動する。その臓器を図1から選んだ正しい組み合わせを下のア～カから1つ選び、記号で答えよ。

ア　G → F　　エ　D → E
イ　G → E　　オ　D → G
ウ　G → D　　カ　D → F

問5　下線部④について、下の文章の空らん［ 1 ］、［ 2 ］に適切な語句を入れよ。

からだの中の余分な水分や不要な物質は、［ 1 ］に運ばれる。それらは血液中からこし出され、［ 2 ］として、ぼうこうにためられ、からだから出される。

[4] 次のⅠ、Ⅱの問いについて答えよ。

Ⅰ　月は地球から見ると日によって形が変わっているように見える。この理由を考えるためにある仮説を立てた。その仮説をもとに考えた以下の図と文章について、あとの問いに答えよ。

仮説
「地球は太陽を中心にまわっている。月の形が変わるのは、図1のように地球が太陽と月のまわりをまわっているからだ。」

図1

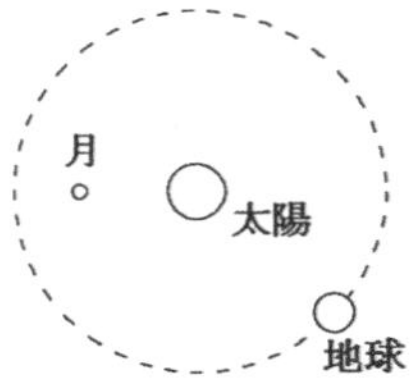

上記の仮説について検証してみよう。地球が右の図2のアの位置にくると、地球から見た月の形は[1]のように見える。また、[2]の位置に来たときに見える月は新月と呼ばれる月の形になる。これらを考えると、地球が太陽のまわりをまわる間に月の形は変化していき、地球が太陽のまわりを1周すると、月は元の形にもどる。

図2

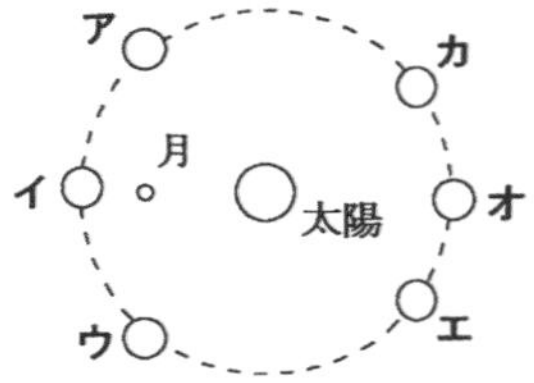

しかし、この仮説には成立しない点が二つ考えられる。

一つは月の形が変化する日数である。地球が太陽のまわりを1周するのは365日であるが、月の満ち欠けを観察すると約[3]日で同じ形になる。この周期のちがいによって仮説が成立しないことがわかる。

そしてもう一つは[4]である。図2のイの位置から観察した月と、エの位置から観察した月を比べると観察される月の[4]が異なるはずだが、実際に観察する月には[4]のちがいはほとんど見られない。

以上の二つから、仮説は成立しないことが明らかになった。

問1　[1]における正しい月の形はどれか。下のA～Dから1つ選び、記号で答えよ。

問2　[2]にあてはまる地球の位置を図2のア～カから1つ選び、記号で答えよ。

問3　文中の下線部は昼にしか観察できない。その理由を答えよ。

問4　[3]に入る数字を答えよ。

問5　[4]に入る適切な語句を答えよ。

Ⅱ　次の文章を読み、あとの問いに答えよ。

「水」は生きていく上で欠かせないものである。私たちの生活にどれだけ水がかかわっているかをあげていこう。
まず、私たちのからだの約[5]%が水分でできているため、からだから多量の水が出ていったり、水分をとらなかったりすると命の危険につながる。
次に、植物を育てたりするためにも使われる。そのための水は雨水を利用している。
しかし、梅雨《つゆ》の時期やA台風によって降水量が多くなると、雨水は災害をおよぼしたりもする。川を例にあげると、雨がたくさん降ったときには川の水量が増え、土砂《どしゃ》くずれや氾《はん》らんを起こしたりする。これらから身を守るために人々はB工夫《くふう》をこらして災害を未然に防ぐようにしている。

問６　[5]に入る数値は次のうちどれか。下のア～ウから１つ選び、記号で答えよ。

ア　40　　　イ　60　　　ウ　90

問７　下線部Aについて述べた下の文章について、空らん①～③にあてはまる組み合わせが正しいものはどれか。下のア～クから１つ選び、記号で答えよ。

宇宙から台風を観察すると、[①]回りに回転している。中心には「台風の目」があり、台風の目[②]ほど強い雨が降る。また、台風は中心から[③]側の方が風が強い。

	①	②	③		①	②	③
ア	時計	に近づく	東	オ	反時計	に近づく	東
イ	時計	に近づく	西	カ	反時計	に近づく	西
ウ	時計	から遠ざかる	東	キ	反時計	から遠ざかる	東
エ	時計	から遠ざかる	西	ク	反時計	から遠ざかる	西

問８　下線部Bについて、次の①、②に答えよ。

①　雨水をためておくのにはダムが使われているが、ダムの中には「水をためないダム」がある。そのダムの役わりをかんたんに答えよ。また、その役わりをもつダムを何というか。

②　右の図３のように川岸にコンクリートのブロックを置いた。ブロックを片側の岸にしか置かないのは、この川に「ある特ちょう」があるからである。「ある特ちょう」とは何か。解答らんに合うように５文字以内で答えよ。

図３

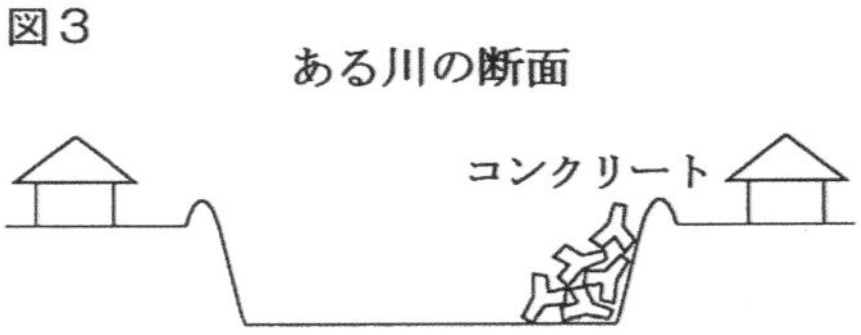

4 超人《ちょうにん》気《き》動画クリエイター「カイセーズ」は登録者数705万人越《こ》えで，毎日楽しく面白《おもしろ》い動画を配信しています。カイセーズはまっちゃんとひろっちとスグルッチの3人組で，1人で動画を編集したり，ときには協力して同時に編集作業をしたりしています。このとき，次の問いに答えなさい。

(1) まっちゃんが1人で動画を編集するのに15時間，ひろっちが1人で編集するのに10時間かかります。この動画編集を2人で協力して行うと何時間かかるか答えなさい。

(2) 新しく1時間の動画を作成するのに，まっちゃんとひろっちの2人で編集作業をすると18時間，まっちゃんとスグルッチの2人で編集作業をすると12時間かかります。また，まっちゃんが1人で編集作業をすると72時間かかります。この1時間の動画をひろっちとスグルッチの2人で編集作業をすると何時間かかるか答えなさい。

5　下の写真のようなサイコロがあり，１つのサイコロの裏と表にある目の合計は７である。このサイコロを次のように並べたとき，次の問いに答えなさい。

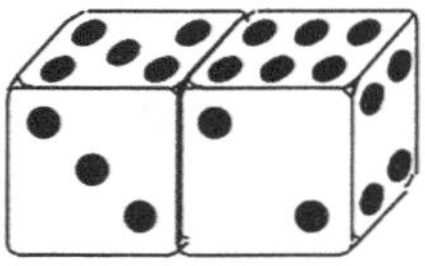

図１

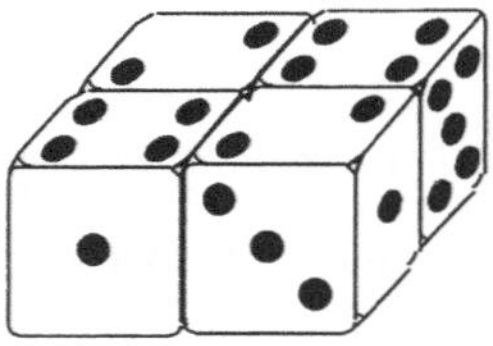

図２

(1)　図１のように写真と同じサイコロ２個を並べた。この置き方によってサイコロ同士の接した面にある目の合計はいくらか答えなさい。

(2)　図２のように写真と同じサイコロ４個を並べたとき，その置き方によってサイコロ同士の接した面にある目は何通りか考えられる。その中でサイコロの目の合計は最も大きくていくらになるか答えなさい。

6 分数を次のような規則にしたがって並べました。このとき，次の問いに答えなさい。

$$\frac{2}{2}\ \Big|\ \frac{2}{3}\ \Big|\ \frac{2}{4},\ \frac{4}{4}\ \Big|\ \frac{2}{5},\ \frac{4}{5}\ \Big|\ \frac{2}{6},\ \frac{4}{6},\ \frac{6}{6}\ \Big|\ \cdots$$

第1グループ 第2グループ 第3グループ 第4グループ 第5グループ

(1) 第9グループにある分数の和を答えなさい。

(2) 第1グループから第9グループまでの分数の和を答えなさい。

(3) 約分したときに，7回目の1が出てくるのは前から何番目か答えなさい。

二　次の文章を読んで、後の問いに答えなさい。

「大地はさ、ほんと、いいやつなんだな」
「そんなことないよ」
「いや、いいやつだよ」
ほめられてるのだと思った。また《　1　》のだと思った。ここまでは。
「それはすごくわかるんだ」とキングは続ける。「マジでスゲえと思うよ。Aリッパだと思うよ。けど、おれはお前みたいにはなれない」
「どういうこと?」
「おれはお前みたいに五十嵐《いがらし》を持ち上げる気にはなれないってこと」
「おれ、持ち上げてる?」
その質問に答える代わりに、キングはこんなことを言う。
「①結果として五十嵐の見る目が正しかったってのは認めるよ。利実はいいキーパーになったし、おれよりずっとうまい。それも認める。だから利実に対してどうこうってのはない。こないだくれたメッセージは無視しちったけど、まあ、ない。でも五十嵐は、②やっぱ無理だわ。何だろうな。理屈《りくつ》じゃなく、無理だわ。大地みたいに心が広くねえんだ、おれ。五点もとられて負けました、だからフォワードだったやつをキーパーにしてみました、それがうまくいったんでそっちをレギュラーにしました。そんなふうにレギュラーを外されて、ヘタなんだからしかたねえなって、ヘラヘラ笑ってらんねえわ。いいやつのふりとか、できねえわ」
「それは、わかるよ」
「わかるか?　ほんとに」
「うん」
「口先だけでテキトーなこと言うなよ。わかるわけねえだろ、レギュラーになったこともねえやつに」
鋭《するど》い言葉がきた。[　　]のように、先が尖《とが》った言葉だ。
中学のときにも、言われたことがある。一字一句、覚《おぼ》えてる。言われるようで、実際に直接言われることはあまりない言葉だから。

ii「エコトーン」が成り立つためにはどのようなことが必要ですか。最も適当なものを次の中から一つ選び、記号で答えなさい。

ア　人間が、自然の状態に影響を与えないように人工と自然を完全に切りはなし、自然のままにしておくこと。

イ　人間は自分の生活する範囲《はんい》では自然を排除《はいじょ》するが、生活に関係ない場所では特に関係を持たないこと。

ウ　人間が自然をコントロールするために、外部からの生物の侵入《しんにゅう》を細部まで管理すること。

エ　人間は自然に無関心であるようにつとめるが、どのような場所でも徹底《てってい》して自然を監視《かんし》すること。

問7　——部④「そこ」が指示する内容を、本文中の表現を用いて、二十五字以内で説明しなさい。

問8　——部⑤で「きちんと管理された庭園や公園は〜けっして現実の人里ではなく」と言えるのはなぜですか。次の説明文の空らんに入る言葉を、本文中から二十四字でぬき出しなさい。

説明文《　そのような場所は（　　　　　）状態ではないから。　》

問9　次の中で、本文を正しく理解している生徒はだれですか。生徒A〜Dの中から一人選び、記号で答えなさい。

先生「さて、筆者は《自然と人間の共生》についてどのように考えているでしょうか。みなさんの意見を聞かせてください。」

生徒A「筆者は『自然と人間の共生とかいう、今日よく目にすることばが、何を意味しているのかわからなくなってくる』とはっきりと書いています。また、調和とは幻想であるとも書かれていました。当然、『共生』は不可能だと判断しているはずです。」

生徒B「でも、本文中には、『このような「人里」こそ、自然と人間の共生といえるものではなかろうか』とあります。だから、『人里』という人間のロジックが支配する場所に、自然のロジックが入りこんだ場所があるから、そこでの『共生』は可能だと言っているのだと考えました。」

生徒C「私も『共生』は可能だと言っているのだと思います。ただし、人里というのは人間のロジックが支配する場所の周辺に自然のロジックにまかせた場所が存在する、という意味ではないでしょうか。その中には多くの生き物がいるので『共生』できると言っているのではないでしょうか。」

生徒D「いや、本文の最後の方で親水公園やビオトープの例をあげています。これは『共生』を目指しているが、それが誤っていることの例ではないでしょうか。だから私は、筆者は『共生』は不可能だと言っているのだと思います。」

問1 ══部A〜Eのカタカナは漢字に直し、漢字は読みをひらがなで答えなさい。

問2 《 1 》〜《 3 》に入る言葉として最も適当なものを次の中からそれぞれ一つ選び、記号で答えなさい。

ア　つまり　　イ　けれど　　ウ　だから　　エ　たとえば

問3 文中の Ⅰ 〜 Ⅲ に入る言葉の組み合わせとして最も適当なものを次の中から一つ選び、記号で答えなさい。

ア　Ⅰ 自然　Ⅱ 自然　Ⅲ 人間　　イ　Ⅰ 人間　Ⅱ 自然　Ⅲ 自然

ウ　Ⅰ 自然　Ⅱ 人間　Ⅲ 自然　　エ　Ⅰ 人間　Ⅱ 自然　Ⅲ 人間

問4 ━━部①に「それは大いに問題である。」とありますが、なぜ問題なのですか。（この「生態系」は、）の後に続け、本文中の表現を用いて、四十五字以内で説明しなさい。

問5 ━━部②「人間のロジック」の具体例として**適当ではないもの**を次の中から一つ選び、記号で答えなさい。

ア　より正確に早く海を渡るために、天体を観測する方法や道具を発展させる。

イ　食料の生産性を上げるために、植物の生態について研究し、新しい農業を追究する。

ウ　環境《かんきょう》に悪影響《えいきょう》を与えないために、プラスチック製品を使うことをひかえる。

エ　たくさんの人に音楽を聴《き》いてもらうために、音を記録する技術を開発する。

問6 ━━部③「エコトーン」について、次のⅰ・ⅱの問いに答えなさい。

ⅰ「エコトーン」とはどのようなものと考えられますか。最も適当なものを次の中から一つ選び、記号で答えなさい。

ア　人間が支配する世界と自然のままの世界が入り混じって、常に争いが起きている。

イ　人間が支配する世界と自然のままの世界がはっきりした境界線で分けられている。

ウ　人間が支配する世界がその内側に自然のままの世界を取りこんで管理している。

エ　人間が支配する世界がじょじょに変化して、自然のままの世界へつながっている。

ということだ。④そこには生えるべき草が生え、棲むべき虫が棲みつく。そして互いに闘争や競争をＤ展開しながら、シソンを残してゆく。あまり草が生えすぎたら、人間はそれを刈《か》ればよい。けれど草は、Ⅰのロジックに従ってまた生えてくるだろう。

人間の生活からもう少し離《はな》れたところでは、たとえば草刈りのようなⅡのロジックはあまり入りこんでこない。そこではⅢのロジックがもっと存分に展開する。しかしときどきは、人間が木を伐《き》りにくるかもしれない。だがそのあとはまた自然のロジックに従ったプロセスが進んでゆく。

人間はこのプロセスのどれかに加担したり、どれかを意図的に抑《おさ》えたりすることはしない。その結果、人間の活動の場からの距離《きょり》に従って、推移帯《　3　》エコトーンが形成され、その推移に応じた多様な生きものたちが思い思いに生きてゆくことになる。これがぼくのイメージする人里である。

このような「人里」こそ、自然と人間の共生といえるものではなかろうか？　ぼくが日本ホタルの会などで「人里を創ろう」と言っているのは、人里がこのような意味をもっていることに気づいたからである。

人里を創ろうというのは、いかにも人里らしい人里を作ろうということではない。人里らしい人里などというものは人里ではない。それは人間のロジックを押《お》し通し、自然のロジックを押しつぶしたコンクリート張りの川と同じく、要するに人工物にすぎない。近ごろは親水公園づくりとか森づくりが流行している。ビオトープなるものを作ることもファッションになっている。しかしそれらはいずれも、よく管理された人工庭園であって、人々が求めている心の安らぎやＥヨロコびを与えてくれるものではない。⑤きちんと管理された庭園や公園は、いかにそれが自然らしく見えようと、けっして現実の人里ではなく、従って自然と共生するものではないからである。

人間は今、自分たちの真の幸せのために何が本当に必要なのか、ちゃんと考えてみるべきではないだろうか？

日高敏隆『人里とエコトーン』（新潮文庫刊・『春の数えかた』収録）より

※熾烈な＝燃え立つように盛んではげしいさま。

一　次の文章を読んで、後の問いに答えなさい。

成城学園の池や大阪の水を張った休耕田は、たしかに生態系なのだろう。だからいろいろな虫が棲《す》んでいるのである。

《　1　》、この「生態系」が一つの「系」、システムとして、①一定の調和を保っていると考えたら、それは大いに問題である。そこにいるさまざまな虫たちは、互《たが》いに食いあい、襲《おそ》いあいして、※熾《し》烈《れつ》な闘争《とうそう》にそれこそ明け暮れている。それどころか、同じ種類の虫どうしも、A食物や異性をめぐってはげしい競争をつづけており、自分のBシソンを残せるのはその競争に勝ったものだけなのだ。ちがう種《しゅ》の生物とのたえまない闘争、そして同じ種の仲間どうしとのたえまない競争。日夜それが繰《く》り広げられているのが、「生態系」の実状なのである。その結果としてゆきついている状態が、われわれの幻想《げんそう》としての「調和」であり、それが自然の論理、自然のロジックなのである。

このようなことがわかってきてみると、生態系の調和を乱すなとか、自然にやさしく、自然と人間の共生とかいう、今日よく目にすることばが、何を意味しているのかわからなくなってくる。

自然にやさしく、というが、自然は闘争と競争の場である。そのどれかにやさしくすれば、それは当然その相手をいじめることになる。調和を乱すなといっても、そこにもともと調和はない。そして、こういう自然と共生するとしたら、われわれ人間はどうしたらよいのだろう？

人間は安全にCカイテキに生きて、生産や文化や学問の場で何らかの生き甲斐《がい》を覚える活動をしていきたいと思っている。そのためにわれわれは、いろいろと努力し苦労している。それは人間の論理であり、人間のロジックである。

われわれはこの②人間のロジックによって、自然と「闘い」、自然を「征服《せいふく》」してきた。同時にその周辺には、前に述べたような③「エコトーン」も作りだしてきた。今やこのエコトーンの意味をよく考えてみるべき時期である。

エコトーンとは早く言えば「人里」である。そこでは人間のロジックと自然のロジックがせめぎあっている。《　2　》人間は自分たちの食物を生産するために林を切り開いて田畑を作る。それは人間のロジックである。人間の田畑に自然が入りこんできては困る。しかしその田畑の周辺をどうするか？

多くの場合、そこはあまり手を加えず、自然のままに残しておいた。自然のままに、ということは、自然のロジックのなすがままに

令和５年度　海星中学校　奨学生入学試験Ⅱ

国語

実施《じっし》時間 50 分　　100 点満点

受験上の注意

1．試験開始の合図があるまで、この問題冊子《さっし》の中を見てはいけません。
2．解答はこの冊子に、はさんである解答用紙に記入してください。
3．句読点・記号は字数に含《ふく》みます。（ただし、※１などの注は含みません）
4．問題の都合《つごう》上、文章を一部変更《へんこう》しています。
5．試験終了後、問題冊子、解答用紙はすべて回収します。
6．質問や体調不良などで、何か問題がおこったときは手をあげて、監督《かんとく》の先生の指示に従《したが》ってください。

小学校名		受験番号	氏名
	小学校		

海星中学校

600　　500　　400　　300

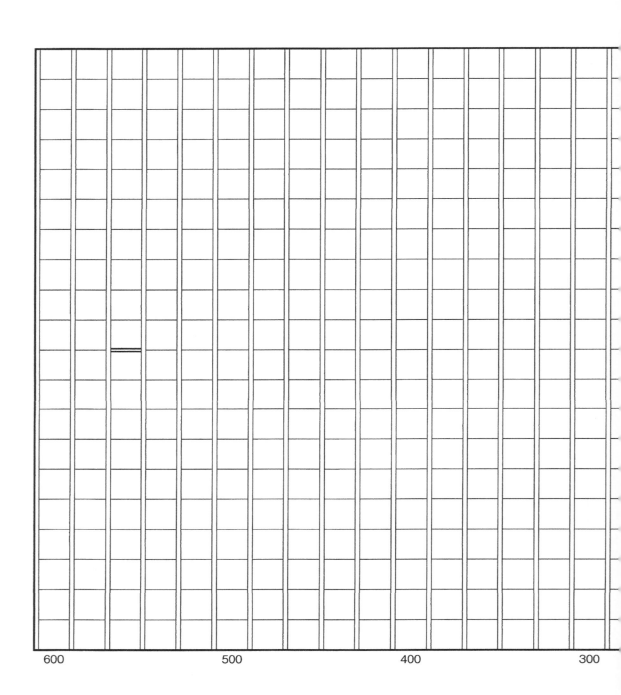

総合学力試験

令和５年度　海星中学校　奨学生入学試験Ⅰ　解答用紙

小学校名		受験番号							氏名	

※130点満点
（配点非公表）点

1

問題１								
問題２								
問題３								

点

2

問題１	A		B		C		D	
問題２								
問題３								
問題４								

点

3

問題１	①		②		③	
	④		⑤			

点

【解答

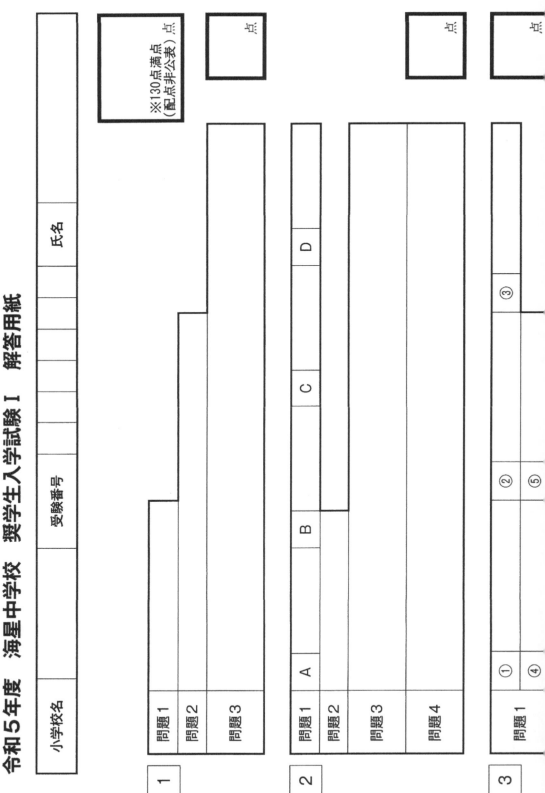

【作　文】（四五分）　〈満点：七〇点〉

次の文章を読んで、後の問題に答えなさい。

他人を批判することは、さほどむずかしくありませんが、自分に対してなされる批判を素直《すなお》に受け取るということは、必ずしもやさしいことではありません。

それは、批判されるということが、ある意味で「裁かれる」ことであり、往々にして自分が否定される可能性さえ持っているかも知れないからです。

批判する能力は、人間に与《あた》えられた特権ですから、これを用いることは時にたいせつなことですが、やはり相手への思いやり、やさしさがあってほしいと思います。

「あの人は、正直者だけれども仕事が遅《おそ》い」

と言うのと、

「あの人は、仕事は遅いけれども正直者だ」

と言うのとでは、同じ人物への批評でも、どこか違《ちが》っています。

そして、その違いは、批評する側のポイントの置き方から生まれているのです。

（渡辺《わたなべ》和《かず》子《こ》『幸せはあなたの心が決める』ＰＨＰ研究所）

（注）往々にして…ときどき。

問題　人を批判することにはどのような意味がありますか。また、どのようなことに気を付けると意味のある批判になると、あなたは考えますか。**あなた自身の経験**を述べながら、**五百五十字以上六百字以内**で**解答用紙**に書きなさい。

【注意】

一、題名や名前を書かないこと。

二、原こう用紙の一行目から書き始めること。

三、必要に応じて、段落《だんらく》を分けて書くこと。

令和５年度　海星中学校　奨学生入学試験Ⅰ

作　文

実施《じっし》時間 45 分　　70 点満点

受験上の注意

1．試験開始の合図があるまで、この問題冊子《さっし》の中を見てはいけません。
2．解答はこの冊子に、はさんである解答用紙に記入してください。
3．試験終了後、問題冊子、解答用紙はすべて回収します。
4．質問や体調不良などで、何か問題がおこったときは手をあげて、監督《かんとく》の先生の指示に従《したが》ってください。

小学校名　　　　　　　小学校

受験番号

氏名

海星中学校

2023(R5) 海星中　奨学生Ⅰ
K 教英出版

4 みずきさんのグループは、長崎県の特産品について調べています。カステラ製造会社の工場長に来てもらい、カステラのことについて話を聞いています。

工場長「カステラは 15 ～ 16 世紀にかけて、オランダやスペインの貿易商人や、キリスト教の宣教師たちによって、長崎にもたらされたと言われています。」

みずき「500 年以上も前から長崎に伝わっていたんですね。当時も今のような味だったのかな？」

工場長「カステラは、時代によって味が変わっているんだよ。」

ただし「今みたいに、ふわふわしておいしいものじゃなかったのかな。」

工場長「今では、卵、水あめ、砂糖、牛乳、みりん、薄力《はくりき》粉や強力粉など、たくさんの材料を使っているから、しっとりとおいしく仕上がっているんだよ。」

みずき「じゃあ、昔は今とは違《ちが》う材料を使っていたんですか？」

工場長「そうだよ、伝わった当時のカステラは卵、砂糖、小麦粉だけを使って作っていたそうだよ。」

ただし「今ではカステラづくりには欠かせない ① も使っていなかったんですね。」

先　生「長崎の酪農《らくのう》は約 200 年前に始まったといわれているから、その当時は、まだ手に入りにくかったのかもね。」

工場長「先生の言う通りなんだ。カステラが昔から味を変えながらでも作り続けられたのには、主となる材料にも理由があったんだよ。」

みずき「そうか、カステラが長い間、親しまれてきたのは、おいしさだけではないんですね。」

工場長「ここの工場では、カステラをチョコレートでコーティングしている商品もあるんだよ。１本分のカステラを 10 等分にして、一つずつチョコレートをかけていくんだよ。」

ただし「おいしそう、僕のにはチョコレートをいっぱいかけてほしいです。」

工場長「残念だけど、チョコレートをかける量は決まっているんだ。さて、ここで問題です。10 等分したカステラの表面積が１本のカステラの表面積の２倍になる場合、１本のカステラの長さは何cm になるでしょうか？カステラの高さは 5 cm、横の幅は 10cm で考えてみてください。正解できたらおみやげにカステラをあげるよ。」

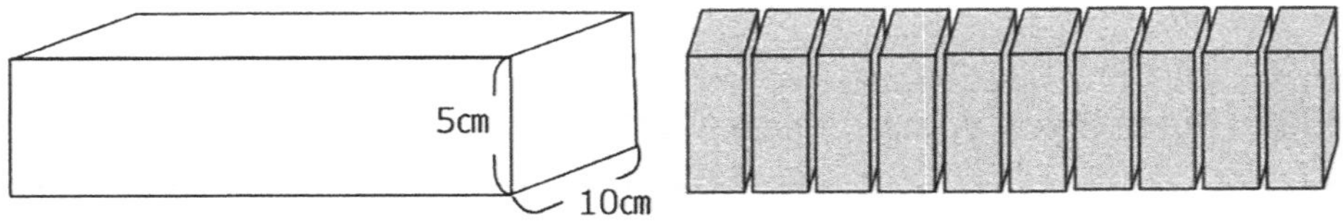

みずき「わかりました！ ② cm です。」

工場長「正解。じゃあ、みんなに約束のカステラをあげよう。」

問題１　① に入る食材は何か答えなさい。

問題２　下線部をふまえて、カステラが長く受け継がれてきた理由について、あなたの考えを書きなさい。

問題３　② に入る数字を答えなさい。ただし、小数第２位を四捨五入すること。

5　調べ学習の発表会のために、プレゼンテーション用の原稿《げんこう》を作ることになりました。

かずみさんたちは次のように出来上がった原稿を見ながら、グループで話し合っています。

～　プレゼンテーション原稿　～

私たちはみなさんに、風呂敷《ふろしき》をおすすめしたいと思います。

風呂敷にはさまざまな用途があり、そして、エコであるというメリットがあります。

風呂敷は箱型のものだけでなく、球状や筒《つつ》状のものもきれいに包むことができます。

包装紙代わりに使うと、ラッピングとしてもとても素敵になります。また、ひざ掛《か》けやテーブルクロスなどとして使うこともできます。

お店の袋やラッピングのほとんどは使い捨てで、最終的にゴミになります。しかし、繰《く》り返し使える上、汚れても洗うことができる風呂敷は、エコグッズといえます。

さまざまな用途があり、エコでもある風呂敷を、ぜひ素敵に使ってみてください。

さとし　「ぼくたちが風呂敷をすすめる理由は主に[　A　]つだよね。」

りかこ　「うん、そうなんだよ。だから、理由が[　A　]つあることを先に述べて、その後に例をあげながら説明した方が分かりやすくなるんじゃない？」

かずみ　「本当だね。そうした方がいいよね。あとさ、いきなり風呂敷の活用をすすめたいと述べるんじゃなくて、聞き手へ呼びかけるような始まりにした方がよくないかな。」

りくと　「うん、プレゼンテーションだから、興味をもって聞いてもらいたいよね。」

りかこ　「ねえねえ、『用途』って言葉、難しくないかな。耳で聞いただけで漢字が分からないかもしれないし、ちゃんと意味が通じるか心配なんだ。」

さとし　「確かに、分かりにくいかもね。『用途』を、誰にでも分かりやすい言い方に書き換《か》えようよ。」

りくと　「じゃあ、『[　B　]』とかどうかな。」

かずみ　「うん、それがいいね。じゃあ、みんなの意見をふまえて原稿を書き直してみよう。」

最終原稿が出来上がりました。

～　プレゼンテーション最終原稿　～

みなさんは、［　①　］?

私たちはみなさんに、風呂敷をおすすめしたいと思います。

その理由は［　A　］つあります。

［　②　］、風呂敷にはさまざまな［　B　］があることです。箱型のものだけでなく、球状や筒状のものもきれいに包むことができます。包装紙代わりに使うと、ラッピングとしてもとても素敵になります。また、ひざ掛けやテーブルクロスなどとして使うこともできます。

［　③　］、エコであることです。お店の袋やラッピングのほとんどは使い捨てで、最終的にゴミになります。しかし、繰り返し使える上、汚れても洗うことができる風呂敷は、エコグッズといえます。

さまざまな［　B　］があり、エコでもある風呂敷を、ぜひ素敵に使ってみてください。

問題１　［　A　］に入る数を漢数字で答えなさい。

問題２　［　B　］に当てはまる表現を３字で答えなさい。

問題３　話し合いの中の下線部をふまえて、最終原稿の中の［　①　］に当てはまる表現を答えなさい。

問題４　最終原稿の中の［　②　］と［　③　］に当てはまる表現を５字以内で答えなさい。

問題５　プレゼンテーションのように、人に伝えるための原稿を書く上で気を付けなければならないことを40字以内で答えなさい。

6　ほしおさんとまりあさんは恐竜《きょうりゅう》について話しています。

ほしお「長崎でも恐竜の化石が発見されたって知ってる？」
まりあ「長崎にも恐竜がいたの？知らなかったわ。」
ほしお「長崎半島には恐竜時代の地層があって、ティラノサウルス科の歯の化石が発見されたんだよ。」
まりあ「地層に含まれる岩石や化石を調べると、その時代の生き物や環境が分かるって、タイムマシンに乗ったみたいで楽しいね。」
ほしお「地層をつくっている粒の大きさでも、その場所がどういう所だったか分かるんだよ。例えば、粒が大きい岩石の層は、そこが当時、海の浅いところだったっていうことが分かるんだ。」
まりあ「そっか、粒が大きいと遠く深いところまでは、海の流れで移動することができないもんね。」
ほしお「他にも、粒の形でも分かることがあるんだよ。例えば [①] という特《とく》徴《ちょう》があると、その時代に火山の噴火《ふんか》が起こっていたことが分かるんだ。」
まりあ「確かに、川を流れてきた岩石が積み重なってできた地層の粒とは形が違うね。」

問題１　[①] に入る粒の形の特徴を答えなさい。

ほしお「恐竜博物館にはティラノサウルスの骨が展示されているらしいよ。生で見てみたいなぁ。」
まりあ「そういえば恐竜は、は虫類の仲間と聞いたことがあるよ。ワニも、は虫類だよね。同じは虫類でもティラノサウルスはワニのように足が横についていないね。体の下についているよ。(図１)」
ほしお「この足のつくりはワニと比べて [②] という利点があるんだ。獲物《えもの》を捕《つか》まえるのが上手だったから、恐竜は１億6000万年もの間、繁栄《はんえい》していたんだね。」
まりあ「ティラノサウルスって写真で見るとずいぶん前傾姿勢《ぜんけいしせい》よね（図２）。人間と同じ二足歩行なのに、こんな姿勢だとたいへんだよね。」
ほしお「一説によると、ティラノサウルスの弱点はしっぽなんだって。ティラノサウルスの化石には、しっぽがないものあるんだって。」
まりあ「そうか。ティラノサウルスはしっぽがなくなると、生きていくのが難しかったんじゃないかな。」

図１
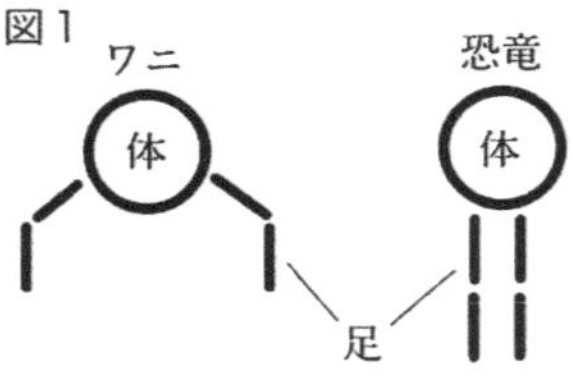

図２

問題２　[②] に当てはまる利点を答えなさい。
問題３　ティラノサウルスの体の特徴をふまえ、下線部の理由について、あなたの考えを書きなさい。

ほしお「恐竜って何で絶滅《ぜつめつ》したのかな。」

まりあ「地球に大きな隕石《いんせき》がぶつかったことが原因だといわれているよ。恐竜はいなくなってしまったけど、生物は長い時間をかけて進化を続けてきているんだよ。私たち人間と他の生物とでは違うところがたくさんあるでしょう。」

ほしお「そうだね。呼吸のしかたを考えても違いが見られるね。魚は水中でえら呼吸するけど、ぼくたち人間や鳥は肺で呼吸するよね。他にもかえるのように成長過程で呼吸が変わる生物もいるね。」

まりあ「そう、生物はだんだん陸上で生活できるように進化しているんだよ。人間と鳥は肺で呼吸することは同じだけど、仕組みに違いがあるんだよ。これを見て。呼吸するときの人間の肺（図３）に対して、鳥は肺の近くに“前気のう”、“後気のう”という空気をためておける仕組み（図４）があるの。この仕組みがあることで、鳥の肺には常に酸素がある状態になるんだ。」

ほしお「人間と同じ肺呼吸なのに、なぜ鳥は肺にいつも酸素がないといけないのかな。」

まりあ「［　③　］というのが理由じゃないかな。」

ほしお「なるほど。鳥も生活しやすくなるように進化してきたんだね。」

まりあ「ほかにも、体温調節の仕方も進化しているよ。魚やトカゲはまわりの温度が下がると体の温度も下がってしまうの。だから冬になると冬眠してしまうんだ。でも人間や鳥はまわりの温度が変わっても体温はほとんど変わらないでしょ。」

ほしお「それによって冬の寒い時でも活動できるようになったんだね。生物は環境に対応していくように進化し続けているんだね。僕たち人間はこれからどう進化していくんだろうね。」

図３

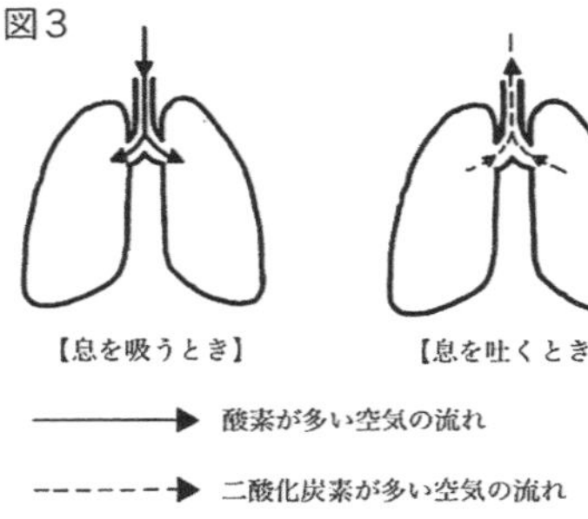

図４

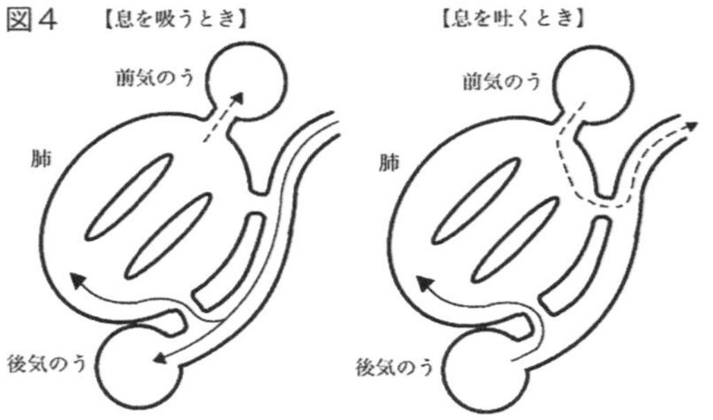

問題４　下線部について、かえるの呼吸はどのように変わるか、答えなさい。

問題５　［　③　］に当てはまる表現を答えなさい。

問題６　文章中に出てきた、魚・鳥・かえるを進化した順番にならびかえなさい。

令和５年度　海星中学校　一般入学試験Ⅰ

国語

実施時間《じっし》50 分　　100 点満点

受験上の注意

1．試験開始の合図があるまで、この問題冊子《さっし》の中を見てはいけません。
2．解答はこの冊子に、はさんである解答用紙に記入してください。
3．句読点・記号は字数に含《ふく》みます。（ただし、※１などの注は含みません）
4．問題の都合《つごう》上、文章を一部変更《へんこう》しています。
5．試験終了後、問題冊子、解答用紙はすべて回収します。
6．質問や体調不良などで、何か問題がおこったときは手をあげて、監督《かんとく》の先生の指示に従《したが》ってください。

小学校名　　　　小学校

受験番号

氏名

海星中学校

2023(R5) 海星中　一般
教英出版

一　次の文章を読んで、後の問いに答えなさい。

「えらい人には敬語を使う」――その「えらい人」がどういう人かというと、「自分よりランクが上の人」なのです。ちゃんと、ランクづけをしています。「目上の人」がどういう人かは、もうわかると思います。「目上」というのは、「人のランクづけがあたりまえだった時代」の考え方なのです。

「目上の人には敬語を使え」と、「目上の人を尊敬しろ」とは、ほとんど同じことだと考えられています。でも、違《ちが》いますね。「目上の人」に敬語を使うのは、その人が「えらい人」だからです。「この人はどの程度えらいか」ということを、a国家がランクづけしていたから、半分「しょうがねェなァ」と思いながらも、①昔の人は「目上の人＝えらい人」に、敬語を使っていたのです。べつに「尊敬していたから」ではありません。

使わなければいけないのです。使わないと、罰《ばち》が当たるのです。［A］、敬語を使っていたのです。「えらい人」が、尊敬するのにあたいする人かどうかは、また②べつのことだったのです。［B］、「えらい人には敬語を使わなければいけない」ということが、いつのまにか、「えらい人を尊敬しなければいけない」に変わってしまいました。なぜなんでしょう？

江戸時代が終わると、新しい時代が来ます。徳川幕府がなくなって、「武士」というbカイキュウがなくなります。「士農工商」の身分制度もなくなります。もうひとつ、「朝廷《ちょうてい》がcカンイを与える」という制度もなくなります。朝廷も幕府もなくなって、明治政府という新しい国の制度ができます。「政府」という言葉は、明治時代になってから使われるようになったのです。

聖徳太子の「冠位十二階」から明治維新《いしん》までは、千二百六十五年もたっています。そんなに長いあいだ続いていた「国家が人をランクづけする」という制度は、日本からなくなってしまいます。まったく新しい時代の始まりです。だから、明治時代には、いろいろと③新しいことが生まれました。「古い時代の言葉を新しい時代の言葉に変えよう」という、「言文一致《げんぶんいっち》運動」もそのひとつです。

明治時代になって、日本語は変わろうとします。それまであった日本語は、「古い言葉」――［C］「古文」に変わるのです。「身分」というものがなくなってしまったので、「相手の身分によって言い方を変える」という敬語だって、古いものになってしまうのです。

でも、千二百年以上も続いたdシュウカンは、そう変わりません。「お侍《さむらい》様」はいなくなっても、新しく「政府の役人」が来ます。そうすると、どうしても「お役人様」と言いたくなってしまいます。「身分」というものはなくなっても、「えらい人」というのはやっぱりいます。それで、「そういう人のことをどう言ったらいいんだろう?」と考えて、「目上」とか「目下」という言葉を使うようになったのです。

「相手の身分によって言い方を変える」というシュウカンは、その前からずーっと続いていました。でも、その日本語の使い方に「敬語」という呼び方をつけたのは、明治時代になってからです。「えらい人のすることを持ち上げる言葉を、なんと呼ぼう」と考えて、「尊敬の敬語」という呼び方が生まれました。「※1謙譲《けんじょう》の敬語」とか「丁寧《ていねい》の敬語」というのも、同じです。

「もう身分というものはなくなったんだから、④相手の身分によって言葉づかいを変えるのはへんだ。これからは、相手が尊敬できるかどうかを考えて、言葉づかいを変えるべきだ」と考えたから、「尊敬の敬語」というネーミングが生まれてしまったんですね。

それまでは、「〝えらい〟ってことになってんだからしょうがねェや」で使われていた言葉に、「それは、尊敬の意味で使うのだ」というへんな理由がくっつけられて、「えらい人は、尊敬の敬語を使われる〝尊敬にあたいする人〟だ」ということになってしまったのです。

「尊敬の敬語」とか「謙譲の敬語」というネーミングのかわりに、「⑤ヨイショ語」とか「※2卑屈《ひくつ》語」という名前がつけられていたら、その後の日本の社会だって、ずいぶん変わっていたでしょう。

橋本治著『ちゃんと話すための敬語の本』（ちくまプリマー新書）

※1　謙譲…へりくだり、ゆずること。　※2　卑屈…必要以上に自分を下に見せること。

問一　＝＝部a～dのカタカナは漢字に直し、漢字は読みをひらがなで答えなさい。

問二　[A]～[C]に入る言葉として最も適当なものを次の中からそれぞれ一つ選び、記号で答えなさい。

ア　つまり　　イ　だから　　ウ　そして　　エ　ところが

問三　――部①「昔の人は『目上の人＝えらい人』に、敬語を使っていたのです」とありますが、それはなぜですか。本文中の表現を用いて十五字以内で答えなさい。

問四　――部②「べつのこと」について説明した次の文の空欄に当てはまる表現を、それぞれ五字以内で本文中からぬき出しなさい。

筆者は、えらい人に［　X　］ことと、えらい人を［　Y　］こととはべつのことだと述べている。

問五　――部③「新しいこと」に**当てはまらない**ものを次の中から一つ選び、記号で答えなさい。

ア　敬語という呼び方が生まれた　　イ　武士という身分がなくなった　　ウ　政府という言葉が使われた

エ　貴族という身分がなくなった　　オ　朝廷も幕府もなくなった

問六　――部④「相手の身分によって言葉づかいを変えるのはへんだ」とありますが、それはなぜですか。［　　］に当てはまるように本文中の表現を用いて三十字以内で答えなさい。

身分というものがなくなったため、［　　　　］

問七　――部⑤「ヨイショ語」とはどういう言葉だと考えられますか。本文中から十七字でぬき出しなさい。

問八　本文の内容として最も適当なものを次の中から一つ選び、記号で答えなさい。

ア　江戸時代から明治時代に変わることで言葉までが変わったのは、国家の命令であった。

イ　相手の身分によって言葉を変えることは時代遅れだと、明治時代の人々は考えていた。

ウ　「目上」とは、人のランク付けがあたりまえだった時代の考え方である。

エ　敬語を使わなければいけないという考え方があったからこそ、日本は栄えていた。

二　次の文章を読んで、後の問いに答えなさい。

東京から佐世保に引っ越してきた「ぼく」は、隼人（はやと）や翼（つばさ）と一緒に、戦争中に作られた「無窮洞（むきゅうどう）」という防空壕（ぼうくうごう）を題材とした劇に出演することになった。そんな三人が「ぼく」のひいじいちゃんから戦争中の話を聞いている。

ひいじいちゃんが、麦茶をひと口、ゴクリと飲んだ。

「じつはなあ。わしはこれまで、戦争を知らん人には、いくら言うても、あのつらさや、むごさはわからん、って思うとった。けど、こうやってあんたらに話しとって、ようよう気がついたよ。わしが自分の思いをあんたらに伝える。あんたらは演劇で伝える。演劇を見た人がだれかにその話をする。聞いた人が無窮洞を見にいく。その人が、またべつの人に無窮洞の話をする。【　X　】、小さな石ころを池に投げこんだら、波紋《はもん》が次々と広がっていくようなもんやな」

頭のなかに、丸く広がる波がうかんだ。

波の輪は、ずんずん、ずんずん、果てしなく広がっていく。

ひいじいちゃんは、ぼくらの顔をじっくり見つめ、その首をこくりとたてにふった。

「そうやって、わしらの思いは伝わっていくんやなあ。そうや、伝えることが、生き残ったわしらの役割なんや、ってな」

ぼくたちが帰るとき、ひいじいちゃんは、深くシワの入った手を差し出した。そして、ぼくたちの手を順番に、両手でaツツむようににぎった。

ひいじいちゃんの手は、［　A　］温かかった。

外に出ると、空のはしが少し赤かった。

隼人を先頭に、翼、ぼく、と三人がたてにb並んで、cザッソウのにおいのする細い坂をくだっていく。

隼人が足を止めて、両手を広げた。

6 分数を次のような規則にしたがって並べました。このとき，次の問いに答えなさい。

$$\frac{1}{1}\ \Big|\ \frac{1}{2},\ \frac{2}{2}\ \Big|\ \frac{1}{3},\ \frac{2}{3},\ \frac{3}{3}\ \Big|\ \frac{1}{4},\ \frac{2}{4},\ \frac{3}{4},\ \frac{4}{4}\ \Big|\ \cdots$$

第1グループ　第2グループ　第3グループ　第4グループ

(1) 第7グループにある分数の和を答えなさい。

(2) 第1グループから第7グループまでの分数の和を答えなさい。

(3) 約分したときに，10回目の1が出てくるのは前から何番目か答えなさい。

[5] 下のように1から5までの数字が書かれたカードがあります。

[1], [2], [3], [4], [5]

このとき，次の問いに答えなさい。

(1) [1], [2], [3] のカードだけを3枚並べるとき，並べ方は全部で何通りあるか答えなさい。

(2) [1], [2], [3], [4], [5] のカードを並べる。このとき，左端《ひだりはし》と右端《みぎはし》に置いたカードの数字が両方とも偶数《ぐうすう》であるような並べ方は全部で何通りあるか答えなさい。

4 400L はいる容器に，毎分 3L の水を入れることができる水道Aと毎分 5L の水を入れることができる水道Bを使って水を入れていきます。また，排水《はいすい》するために毎分 4L で水をだすことができる排水口《はいすいこう》があります。このとき，次の問いに答えなさい。

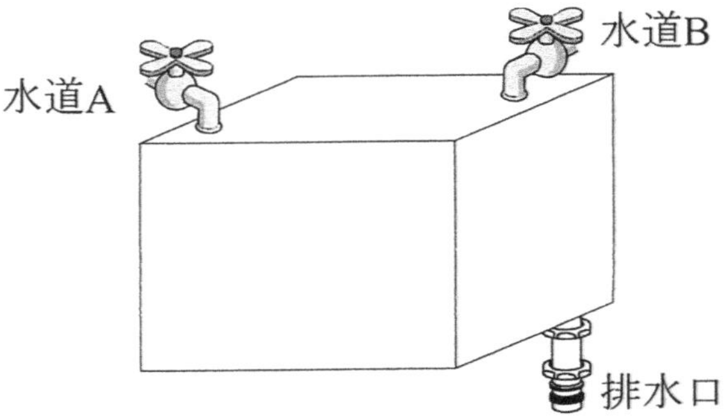

(1) 水道Aと水道Bの両方から水を出すとき，何分間で容器は満杯になるか答えなさい。ただし，排水口は閉めているものとする。

(2) 水道Aと水道Bは止めた状態で容器に 300L 水が入っている。この水を排水するとき，容器から水がなくなるまでに何分間かかるか答えなさい。

(3) 容器に 100L 入っている状態から水道Aと水道Bを使って水をためはじめました。途中《とちゅう》で排水も同時に行われていることに気がつき排水口を閉めました。その結果、水を入れはじめてからちょうど 50 分で満杯になりました。水を入れはじめてから何分間排水されていたか求めなさい。

二

点

問二 X Y

問三 A B C D

問四

問五

問六 ③ ④ ⑦

問七

問八

問九

問十

問十一

三

点

問一 ① ② ③ ④ ⑤

問二 ① ② ③ ④ ⑤

問三 ① ② ③ ④ ⑤

問四 ① ② ③ ④ ⑤

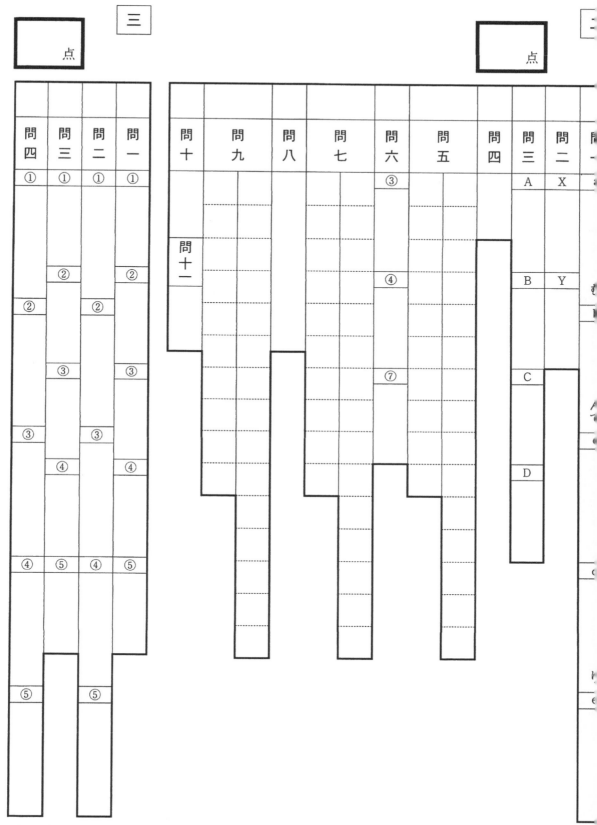

算　数

令和５年度　海星中学校　一般入学試験Ⅰ　解答用紙

小学校名		受験番号							氏名	

※100点満点
（配点非公表）　点

1

(i)	(ii)	(iii)	(2)
(3)　分速　　　m	(4)　　：		

点

2

(1)	(2)　　　円	(3)　　　cm^2	(4)　　　cm^2
(5)　　　cm^3			

点

【解答用

3	(1) cm			点
4	(1) 分間	(2) 分間	(3) 分間	点
5	(1) 通り	(2) 通り		点
6	(1)	(2)	(3) 番目	点

国語

令和五年度　海星中学校　一般入学試験Ⅰ　解答用紙

小学校名

受験番号

氏名

※100点満点
（配点非公表）　点

一

点

問一　a　b　c　d

問二　A　B　C

問三

問四　X　Y

問五

問六　身分というものがなくなったため、

問七

問八

3 底面が半径 10cm の円で，高さが 5cm の円柱図 1 の容器に水が満杯《まんぱい》まで入っています。そこから，図 2 のような直方体の中に底面が一辺 5cm の正方形で高さが 8cm の直方体が入った図 2 の容器に一滴《てき》もたらさず水を移したとき，一番下から水面の高さまでは何 cm になるか答えなさい。ただし，円周率は 3.14 とします。

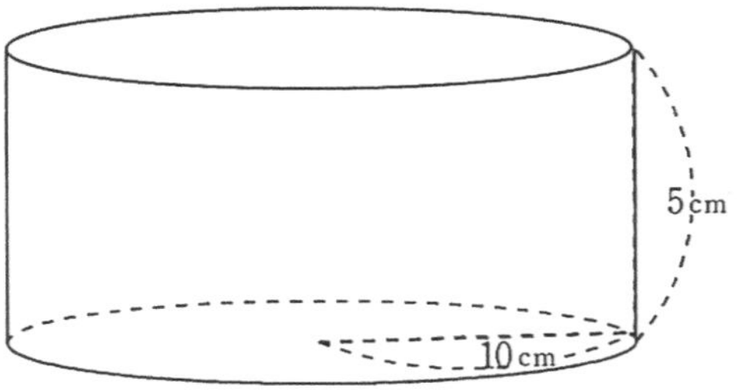

図1

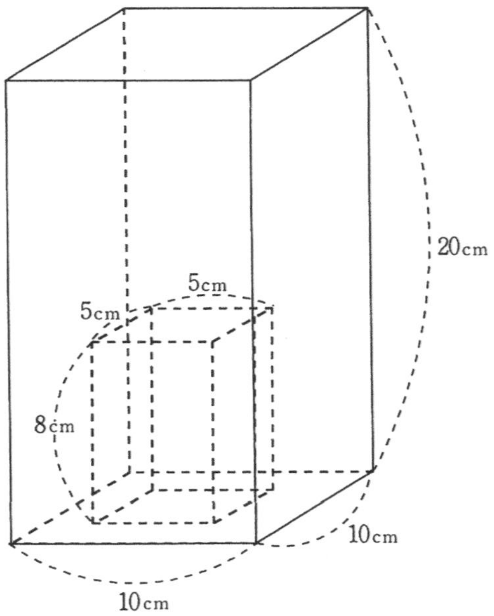

図2

2 次の問いに答えなさい。

(1) 下の数式の□に入る数字を答えなさい。

35 ÷ (9 − 2 ×□) ＝ 7

(2) 500円の2割引きはいくらか答えなさい。

(3) 次の図で色のついた部分の面積を答えなさい。

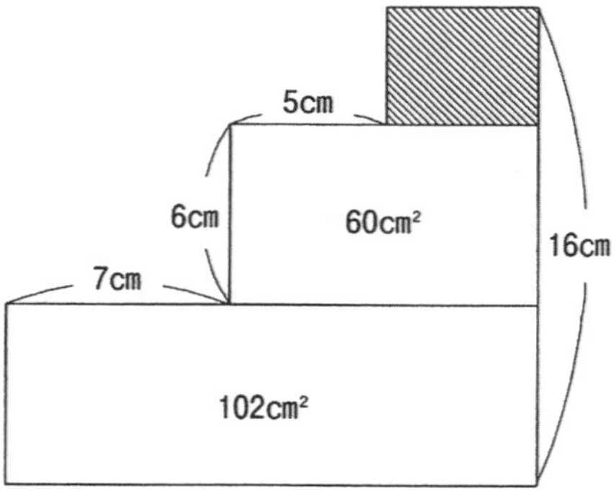

(4) 下の図のように，正方形の中に円がぴったり入っています。このとき，色のついた部分の面積を答えなさい。ただし、円周率は3.14とします。

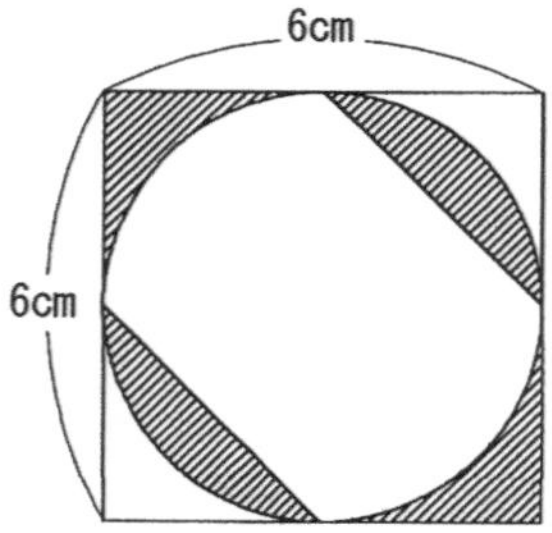

(5) 右の図は直方体を平面で切断したものである。このとき，下側の実線部分の体積を求めなさい。

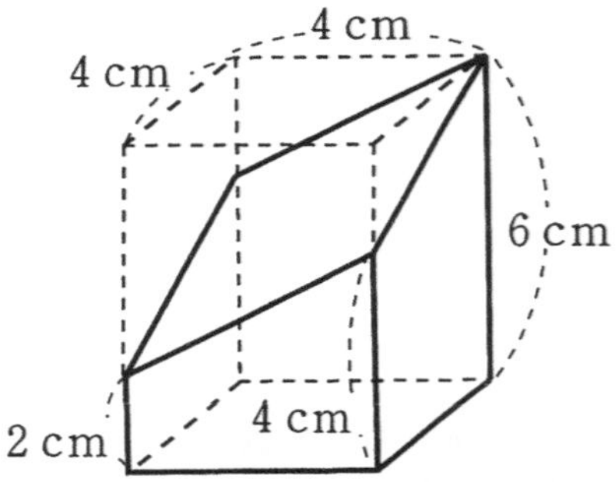

1　次の問いに答えなさい。

(1)　次の計算をしなさい。

(i)　$2112 - 84 \times 25$

(ii)　$2023 \div 7 - 2024 \div 11$

(iii)　$\left(\frac{4}{5} - \frac{2}{3}\right) \times 15$

(2)　4と6の最小公倍数を答えなさい。

(3)　すぐる君は50mを10秒で走ります。このとき，分速何mか答えなさい。

(4)　36：48を簡単な比で表しなさい。

令和５年度　海星中学校　一般入学試験Ⅰ

算　数

実施《じっし》時間 50 分　　100 点満点

受験上の注意

1．試験開始の合図があるまで、この問題冊子《さっし》の中を見てはいけません。
2．解答はこの冊子に、はさんである解答用紙に記入してください。
3．コンパス・定規《じょうぎ》は必要ありません。
4．試験終了後、問題冊子、解答用紙はすべて回収します。
5．質問や体調不良などで、何か問題がおこったときは手をあげて、監督《かんとく》の先生の指示に従《したが》ってください。

小学校名　　　　　　小学校　　受験番号　　　　　　氏名

海星中学校

「あー、今日はきれいな夕焼けになりそうやなあ。おれ、なんか、感動！」

翼も足を止めて、ぼくをふり返った。

「隼人が景色見て感動って、どうしたんかな？」

すぐさま、隼人が言い返す。

「どうもせん。ふ・つ・う・や！ ひいじいちゃんの話を聞いたから、自由はいいなあって、感動しとるだけや」

翼は、「そうなんだって」と、またぼくを見て、それから、「止まっとらんで、早くおりてよ」と、隼人の背中を押《お》した。

ふたたび坂をくだりはじめると、翼が［①］のように話しだした。

「わたしは、ここが痛か、あそこが痛か言うて休もうとしたって話を聞いたとき、わたしといっしょって思った。けど、つらさのレベルがちがうもんね。イヤミ言われるくらいでにげよったら、だめよね」

「さすが翼。さとったな」

隼人がわかったようなことを言った。

②ほんと、ぼくもさすがだと思った。きのう公園で、ぼくは「ぼくたちもいるんだから」なんてかっこつけたけど、翼はひとりでも、乗り越《こ》えていける強さがある。

乗り越えていく、強さか……。

ひいじいちゃんの［B］した顔がうかんだ。無窮洞で会った、※1岩田さんのやさしげな顔も思い出した。ふたりがぼくたちに話してくれた戦争体験は全然ちがうものだったけど、ふたりとも戦争を乗り越えて、今を生きている。そして、そうやって生き抜《ぬ》いた人たちがいるから、今のぼくたちもいる——。

「おれらの頭んなか、③フル稼働《かどう》やな」

隼人がうしろをふり向いて、④肩をすくめた。

「うん、このごろずっとそう」

翼は、隼人を追い越して、はねるように坂道をおりていく。

「ぼくも、そう」

ついていきながら、［C］胸が熱くなった。

ぼくはこの三か月のあいだ、必死にあがいて、がんばってきた。こんなに一生懸命《けんめい》になったのは、生まれて初めてかもしれない。だからこそ、⑤その結果が出るのがこわい。やっぱり不安だ。うなされそうだ。

でも、今日、ひいじいちゃんがこう言った。

『あきらめんかったら、その先に必ず光はある』

うん、⑥ぼくはあきらめないよ。その先の光はまだ見えないけど。

「じゃあな」

「今日はありがとう」

坂のとちゅうで、ふたりとわかれて家に帰った。

［D］暗い部屋で、さっき、かすかにひらめいたことを考える。

ぼくは、ぼくの最後のセリフをつぶやいてみた。

「これからは、この光のように、かがやいて生きていくんだ」

みんなが、d降りしきる光に向かって手をのばして――それでe幕がおりる。

なにか足りない。生き残ったものが、かがやいて生きる。それで終わっていいのだろうか。

そうだ。岩田さんのあの言葉。

『無窮洞はたしかに、【 Y 】ここにあるだけで大きな役割をはたしとる』

そうだ、無窮洞はあそこにあるだけで、ぼくたちの⑦胸を打つ。

岩田さんは、こうも言った。

『わしらもその手伝いをせんとね』

その手伝いって、どういうことだろう。
ひいじいちゃんの声がよみがえった。

『　⑧　』

ハッと気がついた。
伝える。それは、※2マキさんの思いと同じ――。
そうか！
ぼくは、⑨右手を高くあげた。「よっしゃあ！」って、さけびそうになった。

あんずゆき著『夏に降る雪』（フレーベル館）

※1　岩田さん…実際に無窮洞を掘った話をしてくれたおじいさん。
※2　マキさん…劇団のリーダーで、今回の演劇の指導者。

問一　===部a～eのカタカナは漢字に直し、漢字は読みをひらがなで答えなさい。

問二　【X】【Y】に入る言葉として最も適当なものを次の中からそれぞれ一つ選び、記号で答えなさい。
ア　まったく　　イ　ただ　　ウ　おそらく　　エ　まるで

問三　A ～ D に入る言葉として最も適当なものを次の中からそれぞれ一つ選び、記号で答えなさい。
ア　ほわっと　　イ　うっすらと　　ウ　ほんのりと　　エ　こっそりと　　オ　じわじわと

問四　① に入る言葉として最も適当なものを次の中から一つ選び、記号で答えなさい。
ア　うわ言　　イ　寝言　　ウ　ひとり言　　エ　小言

問五　――部②「ほんと、ぼくもさすがだと思った」とありますが、それはなぜですか。本文中の表現を用いて二十五字以内で答えなさい。

問六　——部③「フル稼働」④「肩をすくめた」⑦「胸を打つ」の意味として最も適当なものを次の中からそれぞれ一つ選び、記号で答えなさい。

ア　どうしようもないという様子。　　イ　休みなく全力で動き続ける様子。　　ウ　心底がっかりした様子。

エ　とても深く感動する様子。　　オ　安心してほっとする様子。

問七　——部⑤「その結果」とはどのような結果ですか。本文中の表現を用いて二十五字以内で答えなさい。

問八　——部⑥「ぼくはあきらめないよ。その先の光はまだ見えないけど。」は通常の語順とは異なる語順になっています。このような表現技法を何と言うか、答えなさい。

問九　［⑧］に入る表現を、「ひいじいちゃん」の言葉の中から二十五字でぬき出しなさい。

問十　——部⑨「右手を高くあげた」とありますが、ここでの「ぼく」の心情として最も適当なものを次の中から一つ選び、記号で答えなさい。

ア　歓喜《かんき》　　イ　緊張　　ウ　勇気　　エ　自信

問十一　本文の内容として最も適当なものを次の中から一つ選び、記号で答えなさい。

ア　ひいおじいちゃんの話から多くのことを学び、翼は今まで以上の強さを手に入れた。

イ　演技がうまくできない隼人は、体の痛みを言い訳に使って練習を休むようになった。

ウ　翼と隼人のおかげで、けんかをしていたひいおじいちゃんとぼくは仲直りができた。

エ　劇のラストシーンに足りないものについてぼくなりの答えを見つけることができた。

三　次の各問いに答えなさい。

問一　次の①～⑤の――部の漢字と反対の意味の漢字を（　　）の中に入れて、四字熟語を完成させなさい。

①　大同（　　）異　②　（　　）横無尽　③　起死回（　　）
④　一長一（　　）　⑤　天変（　　）異

問二　次の①～⑤の語句の対義語（意味が反対や対になる言葉）を漢字で書きなさい。

①　目的　②　集合　③　温暖　④　客観　⑤　利益

問三　次の①～⑤のア・イ（　　）には同じ漢字が入ります。それぞれあてはまる漢字一字を答えなさい。

①　ア　兄弟で瓜《うり》（　　）つだ。
　　イ　どうしようかと思って、（　　）の足を踏《ふ》む。
②　ア　あの二人は（　　）猿《えん》の仲だ。
　　イ　君のしていることは、負け（　　）の遠吠《ほ》えだ。
③　ア　あれは（　　）の知らせだったのだろうか。
　　イ　武器も持たずに来るなんて、飛んで火にいる夏の（　　）だ。
④　ア　テストで（　　）を張る。
　　イ　今回の事件は氷（　　）の一角だ。
⑤　ア　どこの（　　）の骨かも分からない。
　　イ　彼とはとっても（　　）が合う。

問四　次の①～⑤の――部にはまちがいがあります。それぞれ正しい熟語に書き直しなさい。

①　電気店の看番が新しくなった。
②　運動会で場内放送を端当する。
③　文化財を大切に補存する。
④　練習の精果が試合の結果に現れた。
⑤　単準な計算でミスをした。

令和４年度　海星中学校　奨学生入学試験Ⅰ

総合学力試験

実施《じっし》時間６０分　　　１３０点満点

受験上の注意

１．試験開始の合図があるまで，この問題冊子の中を見てはいけません。
２．解答はこの冊子に，はさんである解答用紙に記入してください。
３．実施時間は６０分で，１３０点満点です。時間配分に注意して解答してください。
４．コンパス・定規は必要ありません。
５．試験終了《しゅうりょう》後，問題冊子，解答用紙はすべて回収します。
６．質問や体調不良などで，何か問題がおこったときは手をあげて，監督《かんとく》の先生の指示に従ってください。

小学校名　　　　　小学校　　受験番号　　　　氏名

海星中学校

1 えりさんたちはＳＤＧｓについて話し合っています。

先生　「みなさんは、ＳＤＧｓ（エス・ディー・ジーズ）について聞いたことがありますか？」

えり　「聞いたことはありますが、具体的なことはよく分かりません。」

先生　「ＳＤＧｓとは、『持続可能な開発目標』という意味です。すべての人が豊かで、健康で、差別を受けない世界、そして、地球の環境《かんきょう》を守りながら、みんなが満足して働ける社会を目指すために、2015 年 9 月、国際連合（国連）の総会で、世界のすべての人が取り組むべき目標として設定されました。」

えり　「具体的にはどのようなことですか。」

先生　「すべての国連加盟国が 2016 年から 2030 年の 15 年間で達成するために掲《かか》げた大きな 17 の目標が次の通りです。」

※お詫び：著作権上の都合により，イラストは掲載しておりません。　教英出版

えり　「具体的に私たちは、今、何をすればよいのでしょうか。あるいは、何を止めればいいのでしょうか。」

先生　「大きく言えば地球や世界のため、身近で言えば友人や家族のためという視点を持って、自分の行動や考えを見直して変えていくことだと私は思うよ。例えば、節電を心がけることは、お金の節約だけでなく、化石燃料による二酸化炭素の排出《はいしゅつ》を減らすことにもつながるといったことなどかな。そういった取り組みを多くの人が行うことで、結果的に環境《かんきょう》を守ることにつながるよね。」

えり　「日用品を買うときは、環境《かんきょう》を守るために役立つと認められた、商品につけられている「エコマーク」付きの製品を選ぶとかも、そうですね。2030年まであと10年を切りましたが、日本の取り組みは進んでいるのですか。」

先生　「持続可能な開発レポート2021では、日本は世界18位の達成度だそうです。上位20か国は、＜表1＞の通りです。」

＜表1＞

順位	国　名
1	フィンランド
2	スウェーデン
3	デンマーク
4	ドイツ
5	ベルギー
6	オーストリア
7	ノルウェー
8	フランス
9	スロベニア
10	エストニア
11	オランダ
12	チェコ共和国
13	アイルランド
14	クロアチア
15	ポーランド
16	スイス
17	英国
18	日本
19	スロバキア共和国
20	スペイン

参考資料）SUSTAINABLE DEVELOPMENT REPORT 2021

えり　「日本を除くと［　ア　］の国ばかりですね。」

先生　「これらの国は意識が高いんだろうね。私たちも世界18位に満足していないで、さらに推進していく必要があります。」

えり　「日本の達成が遅《おく》れている目標にはどんなものがあるのですか。」

先生　「2021年のレポートでは、最低の「レッド」評価だったのが、17の目標の中で5番目、13番目、14番目、15番目、17番目でした。」

えり　「5番目の目標は『ジェンダー平等(男女の社会的格差をなくすこと)を実現しよう』でしたね。」

先生　「えりさんは、この5番目の目標に関して具体的にどのようなことが遅《おく》れていると思いますか。」

えり　「私は、［　イ　］ことが遅《おく》れていると思います。」

先生　「私は、13番目の『気候変動に具体的な対策を』の指標である『化石燃料の燃焼及びセメント生産による二酸化炭素排出《はいしゅつ》量』の取り組みの遅《おく》れが気になっています。」

えり　「＜表1＞の上位20位にない国々が、右の＜表2＞によると、日本より多く二酸化炭素を排出《はいしゅつ》していますよね。日本は、これらの国よりは努力していると言えるのではないですか。」

＜表2＞　二酸化炭素排出量ランキング

順位	国　名	排出量（百万t）	人口（百万人）
1	中華人民共和国	9,571	1,384
2	アメリカ合衆国	4,921	322
3	インド	2,308	1,311
4	ロシア	1,587	143
5	日本	1,081	127

参考資料）外務省HP

先生　「排出《はいしゅつ》量だけでなく、各国の人口の関係について考えてみましょう。各国1人あたりの排出《はいしゅつ》量を計算すると、多い方から
ウ ⇒ エ ⇒ 日本 ⇒ オ ⇒ カ の順になってしまい、日本は 5 か国中 3 位になってしまいます。」

えり　「二酸化炭素排出《はいしゅつ》量を減らすためには、みんなの意識をさらに高めないといけないですね。エコカーの使用をもっと広めていくとかはどうでしょうか。」

先生　「それもいいけど、＜図 3＞から分かるように、二酸化炭素排出《はいしゅつ》量において『エネルギー転換部門』が最も大きな割合を占めているんだ。」

えり　「『エネルギー転換部門』って何ですか。」

先生　「発電する部門のことだよ。二酸化炭素排出《はいしゅつ》量を減らすには発電の仕方を変えていかなければいけないということなんだ。」

<図3> 日本の部門別二酸化炭素排出量の割合

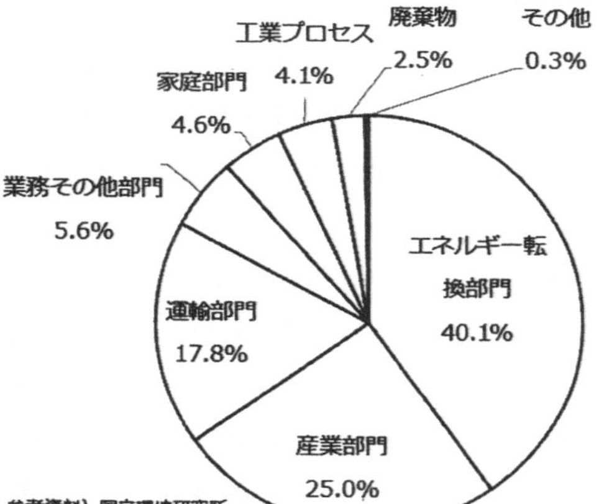

参考資料）国立環境研究所

えり　「一人一人の行動だけでは減らないんですね。」

先生　「そんなことはないよ。電気消費量に気を付けて節電することは、ＳＤＧｓを意識した取り組みの一つだと思います。」

問題 1　ア に当てはまる世界の地域名を答えなさい。

問題 2　イ にふさわしい具体例を答えなさい。

問題 3　ウ ～ カ に当てはまる国名をそれぞれ答えなさい。

問題 4　エネルギー転換部門における日本の二酸化炭素排出《はいしゅつ》量は、およそ何ｔですか。示された表やグラフをもとに計算しなさい。ただし、解答は 10 万ｔ未満を四捨五入して 100 万ｔ単位で答えなさい。

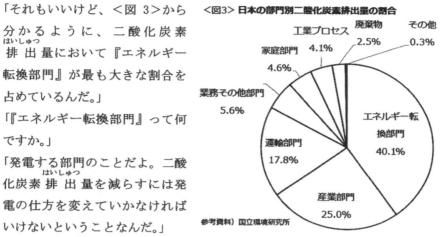

2 体育大会の選手決めについて、体育委員のあきこさんと、けんじさんが話しています。

あきこさんの学校では、5月に体育大会が行われます。今年の 6 年生は右表のような 3 クラス編成です。種目は、個人種目・男女別３人１組のチーム種目・クラス種目の３種目です。これらに各クラスから選抜した男女４名ずつによる選抜リレーが加わり、学年優勝が決まります。

	男子	女子	合計
A組	16	14	30
B組	15	15	30
C組	15	14	29

＜条件＞

① リレー以外の種目には全員必ず出場する。

② 出場回数は一人４回以内とする。

③ 各種目のレース数は、全員出場できる最小限の数にする。

あきこ 「選手決めがたいへんだわ。条件を満たすには、同じ種目に２回出場する人がどの種目も何人か出てくるのよ。リレーを含めて出場は４回以内となると、同じ種目に２回出場する人がかなり多くなるよね。」

けんじ 「条件③のためには、個人種目は男女別に一番多いクラスに合わせればいいよね。チーム種目は、男女別に 3 人組をいくつ作れば全員出場できるかを考えて、足りない人数の分だけを 2 回出てもらえばいいよね。クラス種目は男女 2 人ずつの 4 名で板に乗せたボールを運ぶリレーだから、全員出場するには何組必要かを考えれば、２回出る人が何人必要か分かるね。」

問題 1 クラス種目に 2 回出場する人は A 組、B 組、C 組 それぞれ何名ずついますか。男女合計の人数で答えなさい。

問題 2 学級対抗リレーに出場する選手も含《ふく》めて、学年の何パーセントの人が 4 回出場することになりますか。小数第 2 位を四捨五入して、小数第 1 位まで求めなさい。

学級対抗リレーの選手をだれにするかを、体育委員会で話し合いました。

あきこ　「男子のリレーの代表選手に立候補した8人の80m走を5日間計測したのが、次の表だよ。」

(単位：秒)

	Aさん	Bさん	Cさん	Dさん	Eさん	Fさん	Gさん	Hさん
1日目	13.0	13.8	14.2	12.7	14.0	14.0	13.0	13.9
2日目	13.3	13.5	13.6	12.9	13.9	13.0	12.9	13.8
3日目	13.1	13.4	14.1	13.0	13.7	14.1	13.5	13.7
4日目	13.2	13.9	14.2	12.8	13.5	13.3	13.2	13.6
5日目	13.1	13.7	13.9	12.5	14.2	14.2	12.8	13.5
平均	13.1	13.7	14.0	12.8	13.9	13.7	13.1	13.7

けんじ　「5日間の80m走の記録の平均がよかった順に選ぶと、Dさん、Gさん、Aさんは決まりだね。」

あきこ　「そうだね。4番目によかった記録は13.7秒だから、Bさん、Fさん、Hさんの3人が候補になるね。どうやって、4人目の選手を決めればいいかな。」

あ　ゆ　「私は、Bさんがいいと思うな。理由は、[ア]から。

けんじ　「でも、Fさんは、[イ]という点ではいいんじゃないかな。」

あきこ　「そうね。でも、Hさんもいいと思うわ。理由は、[ウ]だから。」

問題 3　[ア]～[ウ]にふさわしい理由を、5日間の計測値をもとにそれぞれ答えなさい。

あきこさんたちは、女子のリレー競技の走る順番について話し合いました。

あきこ　「4人の走る順番はどうしようか。」

ゆ　み　「1周 160mのトラックを、4人で半周ずつのリレーだよね。4走者はゴールまでの距離が10m長いから全長330mになるね。テイクオーバーゾーン（バトンの受け渡しができる範囲）もあるから、どんな順番で走るか作戦を立てよう。」

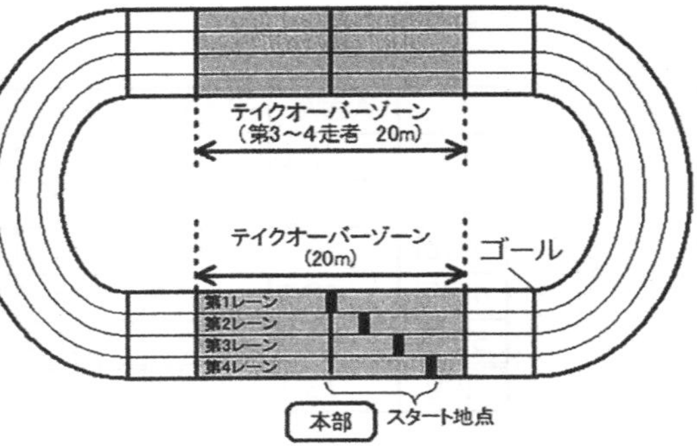

さくら　「スタートから第2走者までセパレートコース（決められたコース）を走らなければいけないから、外側のレーンが不利にならないように、第1走者から順にスタートがずれるよね。第3レーンの私たちは、第1レーンに比べて何m前方からスタートすることになるのかな。」

あきこ　「たしか、コースの幅が1mだから、［　m　cm］前方からになるね。でも、内側のレーンに比べて大回りする分、走る距離《きょり》は同じだよ。」

こはる　「第3走者がバトンを受けてからはどこを走ってもいいから、外側を走る距離を第2走者までの1周分だけ前方に出しているのね。第2走者のテイクオーバーゾーンも、レーンによってずれているから走る距離《きょり》は変わらないね。第4走者はバトンをパスしない代わりに10m先まで走るんだね。」

ゆ　み　「ところで、走る順番だけど、私はバトンパスが苦手だから観客が多い本部前ではバトンパスはしたくないな。」

あきこ　「私は走りには自信があるから、長い距離《きょり》を走りたいな。でも、バトンパスは苦手だから、もらうだけがいい。」

さくら　「私、スタートだけはできない。」

こはる　「では、［ア］⇒［イ］⇒ わたし ⇒［ウ］で、どうかな。」

問題 4　あきこさんの言葉にある、［　m　cm］に当てはまる数値を求めなさい。ただし、円周率は3.14とし、カーブは正確な半円になっているものとします。

問題 5　［ア］～［ウ］にメンバーの要望に沿って名前を入れ、こはるさんの提案を完成させなさい。

【条件】

一、最初に「マイクロプラスチックを削減《さくげん》するために、プラスチック製のストローやフォークなどを有料化する。」ことに賛成か、反対かの立場を示すこと。

二、グラフから読み取ったことを書くこと。

三、自分の経験や具体例をあげて書くこと。

四、五百字以上六百字以内で書くこと。

【注意】

一、題名や名前を書かないこと。

二、原稿用紙の一行目から書き始めること。

三、必要に応じて段落を分けること。

四、数字や記号を記入するときは(例)のように書くこと。

(例)

25
・
6
%

3

問題 1	
問題 2	
問題 3	㎡
問題 4	

4

問題 1	ア		イ		ウ			
	エ		オ		カ			
問題 2								
問題 3								
問題 4								
問題 5	イ		ウ		エ		オ	
問題 6	（　　，　　）		（　　，　　）					
問題 7	ア							
	イ							

作文

令和四年度　海星中学校　奨学生入学試験Ⅰ　解答用紙

小学校
小学校
受験番号
氏名

※70点満点
（配点非公表）

【注意】

一、題名や名前を書かないこと。

二、原稿用紙の一行目から書き始めること。

三、必要に応じて、段落を分けること。

四、数字や記号を記入するときは（例）のように書くこと。

（例）

25
・
6
%

100

「高坂さんの家なら、何度もみなみちゃんと一緒に行ったし、私一人でも大丈夫《だいじょうぶ》だよ。みなみちゃん、新人戦の準備で忙しそうだし、明日も朝練があって早いんでしょ？」

「そうだけど、マチを一人で行かせるのは悪いよ。遠回りになるし」

みなみが断りかけたとき、思いがけず、Bハイゴから「私、行くよ」という声がした。振《ふ》り返って、驚《おどろ》く。

琴穂《ことほ》だった。

マチとみなみは思わず顔を見合わせる。そんな二人に向け、琴穂がさらに続けた。

「私がマチと一緒に行く。今日はバスケ部、陸上部ほど遅くならないと思うから、ちょっと待っててくれれば大丈夫だよ。私にまかせて、みなみは部活に行って」

「助かるけど、でも」

みなみの声を遮《さえぎ》るように、琴穂がすばやく首を振り動かした。

「みなみってさ、しっかりしてるのはいいんだけど、一人でたくさんのことを抱《かか》えこんでがんばりすぎるんだよね。そんなんじゃ、いつか参っちゃうよ。――今年の新人戦、陸上部の他の子に聞いたけど選手になれそうなんでしょ？」

みなみの顔に《　２　》した表情が浮《う》かぶ。琴穂がふぅ、と小さなため息をついた後で笑った。

「だったら、今はそっちがんばり時だよ。もっと頼《たよ》ってよ。――これまで副委員長なのに全然頼りにならなかったのは、私が悪かったからさ」

言いながら、琴穂がマチを見た。「マチに仕事、だいぶ頼っちゃってたし」と決まり悪そうに告げる。

「マチも、これまで、いろいろごめんね。私、部活を言い訳にしすぎてた。そんなこと言い出せば、みなみだって陸上部が大変なのに、委員の仕事したり、高坂さんの家、行ったりしてたんだもんね」

謝《あやま》った後で照れくさそうに目を伏《ふ》せた琴穂を前に、みなみがとまどうような表情を浮かべる。ややあってから、《　３　》「いいの？」と琴穂を見た。

「頼《たの》んでも、平気？」

「うん」
琴穂が胸を張って頷《うなず》いた。
一連のやりとりを驚きながら見ていたマチの頬《ほお》がゆるんでいく。「ありがとう」とためらいがちにお礼を言うみなみを、②とてもいいと思った。
いつもしっかりしているみなみが自分たちを頼ってくれたことが、嬉《うれ》しくなる。

琴穂と二人で紙音の家に向かう途中《とちゅう》、マチは改めて琴穂に礼を言った。
「さっきはありがとう。みなみちゃん、嬉しかったと思う」
横を歩いていた琴穂が、「だって」と笑う。
「みなみ、完璧《かんぺき》すぎるんだもん。あれ、本人何でもないふうにやってるけど、C結構大変なはずだよ」
「私も実はちょっとそう思ったことがあったけど、言い出せなかったんだ。琴穂が言ってくれてよかった」
「うーん。みなみ、たぶん、③自分が無理してることにも気づいてないんじゃないかなあ。④自分のことって、かえってなかなか気がつけないよね。私もそうだったし」
琴穂が「ごめんね」と頭をかく。
「私も合唱の練習、リーダーなのにちゃんとやってなかった。マチに注意されてはっとしたの」
「私こそ、あのときはキツイこと言っちゃってごめん」
あわてて謝ると、琴穂が「そう?」と首を傾《かし》げた。
「全然キツくなかったよ。むしろ普段《ふだん》おとなしいマチから言われるなんて、私、よっぽどだったんだなってD反省した。――なんか、ありがとね。陰《かげ》でこそこそ言うんじゃなくて、E面と向かって言ってくれたから、⑤かえって気分よかったよ」
「そんな……」
頬がかあっと熱くなった。

――はっきり自分の意見が言えない性格を直したい。

今年の四月、マチが中学校に入学するにあたって目標にしたことだ。その一歩が踏《ふ》み出せたようで胸の奥がじん、とあたたかくなる。

［辻村深月『サクラ咲《さ》く』（光文社文庫「サクラ咲く」収録）］

（注）※新人戦……一、二年生だけで参加する初めての大会。

問一　＝＝部Ａ～Ｄのカタカナは漢字に直し、漢字は読みをひらがなで答えなさい。

問二　＝＝部Ｅの意味として最も適当なものを次の中から一つ選び、記号で答えなさい。

ア　分かりやすい言葉でていねいに
イ　がみがみと口うるさくしかるように
ウ　目の前にいる相手に向かって直接
エ　多くの人が見ている時に大声で

問三　≪１≫～≪３≫に入る言葉として最も適当なものを次の中からそれぞれ一つ選び、記号で答えなさい。

ア　びくっと　イ　きゅっと　ウ　おずおずと　エ　はっと

問四　――部①「すまなそうに話しかけてきた」とありますが、それはなぜですか。理由として最も適当なものを次の中から一つ選び、記号で答えなさい。

ア　紙音の家に一緒に行くことができなくなったから。
イ　紙音の家にマチ一人で行ってもらうことになったから。
ウ　紙音の家に誰も行くことができなくなってしまったから。
エ　紙音の家に行くことがいやになってしまったから。

問五　――部②「とてもいいと思った」とありますが、どのようなことがいいのですか。最も適当なものを次の中から一つ選び、記号で答えなさい。

ア　今までのことを反省したみなみが、すなおに琴穂にあやまってくれたこと。
イ　琴穂の言葉を受け入れたみなみが、自分たちをあてにしてくれたこと。
ウ　人を信用しないみなみが心を入れ替《か》え、初めて感謝を口にしたこと。
エ　周囲とうちとけなかったみなみが、ようやく心を開いてくれたこと。

問六　――部③「自分が無理してる」と同じ内容を表した部分を、本文中から二十三字でぬき出しなさい。

問七　――部④「自分のことって、かえってなかなか気がつけないよね」とありますが、「琴穂」に当てはめると、どのようなことになりますか。本文中の表現を用いて、二十字以上三十字以内で説明しなさい。

問八　――部⑤で琴穂に「かえって気分よかったよ」と言われたマチはどのような気持ちになりましたか。「目標」という言葉を必ず用いて、三十五字以上四十五字以内で説明しなさい。

問九　この文章の特徴《とくちょう》として、最も適当なものを次の中から一つ選び、記号で答えなさい。

ア　三人の気持ちが徐々《じょじょ》に離《はな》れていく様子を、客観的な見方で描《えが》いている。

イ　対立していた三人が打ち解けていく様子を、マチの視点に立って描いている。

ウ　三人の登場人物が少しずつ成長する様子を、会話の多い文体で描いている。

エ　親しくなかった三人が親しくなっていく様子を、外来語を多用して描いている。

三 次の問いに答えなさい。

問一 次の①～④の意味にあてはまる二字の熟語を□の中の漢字を組み合わせて作りなさい。ただし、漢字は一回ずつしか使えません。

① いっしょに仕事をする人。　② ちがった考えや反対意見。
③ 世の中によく知られていること。　④ 生活や行いのもとになる決まり。

相　律　議　名　規　異　棒　著

問二 次の①～④のカタカナを漢字一字と送りがなに直して答えなさい。

① 計算のアヤマリを発見する。　② 黒い雲が低くタレル。
③ アブナイ場所には近寄らない。　④ 西の空が夕日で赤くソマル。

問三 次の①～③の（　）には体の一部を表す言葉が入ります。それぞれの意味に合うような漢字一字を答えなさい。

①（　）を引っ張る・・・（意味）他人の成功の邪魔《じゃま》をする。
②（　）が高い・・・・・・（意味）自慢《じまん》に思う。得意になる。
③（　）が届く・・・・・・（意味）注意や監督《かんとく》が広くおよぶこと。

問四 次の（　）に漢字一字を入れて、①②は対義語（意味が反対や対になる言葉）を、③④は類義語（意味がよく似た言葉）を完成させなさい。

① 義務 ⇕ （　）利　② 吸収 ⇕ （　）散　③ 役者 ＝ 俳（　）　④ 異国 ＝ （　）国

令和４年度　海星中学校　奨学生入学試験Ⅱ

算　数

実施《じつし》時間５０分　　１００点満点

受験上の注意

1．試験開始の合図があるまで，この問題冊子の中を見てはいけません。
2．解答はこの冊子に，はさんである解答用紙に記入してください。
3．実施時間は５０分で，１００点満点です。時間配分に注意して解答してください。
4．コンパス・定規は必要ありません。
5．試験終了《しゅうりょう》後，問題冊子，解答用紙はすべて回収します。
6．質問や体調不良などで，何か問題がおこったときは手をあげて，監督《かんとく》の先生の指示に従ってください。

小学校名	受験番号	氏名
小学校		

海星中学校

1 次の問いに答えなさい。

(1) 次の計算をしなさい。

(i) $23 \times 17 - 23 \times 10$

(ii) $(21 \times 96 + 6) - 49 \times 41$

(iii) $3\frac{1}{2} \div 1\frac{3}{4} \times 2.5$

(2) 24 と 15 の最小公倍数をいいなさい。

(3) 40L で 640km 走る車 A と，56L で 980km 走る車 B が，それぞれ 30L で走るとき，どちらが何 km 多く走ることになりますか。

(4) 電子レンジの出力 400W で 45 秒，900W で 20 秒加熱するのが適当な食品があります。いま，この食品を 500W で加熱するには何秒が適当ですか。

2 次の問いに答えなさい。

(1) 下の□と△にあてはまる数をそれぞれ求めなさい。

$$3 \div 5 = \frac{1}{\square} + \frac{1}{\triangle}$$

(2) 国語，算数，理科の点数の平均点がぴったり 67 点でしたが，社会の点数を入れて計算すると，小数第 1 位を四捨五入して 65 点となりました。社会の点数は何点以上何点以下ですか。

(3) 次の図で色のついた部分の面積を求めなさい。

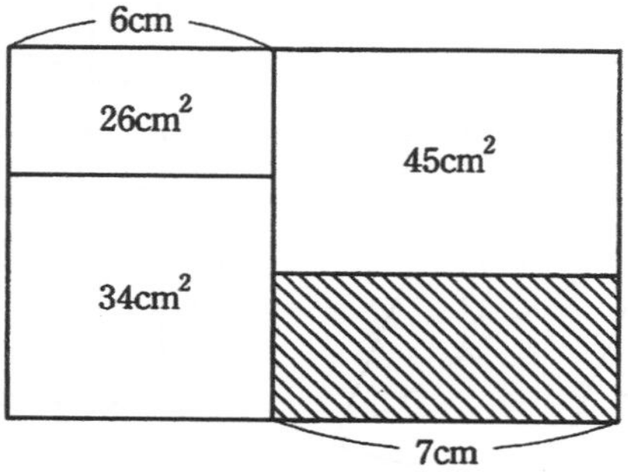

(4) 次の図で色のついた部分の面積を求めなさい。ただし，円周率は 3.14 とします。

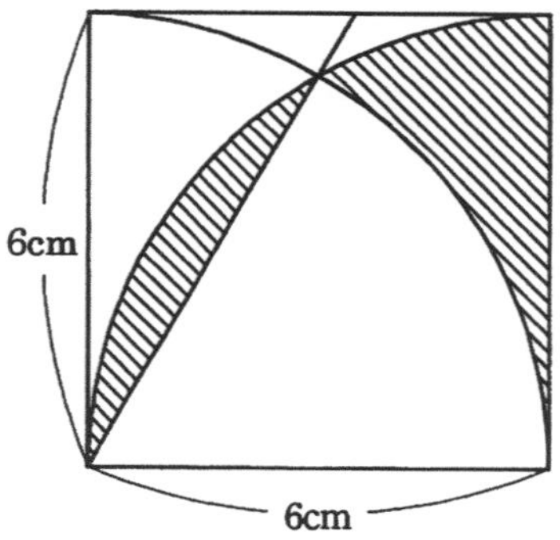

(5) 時計のさす時間が 12 時 40 分でした。このとき，角アの角度を求めなさい。

3　下の図のように，容器①と容器②があります。容器①には，いっぱいに水が入っています。いま，容器①から容器②へ水を移します。このとき容器②で水面の高さは一番下から何 cm のところになりますか。ただし，円周率は 3.14 とし，答えが小数になるときは，小数第 2 位を四捨五入し小数第 1 位まで答えなさい。また，容器の厚みは考えないものとします。

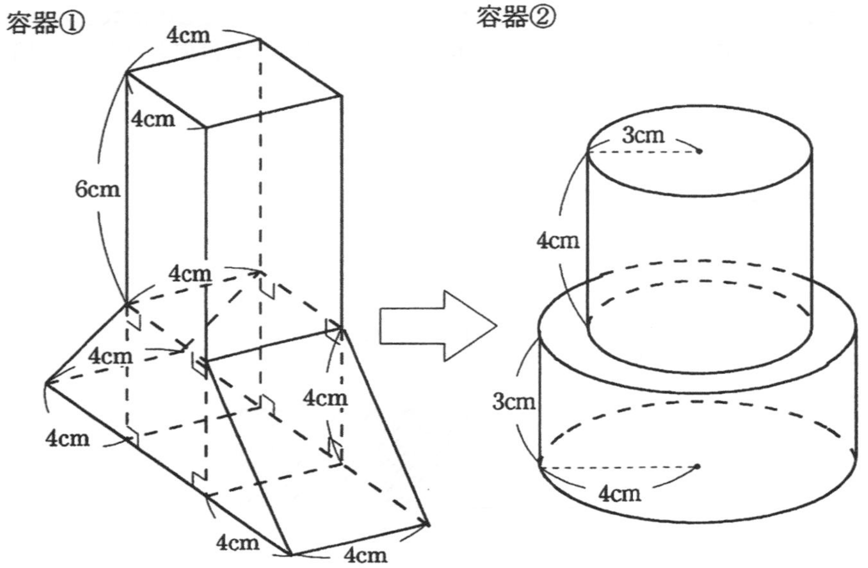

令和４年度　海星中学校　奨学生入学試験Ⅱ

理　科

実施《じつし》時間３０分　　５０点満点

受験上の注意

１．試験開始の合図があるまで，この問題冊子の中を見てはいけません。
２．解答はこの冊子に，はさんである解答用紙に記入してください。
３．実施時間は３０分で，５０点満点です。時間配分に注意して解答してください。
４．試験終了《しゆうりよう》後，問題冊子，解答用紙はすべて回収します。
５．質問や体調不良などで，何か問題がおこったときは手をあげて，監督《かんとく》の先生の指示に従ってください。

小学校名	受験番号	氏名
小学校		

海星中学校

1 次のⅠ、Ⅱの問いに答えよ。

Ⅰ 次の文章を読んであとの問いに答えよ。

図１－a

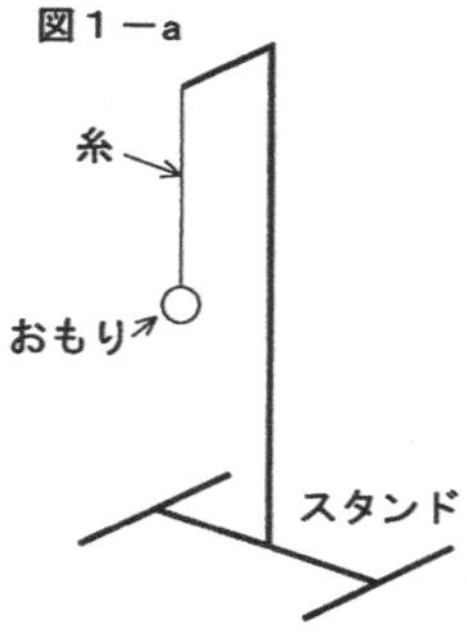

図１－b

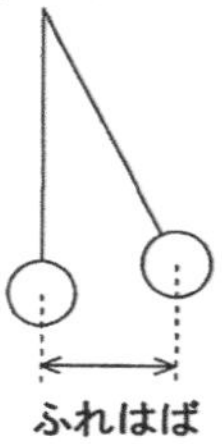

今から400年以上前、ガリレオ・ガリレイという科学者がふり子の動きについてあることを発見した。それは天井《てんじょう》からつるされたランプが大きくゆれても小さくゆれても、その往復時間は同じだったということである。そのときガリレオが気づいたのは「ふり子の往復時間は ① と関係無い」ということだった。

ここでガリレオが気づいたことを実験で確かめてみたい。

この実験をするために、**図１－a**のような実験装置を作った。

ふり子の糸は長さを変えることができ、おもりはねんどで作ってあるので重さを変えることができる。

実験は、ふり子の ① 、 ② 、そして ③ を変化させて<u>１０往復の時間</u>を３回測ることとする。

【実験１】 まず，ガリレオが気づいたことの関係を確かめるため ② 、 ③ を一定にしてふり子をゆらした。このときの実験結果が**表1**である。ただしふれはばは**図１－b**のようにはかるものとする。

表1 糸の長さ 1m、おもり 25g

①	１回目	２回目	３回目
5cm	20.1秒	20.0秒	20.0秒
10cm	20.2秒	20.2秒	20.1秒

時間は１０往復の時間

【実験２】 次に， ② に関係があるかどうかしらべるため、 ① 、 ③ を一定にしてふり子をゆらした。このときの実験結果が**表2**である。

表2 糸の長さ 1m、ふれはば 5cm

②	１回目	２回目	３回目
25g	20.1秒	20.0秒	20.0秒
50g	20.1秒	20.0秒	20.1秒

時間は１０往復の時間

【実験３】 さらに，③に関係があるかを調べるため、①、②を一定にしてふり子をゆらした。このときの実験結果が**表3**である。

表3　ふれはば 5cm、おもり 25g

③	１回目	２回目	３回目
1m	20.1秒	20.0秒	20.0秒
2m	28.0秒	28.2秒	28.1秒

時間は１０往復の時間

問１　上の文中にある空らん①～③には「おもりの重さ」、「ふれはば」、「ふり子の糸の長さ」のいずれかがはいる。それぞれにあてはまる組み合わせとして正しいものを次の**ア～カ**より１つ選び、記号で答えよ。

	①	②	③
ア	おもりの重さ	ふれはば	ふり子の糸の長さ
イ	おもりの重さ	ふり子の糸の長さ	ふれはば
ウ	ふれはば	おもりの重さ	ふり子の糸の長さ
エ	ふれはば	ふり子の糸の長さ	おもりの重さ
オ	ふり子の糸の長さ	ふれはば	おもりの重さ
カ	ふり子の糸の長さ	おもりの重さ	ふれはば

問２　文章中にある下線部のようにするのはなぜか。その理由としてもっとも適切なものを次の**ア～ウ**から１つ選び、記号で答えよ。

ア　時間のはかり始めとはかり終わりのずれの影響《えいきょう》を小さくするため。
イ　回数を多くはかることによって正確な値に近づけるため。
ウ　１往復ごとだと記録する手間がかかるのでその手間をはぶくため。

問３　**実験１～３**の結果からどのようなことがいえるか。次の文章中のＡ、Ｂにあてはまる適切な語句を次の**ア～ウ**よりそれぞれ１つずつ選び、記号で答えよ。ただし、①は**問１**の①と同じである。

「ふり子が１往復する時間は①だけではなくＡにもほとんど関係なく、Ｂできまる」

ア　ふり子の糸の長さ　　**イ**　おもりの重さ　　**ウ**　ふれはば

問４　**実験１～３**をおこなうときの注意として適切でないものを次の**ア～ウ**から１つ選び、記号で答えよ。

ア　ふり子の糸の長さは、つるした場所からおもりの中心までを測る。
イ　おもりはあまり大きくしすぎないように、その形をできるだけ丸くする。
ウ　ゆれているさまがよくわかるように、ふれはばはできるだけ大きくとる。

II　方位磁針を机の上に置いたら、**N極**が北を向いた(**図２－a**)。また**図２－b**のような装置を用意した。これらについて次の問いに答えよ。ただし、図の上を北向きとする。

図２－a

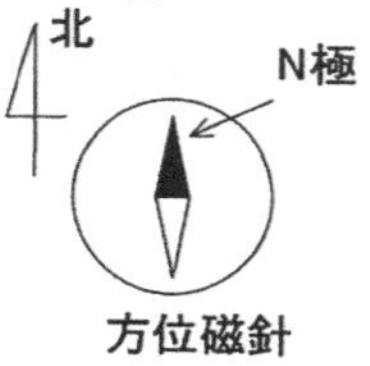

図２－b

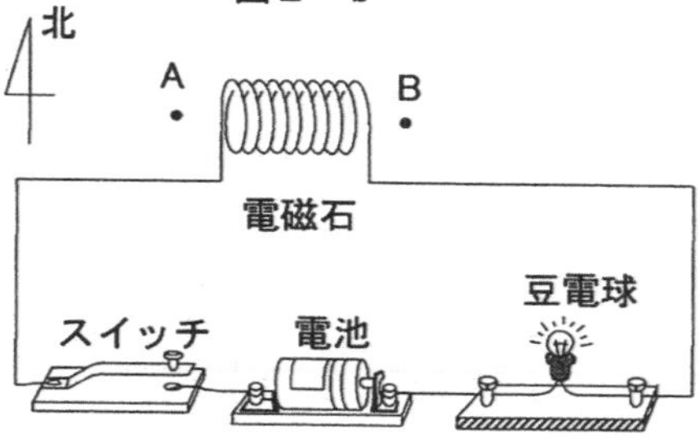

問５　方位磁針の**N極**が北を向くことから、地球は大きな磁石になっていると考えられる。そうであれば北極は**N極**、**S極**のどちらか。

問６　方位磁針を**図２－b**の装置の**点A**に置き、装置のスイッチを入れたところ、方位磁針の**N極**は北西を向いた。この方位磁針を**点B**に置いたら**N極**はどちらを向くか。次の**ア～ク**の中から１つ選び、記号で答えよ。

ア　東　　**イ**　北東　　**ウ**　北　　**エ**　北西　　**オ**　西
カ　南西　　**キ**　南　　**ク**　南東

問７　方位磁針を**図２－b**の**点A**に置いたとき、その**N極**が**問６**のときよりも西側にかたむくようにするために適切ではない方法を次の**ア～エ**から１つ選び、記号で答えよ。

ア　電池２個を並列《へいれつ》につなぐ。　　**イ**　電池２個を直列につなぐ。
ウ　電磁石の導線の巻き数を増やす。　　**エ**　電磁石の中に鉄しんをいれる。

問８　**問７**の**ア～エ**の方法の中で、豆電球が一番明るくなるのはどの方法か。**問７**の**ア～エ**から適するものを１つ選び、記号で答えよ。

2　Ⅰ・Ⅱそれぞれの問いに答えよ。

Ⅰ　次の文章を読んであとの問いに答えよ。

日本では天気の変化に①おおまかな規則性があり、だいたいそれにそって天気が変化したり、四季がおとずれたりしている。ただし、この規則性にすべて従っているわけではなく天気予報はたいへん難しい。過去のデータだけでなく、②空からの映像や全国の観測装置のネットワークなども用いられる。

身近な天気を予想する方法のひとつに空のようすを観察する観天望気《かんてんぼうき》というものがある。観天望気には雲の観察がとても重要であり、どのような雲が、どういう順番で出てきて、どれくらい空をおおっているかを観察する。③同じ雲でも、雨が降りやすい雲、降りにくい雲、強い雨が降る雲などがある。

その他にも昔からの言い伝えで予想する方法もある。たとえば

「夕焼けになると明日は晴れ」
④「ツバメが低く飛ぶと次の日は□」

などがあり、その理由をきちんと説明できるものも多い。

問1　下線部①について、天気が変わる規則性について述べた次の文章中の空らんに適する方角をそれぞれ東、西、南、北のいずれかで答えよ。

「日本での天気は□から□へ変化していく」

問2　下線部②について、空からの映像をとっている装置はなにか。漢字４文字で答えよ。

問3　下線部③について、雲にはいくつかの種類があって名前がついている。つぎにあげる(1)～(3)の雲の特徴《とくちょう》として正しいものを次の**ア**～**ウ**からそれぞれ1つずつ選び、記号で答えよ。

(1)巻雲《けんうん》(すじぐも)　　(2)乱層雲《らんそううん》(あまぐも)　　(3)積乱雲《せきらんうん》(かみなりぐも)

ア　天気のよい日によく見られ、はけではいたような雲。
イ　夏によく見られ、たて方向に大きくなる。かみなりや大雨をもたらす。
ウ　ほかの雲より低いところにあり、雨や雪をふらせる暗い雲。

問4　下線部④について、ツバメが低く飛ぶのは、湿度《しつど》が高くなると空気が重くなり、ツバメのえさとなる虫が低いところに集まるからと考えられている。このことから判断すると下線部④の空らんには「晴れ」、「雨」のどちらの天気がはいるか。

令和４年度　海星中学校　奨学生入学試験Ⅱ

社　会

実施《じつし》時間３０分　　５０点満点

受験上の注意

１．試験開始の合図があるまで，この問題冊子の中を見てはいけません。
２．解答はこの冊子に，はさんである解答用紙に記入してください。
３．実施時間は３０分で，５０点満点です。時間配分に注意して解答してください。
４．試験終了《しゆうりよう》後，問題冊子，解答用紙はすべて回収します。
５．質問や体調不良などで，何か問題がおこったときは手をあげて，監督《かんとく》の先生の指示に従ってください。

小学校名	受験番号	氏名
小学校		

海星中学校

1 次のア～サの文は、下の地図中のＡ～Ｋの都市の特色を述べた文である。これを読んで、あとの問いに答えなさい。

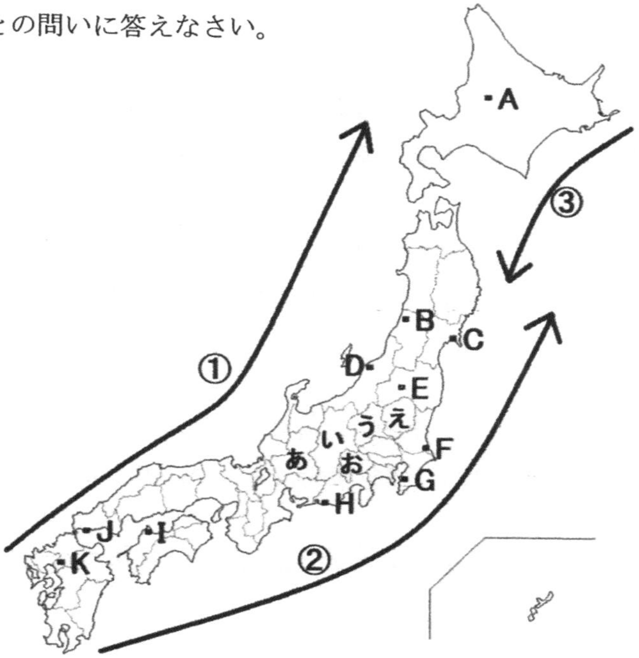

ア：高度経済成長期に、神栖《かみす》市とともに鹿島港を中心とした鹿島臨海工業地帯が造成されて以降、大きく進展した都市である。市の西側には霞ヶ浦《かすみがうら》があり、南側には日本最大流域面積の（Ｘ）川が流れている。

イ：上越《じょうえつ》新幹線の終点地（2021 年現在）で、日本最長の川である（Ｙ）川が日本海に流れ出る都市である。

ウ：市域の大部分が庄内《しょうない》平野の平坦《へいたん》地で、（Ｚ）川によって運ばれた豊富な土壌《どじょう》で稲作をおこなっている都市である。海岸沿いの砂丘《さきゅう》地ではメロンやイチゴの栽培《さいばい》をしている。

エ：埋《う》め立て地に大きな製鉄所がある都市である。京葉《けいよう》工業地域の中心地の一つである。

オ：しまなみ海道で尾道《おのみち》市とつながっており、造船やタオルの地場生産が盛んな都市である。

カ：市の北東部から南西部にかけて、筑後川が流れている。タイヤなどのゴム工業が盛んな都市である。

キ：上川盆地にあり、石狩川などの多くの河川《かせん》合流部に位置する都市である。農業をはじめ食料品、紙・パルプなどの製造業が主な産業である。

ク：市の東部は猪苗代《いなわしろ》湖に面し、市の南部には山地が広がる都市である。江戸時代には城下町として栄え、赤べこなどに代表される伝統工芸などにより、数多くの観光客を集める。

ケ：かつてはウナギが特産品として全国的に有名だった都市である。有数の自動車工業都市であり、東部には全国でも有数の流域を持つ天竜川が流れる。

コ：周防灘《すおうなだ》に面し、付近で産出される石灰石《せっかいせき》を利用して、国内３位のセメント輸出量を誇《ほこ》る都市である。

サ：一級河川の北上川が追波《おっぱ》湾《わん》に流れ出る都市である。主要な産業は、水産業、造船業、製紙パルプ業などである。

問１．アの文の（X）に当てはまる河川名を答えなさい。

問２．イの文の（Y）に当てはまる河川名を答えなさい。

問３．ウの文の（Z）に当てはまる河川名を、下の１～４から選び、番号で答えなさい。
　１　最上《もがみ》川　　２　阿武隈《あぶくま》川　　３　吉野《よしの》川　　４　紀《き》ノ川

問４．ウの文の下線部に関して、日本においてイチゴの生産量が最も多い県を地図中の記号あ～おをもちいて、記号で答えなさい。

問５．エ～クの文が述べている都市を、地図中の記号A～Kをもちいて、それぞれ記号で答えなさい。

問６．下の１～４の雨温図は、地図中のＡ・Ｄ・Ｆ・Ｉのいずれかのものである。
地図中のＤの都市にあてはまる雨温図を選び、番号で答えなさい。

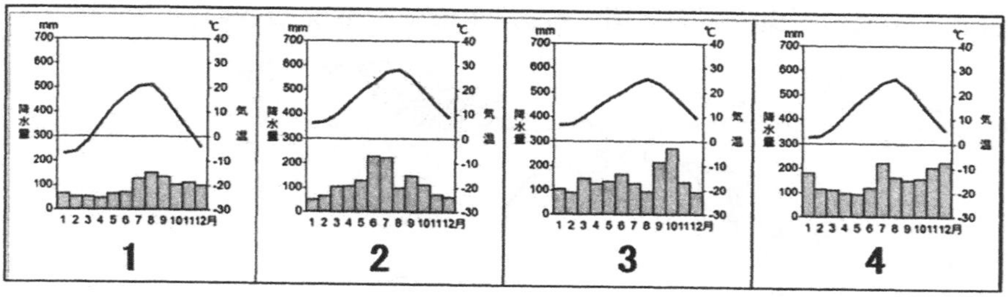

問７．地図中の①・②・③の海流の組み合わせとして正しいものを下の（あ）～（か）の中から一つ選び、記号で答えなさい。

（あ）①千島海流　②日本海流　③対馬海流
（い）①千島海流　②対馬海流　③日本海流
（う）①日本海流　②対馬海流　③千島海流
（え）①日本海流　②千島海流　③対馬海流
（お）①対馬海流　②日本海流　③千島海流
（か）①対馬海流　②千島海流　③日本海流

2　世界の国々について、次の問いに答えなさい。

問１．次の世界地図を見て、環境《かんきょう》問題に関するあとの問いに答えなさい。

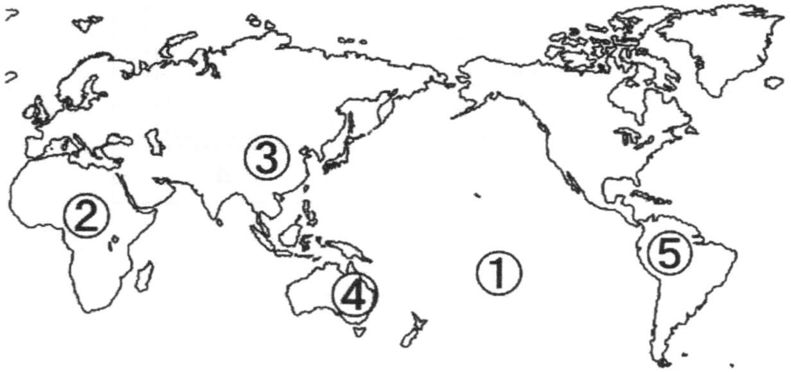

(1) 太平洋に浮《う》かぶ①などの島国は、海水面の上昇《じょうしょう》によって国全体が沈《しず》むおそれがある。このような海水面の上昇を引き起こす原因となっている環境問題を答えなさい。

(2) アフリカ大陸の②の地域では、現在さばく化が問題となっている。さばく化について述べた次の文章ア～エの中で、正しいものを一つ選び、記号で答えなさい。

ア．日本にもさばく化が進んでいる地域がある。

イ．現在、さばく化をくいとめる活動に日本は参加していない。

ウ．さばくの大陸別の割合は、アフリカが一番高い。

エ．人口が増えて食料をたくさん作るため、農牧業をしすぎたことも理由の一つである。

(3) ③の国で大量に排出《はいしゅつ》された有害なガスが、日本で酸性雨《さんせいう》を降らしている。なぜとなりの国で排出された有害なガスによって日本で酸性雨が降るのか。このことについて説明した下の文章の（　X　）の中にあてはまる方位を、漢字一文字で答えなさい。

③の国や日本の上空は、（　X　）から風がふいているため。

国語

令和四年度　海星中学校　奨学生入学試験Ⅱ　解答用紙

小学校

受験番号

名前

一

問一

A

B

C

D

E

問二

問三

問四

プライベート

仕事

問五

問六

問七

問八

問九

問十

※100点満点
（配点非公表）

国語

令和四年度 [illegible]中学校 [illegible]入学者選抜 解答用紙

[illegible]小学校

受検番号

得点

3

cm

4

(1)　毎分　　　m	(2)　　　m	(3)　　時間　　分　　秒後

5

(1)　　　通り	(2)　　　通り

6

(1)	(2)	(3)

問 2			
問 3		問 4	
問 5	cm^3	問 6	
問 7			
問 8			

4

問 1		問 2		問 3			
問 4				問 5		問 6	
問 7							
問 8		問 9					

3	問 1		問 2		問 3	

問 4		問 5	(1)		(2)		(3)	

問 6	

				(A)	(B)	(C)
問 7	(1)		(2)			

4

	①	②	③	④	⑤	⑥	⑦	⑧
人物名								
成し遂げたできごと								

社 会

令和4年度　海星中学校　奨学生入学試験Ⅱ　解答用紙

小学校名		受験番号							氏名	

※50点満点
（配点非公表）

1	問 1	川	問 2	川	問 3		問 4	

	エ	オ	カ	キ	ク				
問 5						問 6		問 7	

2	問 1	(1)		(2)		(3)	

【解答用

理科

令和4年度　海星中学校　奨学生入学試験Ⅱ　解答用紙

※50点満点
（配点非公表）

小学校名		受験番号							氏名	

1

Ⅰ	問 1		問 2		問 3	A	B	問 4		
Ⅱ	問 5	極	問 6		問 7		問 8			

2

Ⅰ	問 1	日本での天気は（　　）から（　　）へ変化していく				
	問 2					
	問 3	(1)	(2)	(3)	問 4	
Ⅱ	問 5	→ →				
	問 6		問 7		問 8	

【解答用

算 数

令和4年度　海星中学校　奨学生入学試験Ⅱ　解答用紙

小学校名		受験番号							氏名	

※100点満点
（配点非公表）

1

(1) (i)	(ii)	(iii)	(2)
(3)　　　が　　　km 多く走る		(4)　　　秒	

2

(1)　□　と　△	(2)　　点以上　　点以下

【解答用

問二

問三
1
2
3

問四

問五

問六

問七

問八

問九

三

問一
①
②
③
④

問二
①
②
③
④

問三
①
②
③

問四
①
②
③
④

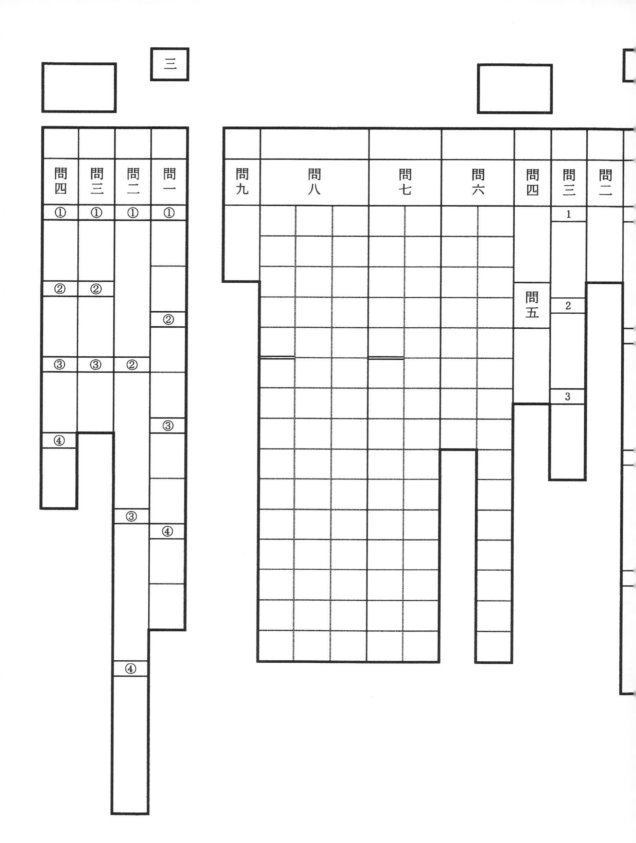

(4) ④の国では、登下校にサングラス着用が義務づけられている学校がある。これは地球をおおう、ある層が破壊《はかい》されて、紫外線《しがいせん》が届くようになったからであるが、破壊されたある層とは何か。解答欄《らん》に合わせて答えなさい。

(5) ⑤の国では、多くの森林が伐採《ばっさい》されている。この乱開発されている密林を流れる世界一の流域面積をもった河川名を答えなさい。

3 下の表は弥生《やよい》時代から江戸《えど》時代までのできごとをまとめた表である。これを見て、あとの問いに答えなさい。

時代	できごと
弥生《やよい》	①米作りが本格的にはじまり、各地に広がっていった。
古墳《こふん》	大和朝廷《やまとちょうてい》という政府をつくり、②大王《おおきみ》が支配していた。
飛鳥《あすか》	③聖徳太子が役人の心得を示す十七条の憲法を作った。
奈良	④人々は伝染病《でんせんびょう》に苦しみ、貴族の反乱も起こるなど、世の中が乱れた。
平安	武士の中でも⑤源氏と平氏が勢いを強め、中央の政治に関わるほどの大きな力を持つようになった。
鎌倉《かまくら》	⑥源頼朝《みなもとのよりとも》によって幕府が開かれた。
室町《むろまち》	⑦足利尊氏《あしかがたかうじ》によって幕府が開かれた。
安土桃山《あづちももやま》	織田信長《おだのぶなが》は、⑧城下町に自由に商業を行うことを許した。
江戸《えど》	徳川家康《とくがわいえやす》によって幕府が開かれ、⑨約 260 年間続いた。

問１．下線部①の時代に邪馬台国《やまたいこく》を支配していた「女性の王」の名前を**漢字**で答えなさい。

問２．下線部②の時代には、権力を持つ王や豪族《ごうぞく》が多くの古墳を建設した。下の図のようなつくりをしている古墳の名前を**漢字**で答えなさい。

問３．下線部③について、聖徳太子は十七条の憲法以外にも役人の位を12段階に分け、家柄《いえがら》に関係なく能力により役人を取り立てた制度を下のア～エの中から一つ選び記号で答えなさい。

ア．大宝律令《たいほうりつりょう》　　イ．御成敗式目《ごせいばいしきもく》　　ウ．冠位十二階《かんいじゅうにかい》　　エ．明治憲法

問４．下線部④の時代には、世界を仏の光で照らすことを願い聖武天皇によって奈良に寺が建てられた。聖武天皇が建てた寺を下のア～エの中から一つ選び、記号で答えなさい。

ア．東大寺　　イ．法隆寺《ほうりゅうじ》　　ウ．清水寺　　エ．唐招提寺《とうしょうだいじ》

問５．下の日本地図を見て、各問いに答えなさい。

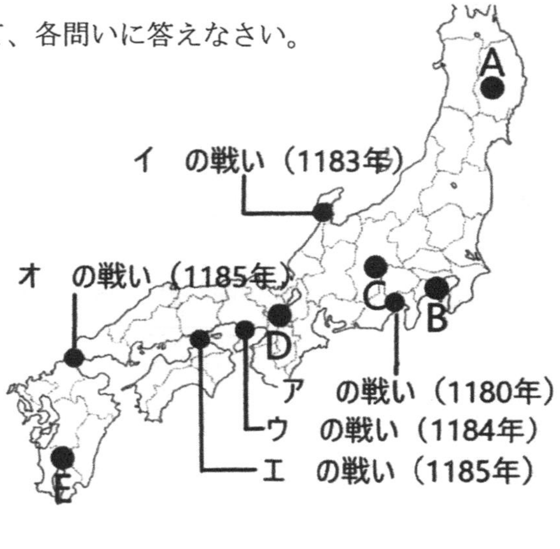

（1）下線部⑤の時代には武士政治の始まりとともに、源氏と平氏が力を強めていった。源氏が平氏を打ち破った壇ノ浦《だんのうら》の戦いが行われた場所を地図中のア～オの中から一つ選び、記号で答えなさい。

（2）下線部⑥の時代に源頼朝によって開かれた幕府の所在地をA～Eの中から一つ選び、記号で答えなさい。

（3）下線部⑦の時代に足利尊氏によって開かれた幕府の所在地をA～Eの中から一つ選び、記号で答えなさい。

問6．下線部⑧の時代に織田信長が治めていた安土城《あづちじょう》の城下町では自由に商業をすることを許していた。このようなルールを何というか答えなさい。

問7．下線部⑨について、あとの問いに答えなさい。

（1）徳川家康は朝廷からどのような職を与《あた》えられたか。下のア～エの中から一つ選び、記号で答えなさい。

ア．摂政《せっしょう》　　イ．関白　　ウ．内閣総理大臣　　エ．征夷大将軍《せいいたいしょうぐん》

（2）次の文は江戸時代の百姓《ひゃくしょう》の暮らしについて書かれたものである。資料を参考にし（A）～（C）に当てはまる語句、数字を答えなさい。

江戸時代の百姓は（A）や（B）などの農具を開発し、農作業を速く楽にできるようにした。その結果、資料1を見てわかるように、1450年と1720年を比べると約（C）倍に増えた。

（A）

（B）

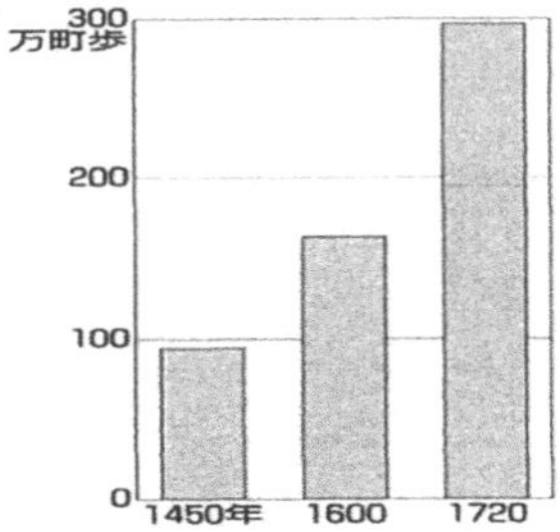

資料1

4 明治以降の日本について、下の表は日本のお札に関連する人物名とその人物が成《な》し遂《と》げたできごとについてまとめたものである。右のページの①～⑧の写真にあてはまる人物名をア～ク、人物が成し遂げたできごとを**A～H**の中から選び、それぞれ記号で答えなさい。

人物名	成し遂げたできごと
ア．野口英世《のぐちひでよ》	A．富岡製糸場などの設立に関わり、「蚕業《さんぎょう》の父」と呼ばれた。
イ．北里柴三郎《きたざとしばさぶろう》	B．最初の女子留学生としてアメリカにわたり、日本の女子教育に影響を与えた。
ウ．渋沢栄一《しぶさわえいいち》	C．国際連盟の事務局次長を務め、平和のために力をつくした。
エ．福沢諭吉《ふくざわゆきち》	D．ガーナなどで黄熱病《おうねつびょう》の研究に取り組んだ。
オ．樋口一葉《ひぐちいちよう》	E．欧米にわたり、「学問のすすめ」を書くなど、教育者として活躍した。
カ．津田梅子《つだうめこ》	F．ドイツへ留学し、破傷風《はしょうふう》という病気の治療法を発見した。
キ．新渡戸稲造《にとべいなぞう》	G．人間の心を読み取った作品を残し、「吾輩は猫である」を発表した。
ク．夏目漱石《なつめそうせき》	H．女性の悲しみを表現した「たけくらべ」を残した。

①

②

③

④

⑤

⑥

⑦

⑧

II　次の文章を読んであとの問いに答えよ。

次の**図ア～ウ**は日本の冬に、ある場所で月のようすをスケッチしたものである。ただし、図の上下はそのまま月を見たときの上下であり、背景は見やすくするためにすべて黒くしてある。

図

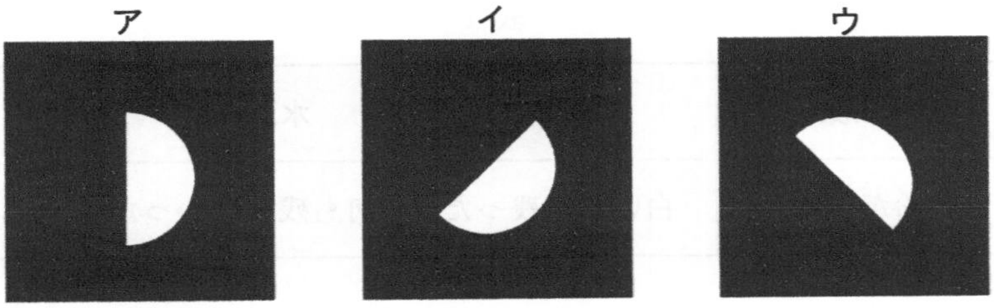

日本から見ると、月は［①］から出て［②］にしずむように観察できる。また［③］の方角に見える時刻は日によってちがう。たとえば**図ア**の半月が［③］の空に見えるのは夕方ごろである。

月が現れる時刻は日によってちがうが、姿を変える時間は変わらず、満月が次の満月になるまでは約30日と決まっている。

問５　上の**図ア～ウ**を時間の早い順に並べよ。

問６　文章中の空らん［①］～［③］に入る方角として適するものはなにか。適する組み合わせを次の**ア～エ**から１つ選び、記号で答えよ。

	①	②	③
ア	東	西	北
イ	西	東	南
ウ	東	西	南
エ	西	東	北

問７　冬に空らん［③］の方向に見える星座はどれか。次の**ア～エ**から適切なものを１つ選び、記号で答えよ。

ア　はくちょう座　　**イ**　こぐま座　　**ウ**　さそり座　　**エ**　オリオン座

問８　文章中の下線部のような性質を利用して、昔の人はあるものを作った。そのあるものは現在も使われているが、それは月ではなく太陽を利用したものである。そのあるものとは何か。

3 **水よう液(A〜D)**の性質を調べるため４つの実験を行い、その結果を表にまとめた。次の問いに答えよ。

実験１　**水よう液(A〜D)**を蒸発皿に入れ、ガスバーナーで加熱して水分を蒸発させ，あとに残ったものを調べた(**表１**)。

表１

	水よう液A	水よう液B	水よう液C	水よう液D
残ったもの	白い粉が残った	白い粉が残った	何も残らなかった	何も残らなかった

実験２　**水よう液(A〜D)**を試験管に入れ、緑色のBTB液を加え色の変化を観察した(**表２**)。

表２

	水よう液A	水よう液B	水よう液C	水よう液D
色	緑色	青色	青色	黄色

実験３　塩酸、うすい塩酸、水酸化ナトリウム水よう液、アンモニア水、水をそれぞれ試験管に入れ、緑色のBTB液を加え色の変化を観察した(**表３**)。

表３

	塩酸	うすい塩酸	水酸化ナトリウム	アンモニア水	水
色	黄色	黄緑色	青色	青色	緑色

実験４　**実験２**のあとの**水よう液C**にうすい塩酸を$3cm^3$ずつ$12cm^3$まで加え、色の変化を観察した(**表４**)。

表４

うすい塩酸の量 (cm^3)	0	3	6	9	12
水よう液Cの色	青色	青緑色	緑色	黄緑色	黄色

問１　**実験１・２**を行う際、各水よう液を別の容器に移すために次の**図**の実験器具を用いた。この実験器具の名称を答えよ。

図

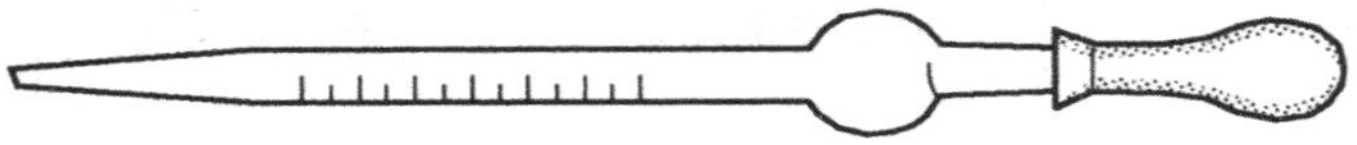

問２　**実験１**の結果から、水よう液はA, Bのように加熱後に白い粉が残るものと、C、Dのように何も残らないものの２つに分けることができる。二酸化炭素を水に溶かした水よう液（炭酸水）を**実験１**のように加熱し水分を蒸発させると、どのようになるか。そのように考えた理由も合わせて30字以内(句読点を含む)で答えよ。

問３　**水よう液**(A～C)は次の**ア**～**エ**いずれかの物質を水に溶かしたものである。**水よう液B**はどれを溶かしたものか。次の**ア**～**エ**の中から１つ選び記号で答えよ。

ア　砂糖　　**イ**　食塩　　**ウ**　水酸化ナトリウム　　**エ**　アンモニア

問４　青色リトマス紙に**水よう液D**をつけるとどのような変化が見られるか答えよ。

問５　**実験４**で**水よう液C**が中性になったのは、うすい塩酸を何cm^3加えたときか。

問６　**水よう液D**に鉄を入れると、気体が発生して鉄は溶けた。発生した気体の名前を答えよ。

問７　**問６**の実験で用いる鉄は、同じ重さでも大きな粒状のものより細かい粉末状のものを用いる方が早く反応が進んだ。細かい粉末状の鉄の方が速く反応する理由を20字以内で答えよ。

問８　群馬県の草津温泉でわき出る湯は、強い酸性を示す。そのため草津温泉から流れ出る湯川は魚がすめない、また農業用水にも使えない川であった。そのため，ある物質をまぜた水を湯川に町の工場から流して魚がすめる状況にしている。ある物質を次の**ア**～**エ**の中から１つ選び記号で答えよ。

ア　酸素　　**イ**　食塩　　**ウ**　酢　　**エ**　石灰

4 インゲンマメの種子が発芽するのに何が必要か調べるため、条件をいろいろ変え①～⑤の実験を行った。発芽に関する次の問いに答えよ。

実験	種をまくところ	コップを置くところ	光にあてる	発芽の結果
①	乾いた脱脂綿《だっしめん》	教室（20℃）	あてない	発芽しない
②	水でしめらせた脱脂綿《だっしめん》	教室（20℃）	あてない	発芽する
③	水の中にしずめた脱脂綿《だっしめん》	教室（20℃）	あてない	発芽しない
④	水でしめらせた脱脂綿《だっしめん》	冷ぞう庫（5℃）	あてる	A
⑤	水でしめらせた脱脂綿《だっしめん》	教室（20℃）	あてる	発芽する

問１　実験を行うときには、どのような点に気をつけて行うとよいか。次の**ア**～**エ**の中から１つ選び記号で答えよ。

ア　条件を１つ同じにして、あとから結果を比べやすくする。
イ　条件を２つ同じにして、あとから結果を比べやすくする。
ウ　条件を１つ変えて、それ以外の条件を同じにする。
エ　条件を２つ変えて、それ以外の条件を同じにする。

問２　**実験④**の発芽の結果を表した A にあてはまることばを答えよ。

問３　種子の発芽に、水が必要であるかどうかを調べるためには、**実験①～⑤**のうちどれとどれを比べたらよいか。**実験①～⑤**の中から２つ選び、記号で答えよ。

問４　種子の発芽には、水以外にどのような条件が必要か。水以外に必要な条件を２つ答えよ。

問５　実験に使った種子の断面図を観察したところ下の**図**のようになった。発芽して根・くき・葉になるのは**B**と**C**のどちらか。記号で答えよ。

図

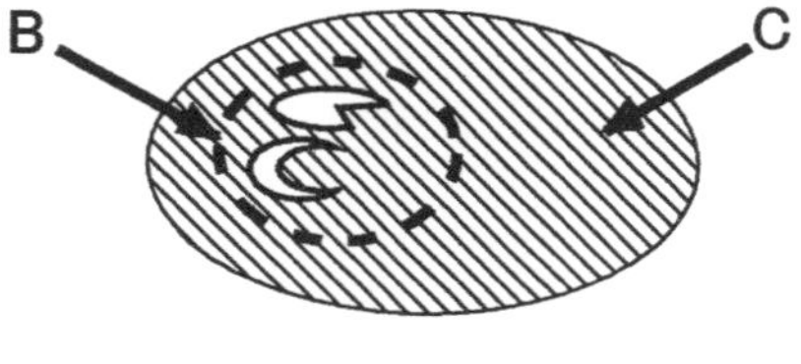

2022(R4) 海星中　奨学生Ⅱ
K 教英出版

問6　発芽する前の種子を半分に切り、ヨウ素液をたらすと青むらさき色に変化した。この結果から種子には何がふくまれているか答えよ。

問7　発芽した後の子葉に**問6**と同じようにヨウ素液をたらしたところ、青むらさき色に変化している部分はほとんどなかった。これは**問6**で答えた物質がなくなったからである。その理由を答えよ。

問8　**図**の種子をBとCの部分を分けるように切断したあと、インゲンマメの種子が発芽する条件でBの部分だけの実験を行った。この実験結果を説明したものを次の**ア**～**エ**の中から１つ選び、記号で答えよ。

ア　まったく育たなかった。
イ　根が少しのびたが、これ以上は育たなかった。
ウ　根・茎・葉を形成したが、子葉を形成しなかった。
エ　根・茎・葉・子葉を形成したが、少し小さい状態で形成した。

問9　発芽のときに出てくる子葉の数は種類によって異なる。子葉の数がインゲンマメと同じ枚数になる植物を次の**ア**～**エ**の中から１つ選び、記号で答えよ。

ア　トウモロコシ　　**イ**　イネ　　**ウ**　マツ　　**エ**　ヒマワリ

4 つづきさん，ごとうさん，いしばしさんの 3 人は池のまわりをジョギングで進みます。つづきさんは毎分 190m で，ごとうさんは毎分 90m で 2 人とも左回りの方向へ進み，いしばしさんは右回りの方向へ進みます。3 人が同じ地点から同時に出発したところ，25 分後にいしばしさんとつづきさんがはじめて出会い，それから 10 分後にいしばしさんとごとうさんがはじめて出会いました。このとき，次の問いに答えなさい。

(1) いしばしさんの進む速さは毎分何 m ですか。

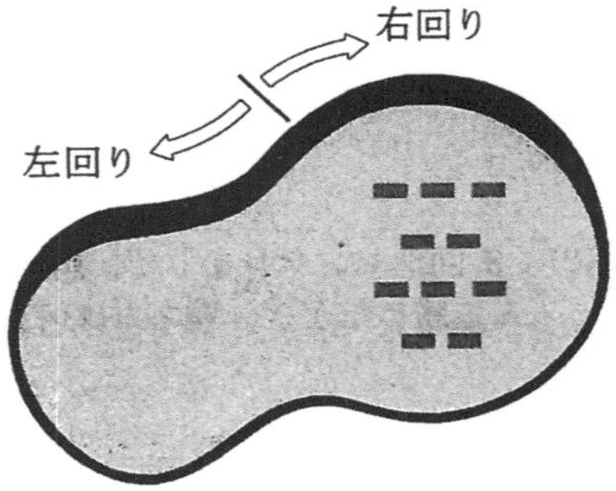

(2) 池のまわりの長さは何 m か求めなさい。

(3) つづきさんがごとうさんに，はじめて追いつくのは出発して何時間何分何秒後ですか。

5 れいなさんとかずみさんが 2 人でジャンケンをしました。ただし，あいこについては引き分けとして，回数を 1 回加算します。

(1) 1 回ジャンケンをして，れいなさんが勝ちました。勝ち方は何通りありますか。

(2) 3 回ジャンケンをして，勝った回数が多かった方を勝ちとします。れいなさんが，かずみさんに勝ったとき，勝ち方は何通りありますか。

6 次のような規則で，数字を並べていきます。さらに，例えば 3 列目で 2 行目にある数を(3, 2)と表し，そこにある数が 3 なので，(3, 2)＝ 3 と書くことにします。このとき，次の問いに答えなさい。

…	…	…	…	…	…	…
…	…	…	…	…	…	…
4行目	4	4	4	4	…	…
3行目	3	3	3	4	…	…
2行目	2	2	3	4	…	…
1行目	1	2	3	4	…	…
	1列目	2列目	3列目	4列目	…	…

(1) (5, 7)の数を求めなさい。

(2) (8, 1)から(8, 15)までを一直線で結ぶとき，(8, 1)と(8, 15)をふくむ一直線上にあるすべての数を足すと，いくつになりますか。

(3) (3, 4)，(12, 4)，(12, 10)，(3, 10)を直線で結んでできる四角形の頂点をふくむ，辺上にあるすべての数を足すと，いくつになりますか。

二　次の文章を読んで、後の問いに答えなさい。

文化祭が終わると、教室内の空気は十二月の※新人戦に向けて緊張《きんちょう》感を高めていくようだった。夏の大会ではまだ出場できなかった一年生の中にも、新人戦なら活躍《かつやく》できる子が出てくる。マチたちの科学部は関係ないが、運動部の子たちはみな、忙《いそが》しそうだった。

放課後の教室にも、部活の話題が増えていた。運動部の子たちの顔が心なしか興奮して見える。大変そうだけど、楽しそうだ。

そんな中、ジャージに着替《きが》えたみなみが①すまなそうに話しかけてきた。

「マチ、今日のことなんだけど……」

科学部に行くしたくをしていたマチは、すぐにピンときた。夏休みにAヤクソクして以来、マチとみなみは高坂紙音《しおん》の家を一緒《いっしょ》に訪ねる機会が多くなっていた。お互《たが》いに部活がある日を選んで待ち合わせるのが当たり前になっていたので、今日も紙音の家に一緒に行くつもりだった。

みなみが言った。

「紙音のところ、今日は私一人で行くよ。陸上部、新人戦前でみんな張りきってるから、科学部よりも終わるの、遅《おそ》くなると思う」

「そうなんだ」

「うん。――紙音の家に行くのも、今日はだいぶ遅くなっちゃうんだけど」

文化祭の合唱練習の間も、みなみとマチは紙音の家を何度も訪ねた。しかし、応対に出てくるのは最初の日と同じように、いつでも紙音のお母さんだけだった。

一学期の最初、マチの制服のしつけ糸を切ってくれたあの子は、今、一人きりの部屋で過ごしているのかもしれない。そう考えると、胸の奥《おく》が≪　1　≫なる。

「私、一人で行こうか」

マチが言うと、みなみがびっくりしたように「え」と呟《つぶや》いた。

問五　━━部③「また今度ね」とありますが、ここでは次のような意味で用いられています。空欄《くうらん》にあてはまる言葉を六字で答えなさい。

「また今度□□□□□□ね。」という意味。

問六　━━部④「仕事が速い」とありますが、筆者が考える仕事の速さとはどういうことですか。十五字以上二十字以内で答えなさい。

問七　□には共通した四字の言葉が入ります。その言葉を本文中から四字でぬき出しなさい。

問八　【あ】に入る言葉を次の中から一つ選び、記号で答えなさい。

ア　買い物　　イ　仕事　　ウ　旅行　　エ　食事

問九　本文を読んで、筆者の生き方について三人で話しています。会話文中の「　　」に入る十一字の表現を本文中からぬき出しなさい。

前川さん：「みんな、人に迷惑をかけることはしたくないはずだけれど、筆者は特に物事の流れに気を付けていると思うんだ。」

村谷さん：「確かに、筆者はスムーズに動くことを心《こころ》掛《が》けているみたいだもんね。」

川村さん：「うん、きっと筆者は「　　　　　」ことを大切にしていると思うな。」

問十　本文の内容として最も適当なものを次の中から一つ選び、記号で答えなさい。

ア　生活も仕事も選択《せんたく》の連続であるから、選ばないままでいると自分にも他人にも負担になる。

イ　選択できずに迷っている人の代わりに素早く決定することが仕事の成功には欠かせないことだ。

ウ　美術展などに行ってたくさんの絵を見ることが、すばやい判断力をつけるためには必要なことだ。

エ　迷ったり、悩んだりして流れを止めることは、人が生きる上でもっとも無駄《むだ》な時間だといえる。

〔松浦弥太郎『暮らしのなかの工夫と発見ノート　今日もていねいに。』（ＰＨＰ文庫刊）〕

（注）※漫然……ぼんやりする様子。

問一　＝＝部Ａ～Ｅのカタカナは漢字に直し、漢字は読みをひらがなで答えなさい。

問二　本文には次の一文がぬけています。どこに入れるのが適当ですか。直前の五字をぬき出しなさい。
見た瞬間、どれを選ぶべきかわかるのです。

問三　――部①「僕と初めて出かけた人は、びっくりします」とありますが、それはなぜですか。具体例を二つ探し、三十字以上三十五字以内でまとめなさい。

問四　――部②「プライベートのことだけでなく、仕事でもなんでも同じです」とありますが、次のア～オを「プライベート」と「仕事」とに分け、それぞれ記号で答えなさい。

ア　ハワイに商品を買い付けに行く。
イ　旅行先をフランスに決める。
ウ　両親の結婚《けっこん》記念日を祝う。
エ　社長の代わりに入社式で挨拶《あいさつ》をする。
オ　調査結果を会議で発表する。

一

次の文章を読んで、後の問いに答えなさい。

お詫び

著作権上の都合により、文章は掲載しておりません。

ご不便をおかけし、誠に申し訳ございません。

教英出版

令和４年度　海星中学校　奨学生入学試験Ⅱ

国　語

実施《じつし》時間５０分　　１００点満点

受験上の注意

1．試験開始の合図があるまで，この問題冊子の中を見てはいけません。
2．解答はこの冊子に，はさんである解答用紙に記入してください。
3．句読点・記号は字数に含《ふく》みます。（ただし，※１などの注は含《ふく》みません）
4．問題の都合上，文章を一部変更《へんこう》しています。
5．実施時間は５０分で，１００点満点です。時間配分に注意して解答してください。
6．試験終了《しゆうりよう》後，問題冊子，解答用紙はすべて回収します。
7．質問や体調不良などで，何か問題がおこったときは手をあげて，監督《かんとく》の先生の指示に従ってください。

小学校名		受験番号	氏名
	小学校		

海星中学校

2022(R4) 海星中　奨学生Ⅱ
K 教英出版

600　500　400　300

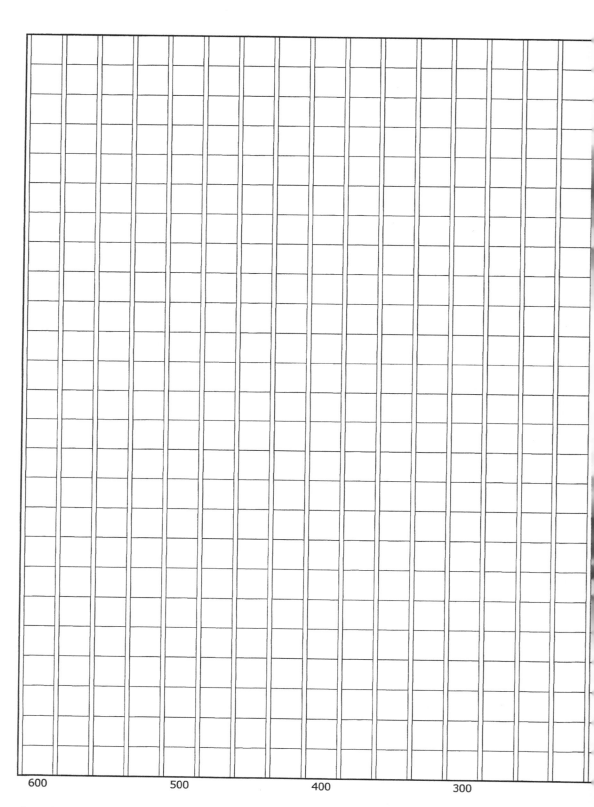

総合学力試験

令和４年度　海星中学校　奨学生入学試験Ⅰ　解答用紙

小学校	小学校	受験番号		氏　名	

/130

※130点満点
（配点非公表）

1

問題１				
問題２				
問題３	ウ		エ	
	オ		カ	
問題４	百万ｔ			

2

問題１	A組	人	B組	人	C組	人
問題２	%					
問題３	ア					
	イ					
	ウ					

【解答

丈夫《じょうぶ》で加工しやすいプラスチックは、世界中でさまざまな製品に使われています。しかし、便利な反面、そのプラスチックゴミの一部は海へ流出し、分解されずに半永久的に残ってしまいます。このことから近年、問題視されているのが、マイクロプラスチックです。日本では、令和三年六月にプラスチックごみの削減《さくげん》とリサイクルの促進《そくしん》を目的とする「プラスチックに係《かか》る資源循環《じゅんかん》促進法等に関する法律」ができました。（令和四年四月頃から実際に運用される予定です。）

マイクロプラスチックを削減《さくげん》するためには、プラスチック自体を減らすことが重要です。そこで、レジ袋のように、お弁当や飲み物を販売《はんばい》するときにつけるプラスチック製のストローやフォークなどを有料化することが検討されています。これらはカトラリーと呼ばれるもので漂着《ひょうちゃく》ごみの中の割合は左のグラフの通りです。

あなたは、プラスチック製のストローやフォークなどを有料化することに賛成ですか、それとも反対ですか。

次の【条件】に合わせてあなたの意見を解答用紙に書きなさい。

漂流ごみ調査結果 重量比

（全国10カ所サンプリング）

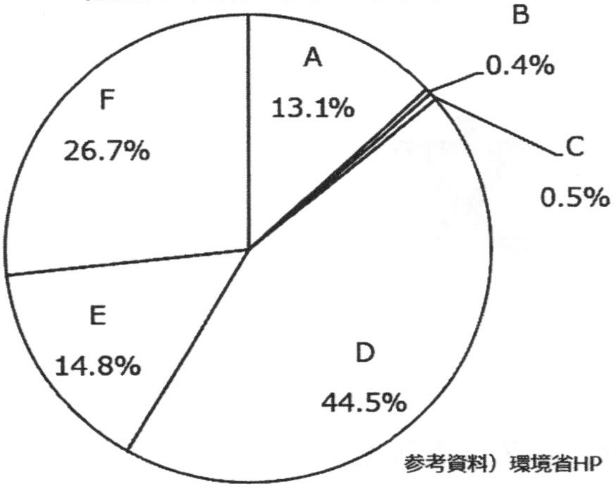

A ： 飲料用ボトル等プラボトル・容器類

B ： ポリ袋

C ： カトラリー(プラスチック製のフォーク、スプーン、ナイフ、ストロー、マドラー)

D ： あみやロープ等の漁の道具

E ： ブイ、発砲スチロールのブイ

F ： その他プラスチック

令和４年度　海星中学校　奨学生入学試験Ⅰ

作　文

実施《じっし》時間４５分　　７０点満点

受験上の注意

1．試験開始の合図があるまで，この問題冊子の中を見てはいけません。
2．作文はこの冊子に，はさんである解答用紙に記入してください。
3．実施時間は４５分で，７０点満点です。時間配分に注意して解答してください。
4．試験終了《しゅうりょう》後，問題冊子，解答用紙はすべて回収します。
5．質問や体調不良などで，何か問題がおこったときは手をあげて，監督《かんとく》の先生の指示に従ってください。

小学校名　　　　小学校　　受験番号　　　　氏名

海星中学校

3 あきらさんたちは、校外学習でアイスクリーム製造工場に出かけました。

工場に着くと、屋上に太陽光パネルがあるのにひとみさんは気がつきました。

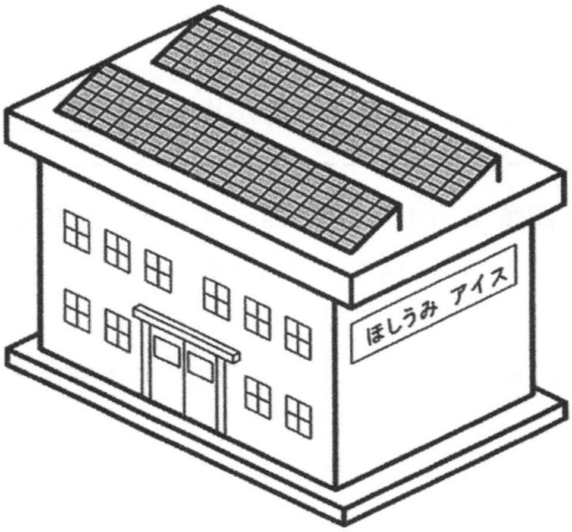

ひとみ　「あきらさん、太陽光パネルがいっぱいあるよ。」

あきら　「この工場は、使用する電気を屋上の太陽光発電で作っているんだって。」

ひとみ　「太陽光発電で作られる電気量は、季節や天候によって変わるんじゃない？」

あきら　「確かにそうだけど、現在は蓄電《ちくでん》（電気を貯めること）の技術も高くなっているし、どうしても足りないときは電力会社から電気を買うこともできるみたいだよ。」

ひとみ　「工場で使う電気を太陽光発電で作る理由は、電力会社から買うよりも安いからかな。」

あきら　「それもあるらしいけど、それ以上に［　　　　　　　　］ためということの方が大きいと、先生が話していたよ。」

問題１　［　　　　　］に当てはまる太陽光発電のメリットを具体的に書きなさい。

あきらさんたちは、商品の出荷を担当している山田さんから説明を受けました。そこには、アイスクリームを詰《つ》めた１辺1mの立方体の箱が積んでありました。

<図 A>

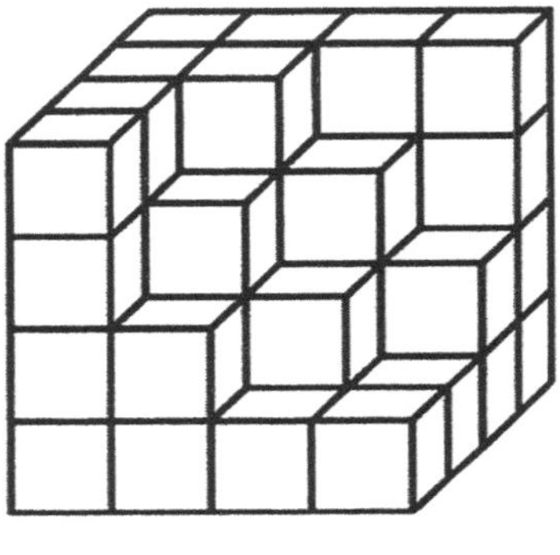

係　長　「現在は、奥から商品ごとに積んでありますが、出荷するときには、低温を維持《いじ》しやすいように、立方体の表面同士がなるべく多く重なるように入れ替《か》えます。現在の状態<図 A>では、床と接している面を除いて、どれくらい重なっているか分かりますか。」

あきら　「例えば、2 個の立方体が 1 つの面で重なっているとき、重なっている面積は、2 ㎡ と考えればいいですか。」

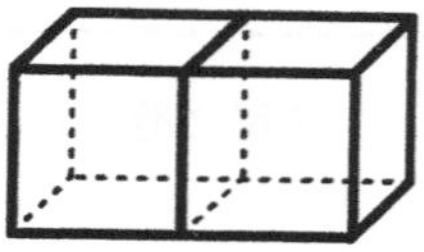

係　長　「そうです。床に接している面を除いて、立方体の表面がどれくらい外から見えなくなっているか、考えてください。」

ひとみ　「そうか、分かりました。［　　　］㎡ですね。」

問題 2　図 A に積まれている立方体の個数を答えなさい。ただし、見えない部分はすき間なく立方体が積まれているものとします。

問題 3　［　　　］に当てはまる数値を求めなさい。

あきらさんたちは、工場見学の最後に、工場で製造されたアイスクリームを試食させてもらいました。

ひとみ　「作られる過程を見た後に食べるアイスクリームの味は、格別だね。」

あきら　「とてもおいしいね。袋には原料名がたくさん書いてあるよ。また、どんなアレルギー物質が含まれているかも…、あれ、賞味期限が書いてないよ。」

ひとみ　「さっき係長さんが冷凍庫の前で説明したじゃない。『アイスクリームは保存期間よりも［　　　　］管理が重要な食品だから、賞味期限や消費期限の表示義務はない。』って。」

問題 4　［　　　　］に当てはまる言葉を書きなさい。

4　はるなさんとゆうきさんの学級では、学習発表会の準備をしています。

はるなさんたちは、ことわざについて学習したことを発表しようとしています。

ゆうき　「ことわざには、動物や体の一部が出てくるものが多いね。」
はるな　「『犬も歩けば棒にあたる』とかだね。」
ゆうき　「みんなに興味を持ってもらうために、クイズを作ってみたらどうかな。」
はるな　「ことわざに使われている体の一部を □ にしてうめていくのはどうかしら。」
ゆうき　「いいね。同じ体の一部は1回しか用いないとか、ルールが必要だね。」
はるな　「それなら、選択形式にしよう。」

問題 1　ゆうきさんたちは、次のようなクイズを作りました。ア～カの □ を答えなさい。

＜ことわざクイズ＞
次の □ に当てはまる言葉を左のカードの中から選び、ことわざを完成させましょう。

ア）　どんぐりの □ 比べ
イ）　馬の □ に念仏
ウ）　鬼の □ にも涙《なみだ》
エ）　仏の □ も三度
オ）　能ある鷹《たか》は □ を隠《かく》す
カ）　良薬は □ に苦し

ともみさんたちは食料自給率と日本の農業について発表しようとしています

ともみ　「世界の食料自給率をクイズ形式にして、発表しようと思っているんだけど、どうかな。」

世界の国々と日本の食料自給率（2018）

	小　麦	豆　類	果実類	卵　類	魚かい類
ア	240%	274%	102%	100%	33%
イ	16%	0%	39%	218%	129%
ウ	83%	45%	13%	93%	65%
エ	12%	7%	38%	96%	55%
オ	152%	191%	67%	103%	65%

日本の食料自給率（2018）

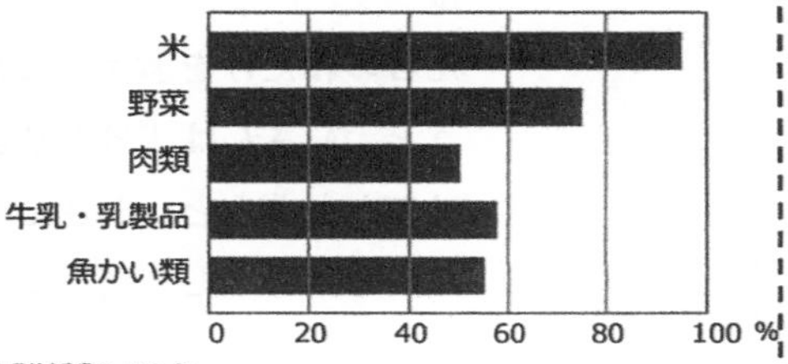

参考資料）農林水産省ホームページ

なな　「左の表だけでは難しいから、右のグラフもつけるといいかも。」

ともみ　「授業でもやったけど、日本では、平野が少ない山間部や海岸部のために山などの斜面に棚田《たなだ》を作ったから、お米の自給率は高いんだね。」

なな　「それにね、棚田《たなだ》は、お米を作る他に［　　　　　］の役割も果たしてきたみたいだよ。」

ともみ　「へえ、そうだったんだ。」

問題 2　表のア～オの中から日本を選んで記号で答えなさい。

問題 3　［　　　　　］にふさわしい言葉を書きなさい。

いさみさんたちは、算数のクイズについて話し合っています。

いさみ　「先生から教えてもらった問題を分かりやすく説明したいんだけど、はなえさん手伝ってくれる？」

はなえ　「もちろんいいわよ。でも、なかなか難しそうね。」

いさみ　「1 から 6 までの目があるサイコロを 2 個同時に先生が振《ふ》って、A さんには出た目の積だけを、B さんには出た目の和だけを教えるんだ。その後、先生が A さんに 2 つの目は何かと問うと、A さんは『分かりません。』と答えた。そして、B さんにも 2 つの目は何かと問うと、B さんも『分かりません。』と答えた。それを聞いた A さんがしばらくして『分かりました。』と手を挙げて正解を答えた、という問題なんだ。」

はなえ　「最初は分からなかった A さんが、B さんの『分かりません』を聞いたから 2 つの目が分かったという話ね。順を追って考えてみよう。まず、サイコロの 2 つの目の組み合わせは、(2 と 4)、(4 と 2) などを同じ組み合わせと見なすならば、全部で 21 通りになるね。そのうち、2 つの目の積を聞いただけで、組み合わせが決定できるものも多いよね。」

いさみ　「うん、例えば積が 1 なら (1 と 1)、20 なら (4 と 5) みたいにね。だから、2 つの目の積から組み合わせが決定できないのは、積が [ア] になる時だね。」

はなえ　「そっか、A さんが聞いたのは [ア] の中のどれかだったということだね。A さんの『分かりません。』を聞いて B さんも分からなかったのは、[ア] になる組み合わせの中に、2 つの目の和が同じ数になるものが 2 通りあるからなんだ。つまり、B さんが聞いた 2 つの目の和が [イ] または [ウ] だったから、B さんは 2 つの目の組み合わせを決定できなかったんだね。」

いさみ　「そうだよ。B さんが『分かりません。』と答えたことで A さんが分かったということは、A さんが聞いていた数が、[ア] の中の [エ] または [オ] だったということになるんだよ。」

はなえ　「だから、A さんが聞いた数がどちらかによって正解となる組み合わせが変わるんだ。うん、とても面白い問題だね。」

問題 4　[ア] に当てはまる 2 つの目の積をすべて答えなさい。

問題 5　[イ] ～ [オ] に入る数字をそれぞれ答えなさい。

問題 6　正解となる 2 通りの組み合わせを、(1 と 1)、(4 と 5) のように答えなさい。

なつはさんたちは、太陽の高さと気温について学習したことを発表しようとしています。

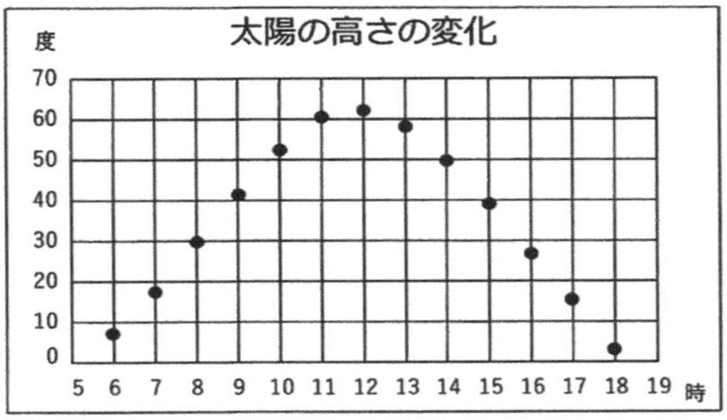

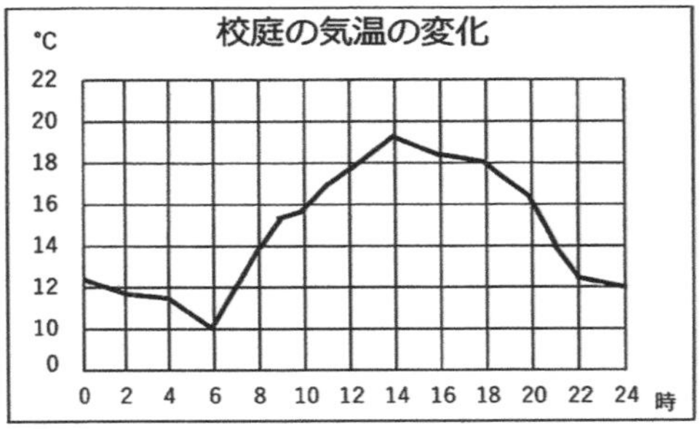

なつは　「太陽が南の空で最も高くなるのは12時ごろね。」

たかし　「そうね、でも最も気温が高いのは12時ではなく、14時ごろだね。」

なつは　「それは、［　ア　］からね。」

たかし　「気温が一日の中で一番低くなるのは日の出ごろなのは、［　イ　］からだね。」

問題 7　［ア］～［イ］にふさわしい理由を解答用紙に記入しなさい。

令和４年度　海星中学校　一般入学試験Ⅰ

国　語

実施《じっし》時間５０分　　１００点満点

受験上の注意

１．試験開始の合図があるまで，この問題冊子の中を見てはいけません。
２．解答はこの冊子に，はさんである解答用紙に記入してください。
３．句読点・記号は字数に含《ふく》みます。(ただし，※１などの注は含《ふく》みません)
４．問題の都合上，文章を一部変更《へんこう》しています。
５．実施《じっし》時間は５０分で，１００点満点です。時間配分に注意して解答してください。
６．試験終了《しゅうりょう》後，問題冊子，解答用紙はすべて回収します。
７．質問や体調不良などで，何か問題がおこったときは手をあげて，監督《かんとく》の先生の指示に従ってください。

小学校名		受験番号	氏名
	小学校		

海星中学校

2022(R4) 海星中　一般
K 教英出版

一　次の文章を読んで、後の問いに答えなさい。（設問の都合により、1～5の記号をつけています）

自分で言ってしまうけれど、私は世界一のナマコ研究家だ……などと自慢《じまん》しても、実は世界に一〇人くらいしかナマコの研究者はいない。ナマコなど研究していると、よくこう聞かれる。「そんなもの研究してなんの意味があるの？」と。まさにおっしゃるとおり。私が研究しているのは食べるナマコではないし、ナマコの研究者がいなくなっても、私も君たちも、そして世の中も、そんなには困らない。

でも、やっぱり世界に一〇人くらいはナマコ研究家がいなくてはならない。ナマコは生物。私も生物、君たちも生物。生物を知るためにはほかの生物も知らなければいけない。「皆《みな》さんもぜひ生物学者になろう！」などとは言わないが、①生物学を学ぶ意味はもちろんある。

君たちは今いろいろな科目を習っている。けれど、それが将来なんの役に立つのか？なんて考えたら、直接は役に立たないかもしれないし、数学者にならないから数学は勉強しない、と開き直る人もいるだろう。【　1　】「数」という概念《がいねん》はとても重要なものだ。・・・1

例えば、人間は一人ひとり個性が異なるかけがえのない存在だが、数えるとあなたと君と私で「三人」となる。だから手は六本。「三」を※1普遍《ふへん》的に考えると3×2＝6という数式が成り立ち、それに則《のっと》っていろいろなことを考えることができる。手が二本と六本とでは、やれることに違《ちが》いが出てくる。数式化できれば、とても便利で、リンゴが落ちるのも、月が地球の周りを回るのも、同じように※2抽象《ちゅうしょう》化して考えて、ニュートンの運動方程式に則って計算できるのだ。計算できるからこそ、りっぱな建物が建てられるし、ロケットを打ち上げることもできる。

お米も牛乳も鉛筆《えんぴつ》もまったく異なる物質だけれど、②お金＝貨幣《かへい》で買うことができる。鉛筆が一本一〇〇円、お米が一〇キロで三〇〇〇円と値段を付ければ、お金という抽象的なもので交換《こうかん》が利《き》く。そうでなければ経済学が成り立たない。「Aバンブツは数である」と言ったのは古代ギリシャの哲学《てつがく》者ピタゴラスだが、すべてを抽象的な数で考えたからこそ、貨幣経済が可能になったのだ。君たちがお金を出してものを買うことのBハイケイには数学がある。今の社会でまともな人間として生きるには数学を勉強しなければならない理由はここにある。・・・2

同じように、君たちがまともな生き物として生きていくには生物学を学ばなければならない。自分自身を知るには、生物について勉強しなければいけないのだ。・・・[3]

なぜ勉強するのか？という問いに対して、ギリシャの偉大《いだい》な哲学者であり生物学者の※3祖でもあるアリストテレスは「三つの知識」を考えた。①生活の必要のための知（実用の知）、②≪　X　≫のための知、③学問的（理論的）な知である。・・・[4]

「生活の必要のための知」とは、交通ルールを知らなければ自動車にひかれてしまうし、稲《いね》の生態や天候、そして水をどう引いてくるかという土木の知識がなければお米をつくることもできない。お金を稼《かせ》ぐにはなんらかの専門家にならなければいけないが、そのためには勉強しなければならない。これらはすべて生活に必要な、③実用の知だ。

【　2　】、勉強は「≪　X　≫」につながるものでもある。スポーツを楽しむにはルールを学ぶことが必要だ。さらに、現代社会のさまざまな技術は、よりおいしく、より便利に、より快適に、という私たちの快楽に奉仕《ほうし》するものでもある。

そして、アリストテレスが「C高貴なる知」と呼ぶ「学問的な知」がある。アリストテレスの著書『※4形而上《けいじじょう》学』の冒頭《ぼうとう》には「すべての人は生まれながらにして知ることを欲《ほっ》する」とD記されている。知ることは楽しみなんですね。知ることは安心への道でもある。自分がこの世の中でどういう位置を占《し》めているのかを知ると安心できるが、逆に知らなければ不安が募《つの》る。知る楽しさをもとに、世界を知り、自分自身を知り、それによって世界の中での自分の位置を知る。これが④学問の楽しさだ。・・・[5]

［本川達雄著『生物学を学ぶ意味』（筑摩書房『何のために「学ぶ」のか〈中学生からの大学講義〉1』収録）］

（注）※1 普遍……すべてのものに共通すること。
　　　2 抽象…………物事を頭の中でおおまかにとらえること。
　　　3 祖………はじめ、もと。
　　　4 形而上学……現象の根本的な原理について探求する学問。

問一　══線部A～Dの漢字は読みを、カタカナは漢字をそれぞれ答えなさい。

問二【 1 】【 2 】に入る最も適当な言葉をそれぞれ次の中から選び、記号で答えなさい。

ア　また　　イ　すると　　ウ　すなわち　　エ　しかし

問三 ――― 部①「生物学を学ぶ意味」について筆者が述べている段落はどれですか。本文中の[1]～[5]の中から一つ選び、その記号で答えなさい。

問四 ――― 部②「お金=貨幣で買うことができる」の言いかえとなっている表現を本文中から十七字でぬき出しなさい。

問五 《 X 》に共通して入る言葉を、本文中から二字でぬき出しなさい。

問六 ――― 部③「実用の知」について次の問いに答えなさい。

1 「実用の知」の言いかえとなっている部分を本文中から十字以内でぬき出しなさい。

2 「実用の知」がなければ生活に影響《えいきょう》を与《あた》えてしまう例として、本文には具体的にどのようなことが書かれていますか。本文中の表現を用いて二つ答えなさい。

問七 ――― 部④「学問の楽しさ」とはどういうことですか。その具体例として最も適当なものを次の中から一つ選び、記号で答えなさい。

ア　友だちと教え合うことによって、算数の問題の解き方を多くの人たちに分かってもらえるようにすること。

イ　学級での活動を通し、同じ問題に挑戦《ちょうせん》したり、理科の実験を一緒《いっしょ》に行ったりする大切な仲間ができること。

ウ　英語を学び、会話ができるようになることで、外国への興味が広がり、日本についての理解につながること。

エ　社会の学習で人物の名前や歴史的出来事の年号をしっかり努力して暗記し、テストで良い点数を取ること。

問八　本文の内容として最も適当なものを次の中から一つ選び、記号で答えなさい。

ア　生物学や数学などは人間として生きていく上で必要な内容であり、直接人生に関《かか》わってくるため、積極的に学んでいくべきだ。

イ　理学部や文学部で行う学問は私たちの生活を便利で豊かにするため、好《す》き嫌《きら》いに関係なく専門的な知識をつけることは必要だ。

ウ　哲学者ピタゴラスが述べる学問的な知とは、知る楽しさをもとに世界や自分を知った上で自分の位置を知っていくことである。

エ　今の社会でまともに生きていくためには、自分の将来に必要ないと決めつけずに数学や生物学などを学ぶことにも意味がある。

二　次の文章を読んで、後の問いに答えなさい。

レオニトとセリョージャは、チェルノブイリ原発事故により大きな被害《ひがい》を受けたベラルーシから日本へホームステイに来た子どもたちです。トランプでセリョージャに負けたレオニトが、あばれ出しました。

レオニトはふくろを逆さにふって、中のものを和室じゅうにばらまき散らした。こげ茶色の小さな石のようなものが部屋じゅうにA転がっていく。

セリョージャがレオニトの腕《うで》をはげしくつかんだ。

セリョージャの青い瞳《ひとみ》いっぱいに怒《いか》りと哀《かな》しみが広がっている。ぶたれると思ったのかレオニトは目を細め、顔をそらした。

セリョージャはBランボウにレオニトの手をC放しただけだ。そして、だまって①こげ茶色の小さなものを拾いはじめた。石ではない。なにかの種のような形……。

イーゴリ先生もいっしょに拾いながら、セリョージャに話しかけている。

セリョージャはときどき口もとを引きしめながら、涙《なみだ》を必死でこらえ、こたえている。それを聞いていたレオニトが、いきなり部屋を飛びだした。そのまま二階にかけあがっていく。

《中　略》

「あれは……なに？　拾ってたもの……」

わたしは和室の方をむいて立ったまま、※恒平さんにたずねた。

「〝レネット〟っていってたね、林檎《りんご》の種だと思う」

静かな恒平さんの声が返ってきた。

「レネット……？」

「セリョージャが生まれた村に、そんな種類の林檎があるんじゃないかな……。大きな金色の林檎だって……」

「大きな、金色？　金色の林檎？」

6 次のような規則で，数字を並べていきます。さらに，例えば 3 列目で 2 行目にある数を(3，2)と表し，そこにある数が 3 なので，(3，2)＝ 3 と書くことにします。このとき，次の問いに答えなさい。

…	…	…	…	…	…	…
…	…	…	…	…	…	…
4行目	4	4	4	4	…	…
3行目	3	3	3	4	…	…
2行目	2	2	3	4	…	…
1行目	1	2	3	4	…	…
	1列目	2列目	3列目	4列目	…	…

(1)　(5，6)の数を求めなさい。

(2)　(7，1)から(7，10)までを一直線で結ぶとき，(7，1)と(7，10)をふくむ一直線上にあるすべての数を足すと，いくつになりますか。

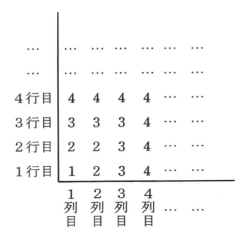

5 れいなさんとかずみさんが 2 人でジャンケンをしました。ただし，あいこについては引き分けとして，回数を 1 回加算します。

(1) 1 回ジャンケンをして，れいなさんが勝ちました。勝ち方は何通りありますか。

(2) 2 回ジャンケンをして，勝った回数が多かった方を勝ちとします。れいなさんが，かずみさんに勝ったとき，勝ち方は何通りありますか。

4 池のまわりに 1 周 480m の遊歩道があります。この道をりんたろうさんが毎分 65m で，だいきさんは毎分 55m で，同じ地点を同時に出発して歩きます。このとき，次の問いに答えなさい。

(1) 2 人がお互いに反対方向へ歩くとすると，出発して何分後にはじめて出会いますか。

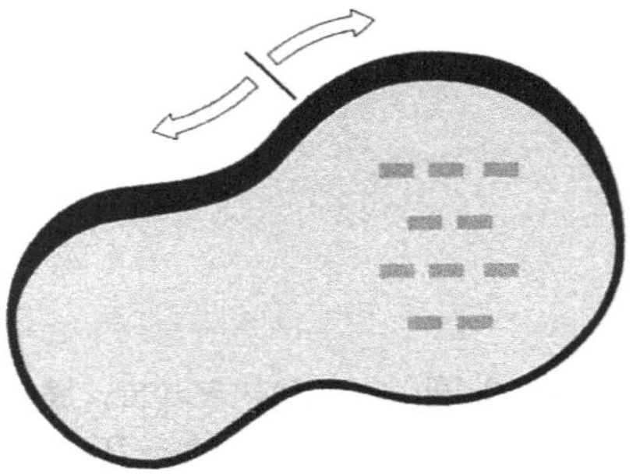

(2) 2 人が同じ方向へ歩くとすると，りんたろうさんがだいきさんに，はじめて追いつくのは出発して何分後ですか。

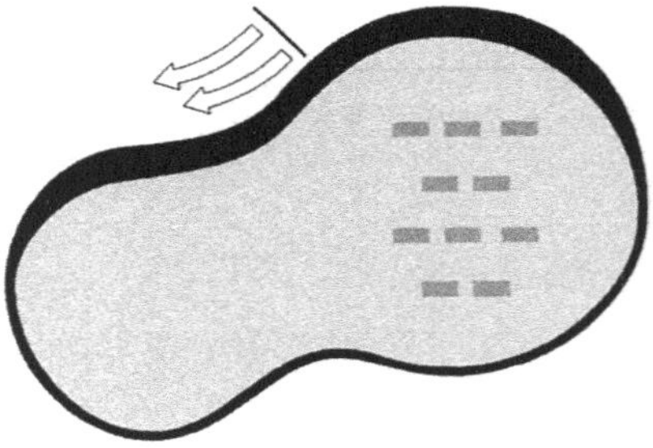

問八

二

問一
A
がって
B
C
した
D
って
E
り

問二

問三

問四

問五

問六

問七
1
ア
イ
ウ
2

三

問一
①
ア
イ
②
ア
イ

問二
①
②
③

問三
1
①
②
③
2
①
②
③

問四
①
②

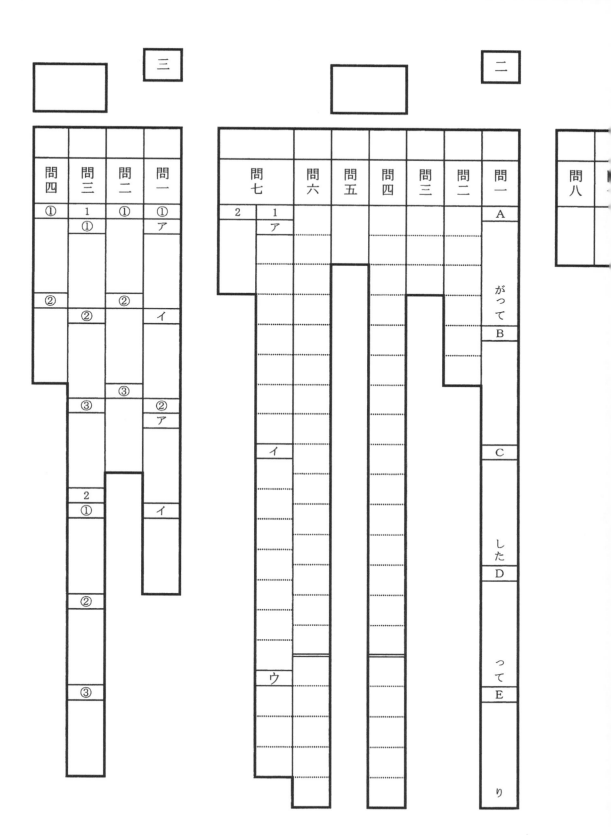

算　数

令和4年度　海星中学校　一般入学試験Ⅰ　解答用紙

小学校名		受験番号							氏名	

※100点満点
（配点非公表）

1

(1) (i)	(ii)	(iii)	(2)
(3)　km	(4)　点		

2

(1)	(2)　秒	(3)　cm^2	(4)　cm^2

【解答用

3

(1) cm^3	(2) cm^3	(3) cm

4

(1) 分後	(2) 分後

5

(1) 通り	(2) 通り

6

(1)	(2)

国語

令和四年度　海星中学校　一般入学試験Ⅰ　解答用紙

小学校

受験番号

名前

※100点満点
（配点非公表）

一

問一
A
B
C
D
されて

問二
1
2

問三

問四

問五
X

問六
1
2

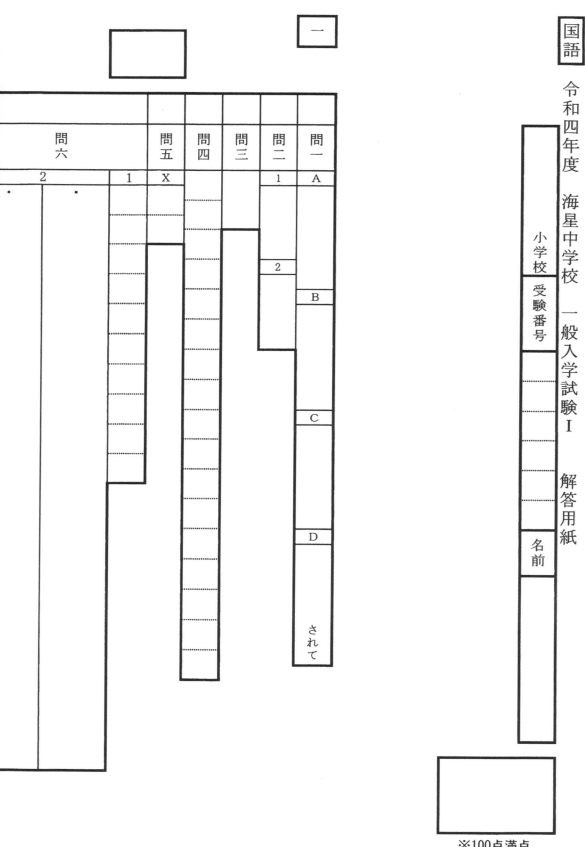

3 下の図のように，容器①と容器②があります。このとき，次の問いに答えなさい。

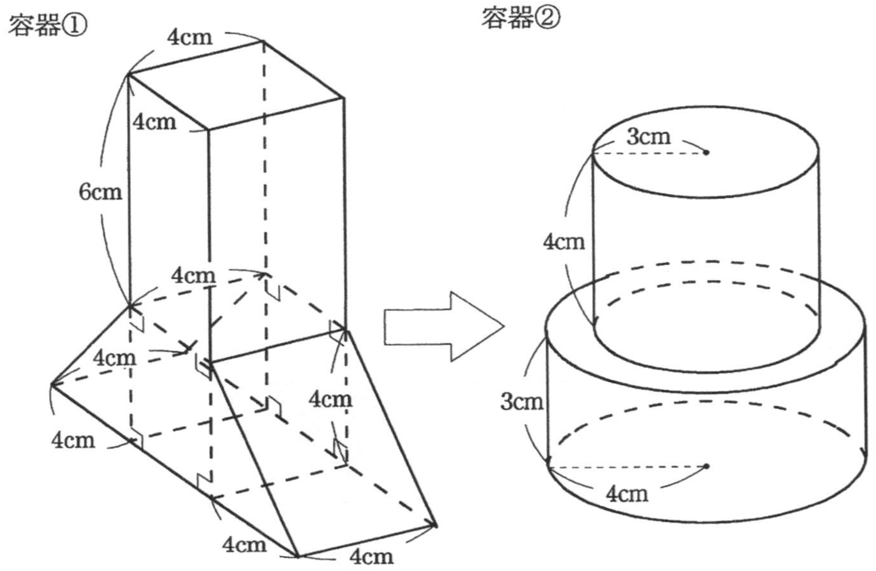

(1) 容器①の体積を求めなさい。

(2) 容器②の体積を求めなさい。ただし，円周率は 3.14 とします。

(3) 容器①には，いっぱいに水が入っています。いま，容器①から容器②へ水を移します。容器②で水面の高さは一番下から何 cm のところになりますか。ただし，円周率は 3.14 とし，答えが小数になるときは，小数第 2 位を四捨五入し小数第 1 位まで答えなさい。また，容器の厚みは考えないものとします。

2 次の問いに答えなさい。

(1) 下の□にあてはまる数を求めなさい。

(□× 3 − 4)× 2 = 10

(2) 電子レンジの出力 400W で 30 秒，800W で 15 秒加熱するのが適当な食品があります。いま，この食品を 1200W で加熱するには何秒が適当ですか。

(3) 次の図で色のついた部分の面積を求めなさい。

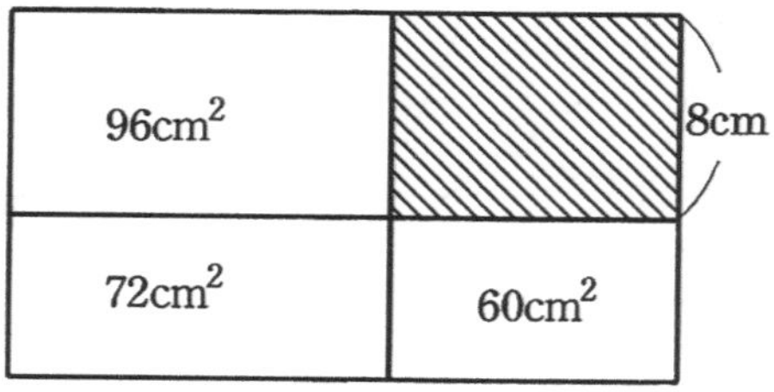

(4) 次の図で色のついた部分の面積を求めなさい。ただし，円周率は 3.14 とします。

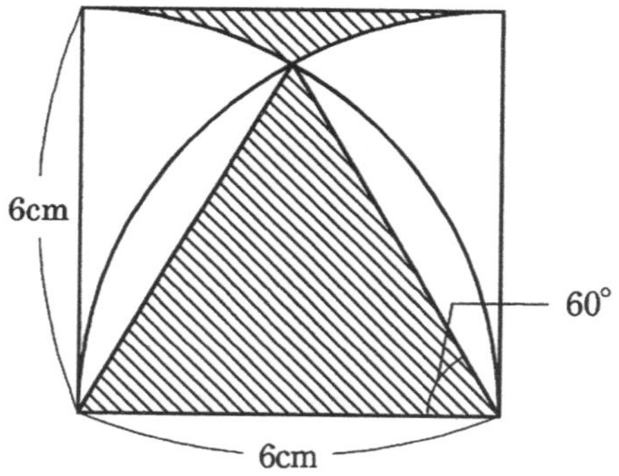

(5) 時計のさす時間が 4 時でした。このとき，角アの角度を求めなさい。

1 次の問いに答えなさい。

(1) 次の計算をしなさい。

(i) $2022 - 49 \times 41$

(ii) $12 - 2 \times 3 + 6$

(iii) $\frac{1}{2} \div \frac{3}{4} \times 3.6$

(2) 3と7の最小公倍数をいいなさい。

(3) 40Lで640km走る車は30Lで何km走ることになりますか。

(4) 国語と算数の得点の平均点がぴったり67点でした。国語だけの得点が70点だったとき，算数の得点は何点になりますか。

令和４年度　海星中学校　一般入学試験Ⅰ

算　数

実施《じっし》時間５０分　　１００点満点

受験上の注意

１．試験開始の合図があるまで，この問題冊子の中を見てはいけません。
２．解答はこの冊子に，はさんである解答用紙に記入してください。
３．実施時間は５０分で，１００点満点です。時間配分に注意して解答してください。
４．コンパス・定規は必要ありません。
５．試験終了《しゅうりょう》後，問題冊子，解答用紙はすべて回収します。
６．質問や体調不良などで，何か問題がおこったときは手をあげて，監督《かんとく》の先生の指示に従ってください。

小学校名		受験番号	氏名
	小学校		

海星中学校

「僕《ぼく》のロシア語もまだまだから……。でも、たぶん、そういってたよ」

「セリョージャの生まれた村は、もうないんでしょう?」

わたしはふりかえると、和室と居間をしきる引き戸にもたれるようにしゃがみこんだ。

「そうだね……。原発の事故のあと、埋《う》められた村はたくさんあるよ。みんな少しの間だけだといわれて、なにも持たずに村をはなれたんだ。着のみ着のままで……家のものはみんな放射能で汚染《おせん》されてるとも知らされずにね……すぐ帰れると信じていたんだ」

けれど――村にはもう二度ともどれなかった。

「村じゅうのなにもかもが埋められてしまうんだ。自分の家もこわされて……。放射能をあびたからってなにも外見は変わらないのに……信じられないよな」

恒平さんがため息をついた。

「みえればいいのに……」

思わずわたしはつぶやいていた。

「放射能がみえればいいのに……」

「……そうだね」

そういって恒平さんは少しの間、だまっていた。

「②ほんとにみえて味がすれば、みんな苦しまなくてもすむのにな……」

ひとりごとのようにそういうと、恒平さんは、林檎の種を拾いながらセリョージャから聞いたことを話してくれた。

――村が埋められると決まったとき、被曝《ひばく》したセリョージャの父親は病床《びょうしょう》についていたという。

林檎の実る季節だった。

レネット……林檎の樹々《きぎ》も倒《たお》され埋められてしまうのだ。

母親と祖父はこっそりと立入り禁止になっている村にもどり、かごいっぱいレネットをとってきた。父親が最後に食べたい、といった大きな金色の林檎。

母親はその林檎の種を大切にとっておいた。いつか、どこかの大地でレネットが実ればいいね……そういい残していたという――。

あのベージュの古い布ぶくろの中には、そんな思いがつまっていたのだ。

③わたしは恒平さんに背をむけた。

泣いていることを知られたくなかった。

イーゴリ先生と恒平さんは帰っていき、入れちがいに仕事からもどってきた父がセリョージャたちと車をDアラっている。

レオニトはすぐに父にもなついた。

「レオニト、屋根から下りろってば！」

父が笑いながら注意してもレオニトには通じない。セリョージャとレオニトのロシア語が、二階のわたしの部屋まで【　④　】のように流れてくる。

海からの風が、かもめの鳴き声を運んでいた。

わたしは机の上に置いたレネットの種をみつめていた。

和室の掃除《そうじ》をするふりをして、三粒《つぶ》、みつけだしたのだ。

セリョージャに返したい。

セリョージャの母親と祖父が、危険をおかしてまでとってきた林檎。汚染されていることがわかっていても、父親はこの林檎を口にしたかったのだ。

レネット――。大きな金色の実がなる林檎の樹《き》も切られて、埋められてしまった。

この種も放射能におかされているのだろうか……。

それでも、セリョージャの母親は大切にこの種をしまい、夢を託《たく》した。

いつの日か、どこかの大地に自分の故郷の林檎がたわわに実る日がくることを。

セリョージャは母親の死後、その夢を受けつぎ、お守りのように持ちあるいているのだろう。
セリョージャにこの種を返したいのに、⑤その勇気がなかった。
わたしは緑色のEオり紙で小さなふくろをていねいに作った。その中に三粒の種を入れる。落ちないか逆さにしてためした。
わたしはそれを、そっとセリョージャのリュックに押《お》しこんだ。

［名木田恵子著『レネット　金色の林檎』（金の星社刊）］

（注）※航平さん……大学生のボランティア。

問一　‖部A〜Eの漢字は読みを、カタカナは漢字をそれぞれ答えなさい。

問二　━部①「こげ茶色の小さなもの」とは何ですか。本文中から六字でぬき出しなさい。

問三　━部②「ほんとにみえて〜苦しまなくてもすむのにな……」について説明した次の一文の空欄《くうらん》に入る語を本文中から三字でぬき出しなさい。

□□□が目に見えたり、味がしたりすれば、何も知らない人が被曝し、苦しまないですむという気持ち。

問四　━部③「わたしは恒平さんに背をむけた」とありますが、それはなぜですか。十五字以上二十字以内で説明しなさい。

問五　【④】に入る言葉として、最も適当なものを次の中から一つ選び、記号で答えなさい。

ア　歓声《かんせい》　イ　小声　ウ　歌声　エ　音声

問六　━部⑤「その勇気」とはどのような勇気ですか。十五字以上二十字以内で説明しなさい。

問七　〰部について話す次の会話文について後の問いに答えなさい。

赤石さん：「ア□□□□□□と決まった時、セリョージャの父親のために、母親と祖父がイ□□□□□□□まで取ってきた林檎の種
だからこそ、母親は大切に取っておいたんだろうね。」
白田さん：「それをウ□□□のように持ち歩いていたセリョージャの気持ちを思うと、胸が痛いね。」
青山さん：「［　　　　］」

1　空欄ア～ウに入る表現を本文中からぬき出しなさい。ただし、アとイは七字、ウは三字でそれぞれ答えなさい。

2　［　　］に入る最も適当なものを次の中から一つ選び、記号で答えなさい。

ア　父親を失った悲しみを、親子でいつまでも忘れないように、レネットの種を持ち続けているのかもしれないね。

イ　いつかどこかの大地にレネットが実ることを願った母親の思いを受け継《つ》ごうとしているんだよね。

ウ　日本人家族への感謝の形として、故郷の特産品であるレネットの種を贈《おく》るために、大切に持ってきたのかもね。

エ　日本にレネットを植えて、日本人に自分たちのことをいつまでも覚えていてほしかったのかな。

三　次の問いに答えなさい。

問一　次の①②の――部のカタカナをそれぞれ漢字に直しなさい。

①　ア　彼がいるからアン心だ。
　　イ　学校をアン内する。

②　ア　けが人の意シキがもどる。
　　イ　将来のショク業を考える。

問二　次の①～③の言葉の意味として最も適切なものをそれぞれ次の中から一つ選び、記号で答えなさい。

①　目をかける・・・　ア　特別にかわいがる。　イ　ひどく驚《おどろ》く。　ウ　がまんする。

②　手にあまる・・・　ア　とても簡単だ。　イ　何もせずに見る。　ウ　能力を超《こ》えている。

③　口をつぐむ・・・　ア　何も言わない。　イ　別々の人が同じことを言う。　ウ　会話に入り込《こ》む。

問三　次の①～③について後の問いに答えなさい。

①　自業自トク　　②　表裏《ひょうり》一タイ　　③　一トウ両断

1　①～③の――部のカタカナをそれぞれ漢字に直しなさい。

2　①～③の意味として最も適当なものをそれぞれ次の中から一つ選び、記号で答えなさい。

ア　言葉にたよらなくても心が通じ合うこと。　　イ　物事をためらわずに思い切って処理すること。

ウ　自分の悪い行いの結果が自分に返ってくること。　　エ　注意深く判断を下して物事を実行すること。

オ　二つのものが密接で切り離《はな》せないこと。　　カ　二つのものがちょうどよい関係にあること。

問四　次の各文の敬語の使い方は適切ですか、それとも、改める必要がありますか。正しいものをそれぞれ記号で答えなさい。

①　（来客に料理をふるまう時）

さあ、遠慮《えんりょ》なさらずいただいてください。

ア　「遠慮なさらず」を改める。　　イ　「いただいて」を改める。　　ウ　改める必要はない。

②　（入場券を見せてもらう時）

お持ちしている入場券を拝見してもよろしいでしょうか。

ア　「お持ちしている」を改める。　　イ　「拝見しても」を改める。　　ウ　改める必要はない。